Antje Wolf und Kerstin Wegener
Flusskreuzfahrten in Deutschland

Flusskreuzfahrten in Deutschland

Aktuelle Entwicklungen und Trends

Herausgegeben von
Antje Wolf und Kerstin Wegener

DE GRUYTER
OLDENBOURG

ISBN 978-3-11-069615-8
e-ISBN (PDF) 978-3-11-069616-5
e-ISBN (EPUB) 978-3-11-069626-4

Library of Congress Control Number: 2021939869

Bibliografische Information der Deutschen Nationalbibliothek
Die Deutsche Nationalbibliothek verzeichnet diese Publikation in der Deutschen
Nationalbibliografie; detaillierte bibliografische Daten sind im Internet über
http://dnb.dnb.de abrufbar.

© 2021 Walter de Gruyter GmbH, Berlin/Boston
Satz: le-tex publishing services GmbH, Leipzig
Druck und Bindung: CPI books GmbH, Leck

www.degruyter.com

Vorwort

Die Idee zu dem Buch entstand am Rande der Cruise Talks in Hamburg 2016, auf dem zum ersten Mal das Thema der Flusskreuzfahrten prominent platziert war und über dessen Zukunft mit hochkarätigen Branchenvertreter/-innen diskutiert wurde. In diesem Kontext stellten wir fest, dass zur Thematik der Flusskreuzfahrten kaum Fachliteratur und Daten für den deutschen Markt verfügbar sind, der Forschungsgegenstand uns jedoch ungemein spannend erschien.

Der vorliegende Sammelband macht deutlich, mit welchen Herausforderungen sich die Branche konfrontiert sieht, aber auch welche Potenziale bislang noch ungenutzt sind.

Anders als bei den boomenden Hochseekreuzfahrten war – nach einigen Jahren des Abschwungs – seit 2013 lediglich ein moderates Marktwachstum in der Flusskreuzfahrtbranche in Deutschland zu verzeichnen. Dieses Wachstum ist vor allem auf die Zunahme der Nachfrage amerikanischer Touristen für europäische Flusskreuzfahrtreisen als auch auf ansteigende Buchungen im deutschsprachigen Quellmarkt zurückzuführen. Es hält jedoch keinem Vergleich mit dem Erfolg der Hochseekreuzfahrten stand, obgleich die Rahmenbedingungen des touristischen Angebots hinsichtlich des Reisens ähnlich sind. Die Gründe hierfür sind vielschichtig.

Als wesentliche Herausforderungen kristallisieren sich für die Branche das ihr anhaftende „Langweiler-Image", fehlende Produktinnovationen bzw. -modifikationen sowie der demographische Wandel heraus, denen sich die Flusskreuzfahrtindustrie in Deutschland und auch weltweit zukünftig stellen muss.

Neben der überalterten Klientel und der sehr geringen Innovationskraft bleiben die Produktmodifikationen sowie die durch die Flüsse vorgegebenen Rahmenbedingungen vor allem in Bezug auf alternative Routen und originelle Schiffsneubauten problematisch. Auch auf den für die Hochseeschifffahrt bereits im Zentrum stehenden Themenkomplex der Nachhaltigkeit muss sich die Flusskreuzschifffahrt einstellen. Vor allem den ökologischen und sozialen Herausforderungen sollte sie sich proaktiv stellen und hierfür rasch Lösungen anbieten. Dies kann als Chance begriffen werden, sich im Wettbewerb zukunftsfähig zu positionieren und neue, jüngere Zielgruppen zu gewinnen.

Unser Ziel ist es, mit dieser Publikation das Thema Flusskreuzfahrten einem breiteren (Fach-)Publikum zugänglich zu machen und auch die Praktiker/-innen für diesen Forschungsgegenstand zu sensibilisieren, um zukünftig gemeinsam dieses Tourismussegment intensiver zu erforschen. Letztlich fehlt es vor allem an einem: einer (gemeinsamen) Datengrundlage und Forschungsergebnissen, aus denen zukunftsorientierte Konzepte, kreative Ideen für Produkte, Dienstleistungen und Angebote entwickelt werden können.

Aktuell hält die COVID-19-Pandemie die Welt in Atem. Sie hat auch die Flusskreuzfahrtbranche schwer getroffen. Zwar muss die Flusskreuzfahrt wie auch ande-

https://doi.org/10.1515/9783110696165-201

re Branchenteilnehmer/-innen mit erheblichen Verlusten rechnen, aber ihr ist etwas gelungen, was die Hochseekreuzfahrt in der Krise bislang nicht geschafft hat: Sie ist nach dem ersten Lockdown erfolgreich wieder in den Markt gestartet, dies aufgrund strukturell bedingter Produktvorteile, zügiger Entwicklung von COVID-19-adäquaten Hygienekonzepten und modifizierten Angeboten für alte und neue Zielgruppen. Die Flusskreuzfahrt ist somit eine der Branchen, die aus dieser Krise gestärkt hervorgeht!

Wir wünschen Ihnen viel Erkenntnis und Freude beim Lesen.

Hamburg/Frankfurt am Main, im Oktober 2020

Antje Wolf und Kerstin Wegener

Inhalt

Vorwort —— V

Kai Ingo Menke zum Felde
1   Das Produkt Flusskreuzfahrt – Märkte, Merkmale, Konzepte
    und Perspektiven —— 1

Donald Cooper, Christof Pforr, Kirsten Holmes und Tekle Shanka
2   Auswirkungen des Generationswechsels auf das europäische
    Flusskreuzfahrtensegment —— 33

Johanna Jäger und Ina zur Oven-Krockhaus
3   Reisedurchführung bei Flusskreuzfahrten – Erlebnisinszenierung durch Event-
    und Themenreisen am Beispiel des Flusskreuzfahrtanbieters Dreamlines —— 45

Nicole Fabisch und Antje Wolf
4   Corporate Social Responsibility in der Flusskreuzfahrt —— 61

Nicole Fabisch und Antje Wolf
5   Potenziale der Nachhaltigkeit zur Positionierung von Flusskreuzfahrten —— 83

Stan Schneider
6   Alles im Fluss – Überlegungen zur Dispositivanalyse als qualitativer
    Kundenforschung für Flusskreuzfahrten —— 99

Kerstin Wegener, Antje Wolf und Ines Carstensen
7   Krisenwahrnehmung und Krisenbewältigung in der Flusskreuzfahrtbranche
    am Beispiel der COVID-19-Pandemie —— 133

Abbildungsverzeichnis —— 155

Tabellenverzeichnis —— 157

Über die Autorinnen und Autoren —— 159

Kai Ingo Menke zum Felde

1 Das Produkt Flusskreuzfahrt – Märkte, Merkmale, Konzepte und Perspektiven

1 Einführung

Flusskreuzfahrten sind „eine Art des Schiffstourismus in der Form von Rundreisen auf Flüssen mit festgelegten Fahrtrouten, wobei das Schiff nicht unbedingt in den Ausgangshafen zurückkehren muss" (Schulz/Auer 2010, S. 9). Ebenso wie auf Hochseekreuzfahrten ist neben dem Turnaroundhafen (Ein- bzw. Ausschiffung) noch mindestens ein weiterer Hafen (Stopoverhafen) anzulaufen. Der Reisepreis beinhaltet in der Regel Logis, Verpflegung sowie Bordunterhaltung und Fitnessangebote.

Auch wenn die Definition der Flusskreuzfahrten sich nicht stark von der der Hochseekreuzfahrten unterscheidet, weisen Flussreisen hinsichtlich ihrer Elemente und Durchführung doch einige Besonderheiten auf: Routenplanung, Liege- und Fahrzeiten, Schiffsgröße und -ausstattung, Angebotsgestaltung, Kundengruppen sowie Entwicklungstendenzen unterscheiden sich vom Hochseependant. Diese Aspekte werden – fokussiert auf den deutschen Markt – im Folgenden mithilfe von Desk Research und Expertenbefragungen nähergehend untersucht und praxisorientiert an ausgewählten Beispielen vorgestellt.

2 Der deutsche Flusskreuzfahrtmarkt

Seit Jahren erfreut sich die Flusskreuzfahrt steigender Beliebtheit. Im Jahr 2019 konnte die Branche im deutschen Quellmarkt neue Rekordwerte vermelden. Die Flusskreuzfahrt ist sogar stärker als die Hochseekreuzfahrt gewachsen. Die Deutschen stellen 28,3 % aller Gäste in den europäischen Fahrtgebieten, nur Amerikaner und Kanadier sind mit gemeinsam 36,7 % noch stärker vertreten. Es folgen Gäste aus Großbritannien/Irland (11,8 %), Australien/Neuseeland (7,5 %) sowie aus Frankreich mit 7,1 % (vgl. IG RiverCruise 2020, S. 20). Tabelle 1.1 gibt einen Überblick über die wesentlichen Kennzahlen.

Nach wie vor gehört die Mehrzahl der Flusskreuzfahrtgäste einem älteren Jahrgang an, 49,3 % der deutschen Gäste sind im Jahr 2019 über 65 Jahre alt gewesen, 84,1 % über 55 Jahre. In den vergangenen Jahren hat der Anteil der jüngeren Fahrgäste mit Ausnahme des vergangenen Jahres jedoch zugenommen. Zum Vergleich: Bei Hochseekreuzfahrten, deren Statistik eine abweichende Altersstufung vornimmt, sind 13 % der Gäste 70 Jahre oder älter, 34 % sind 60 Jahre oder älter. Das Durch-

https://doi.org/10.1515/9783110696165-001

Tab. 1.1: Kennzahlen des deutschen Flusskreuzfahrtmarktes 2019/2018 (Quelle: in Anlehnung an IG RiverCruise 2020, S. 11).

	2019	2018	Veränderung in Zahlen	Veränderung in %
Passagieraufkommen	541.133	496.270	44.863	9,0 %
Passagiernächte	3.763.037	3.507.024	256.013	7,3 %
Ticketerlös (in EUR)	653.307.279	591.174.807	62.132.472	10,5 %
Durchschnittliche Reisedauer (Nächte)	6,95	7,07	− 0,12	− 1,7 %
Durchschnittlicher Reisepreis (in EUR)	1.207,30	1.191,24	16,06	1,3 %
Durchschnittliche Tagesrate (in EUR)	173,61	168,57	5,047	3,0 %

schnittsalter der Hochseegäste liegt bei 49 Jahren (vgl. IG RiverCruise 2020, S. 19; CLIA/DRV 2019, S. 2).

Insgesamt sind auf den europäischen Flüssen circa 350 Kreuzfahrtschiffe mit mehr als 20 Betten unterwegs, nahezu 50 % davon werden nicht auf dem deutschen Quellmarkt angeboten (vgl. Wolf 2018, o. S.). Die meisten Schiffe verkehren auf der Donau und auf dem Rhein.

Die sich auch in einer Schiffsauslastung von durchschnittlich circa 90 % (vgl. von Pilar 2018, S. 54) widerspiegelnde Beliebtheit der Flusskreuzfahrten geht mit einem veränderten Reiseverhalten einher. So sind bei den Bundesbürgern in den letzten Jahren die Beliebtheitswerte von Sonnen- und Strandurlaub, Natururlaub, Familienurlaub und Sightseeingurlaub weiter angestiegen (vgl. FUR 2016, S. 4; FUR 2019, S. 6). Generell fällt das Bekenntnis zu hedonistischen Reisemotiven wie Erholung und Entspannung leichter (vgl. ADAC 2018, S. 43 ff.).

Auch die Bedeutung des Reisepreises ist bei gleichzeitiger Erhöhung der Qualitätsansprüche gestiegen: der deutsche Gast verreist „am liebsten gut und günstig" (FUR 2018, S. 5). Bedingt durch die geopolitische Lage gewinnen Sicherheitsaspekte an Bedeutung für die Wahl der Urlaubsart und v. a. der Destination (vgl. ADAC 2018, S. 7 f.; FUR 2017, S. 2), wovon Flusskreuzfahrten profitieren können (vgl. Knaak 2016b, S. 24).

Die für die Buchung einer Flusskreuzfahrt relevanten Kriterien verdeutlicht Tabelle 1.2.

Im Gegensatz zu den Hochseekreuzfahrten ist der deutsche Markt der Flusskreuzfahrten anbieterseitig schwieriger zu erfassen. Zum einen sind auf deutschen Flüssen Anbieter wie zum Beispiel die Schweizer Viking Cruises AG (Basel) unterwegs, die vorrangig den englischsprachigen Markt bedienen. Andererseits sind deutsche Anbieter auch international ausgerichtet. So hat der deutsche Veranstalter Arosa Flussschiff GmbH im Jahr 2019 eine Vertriebsniederlassung in Großbritannien eröffnet. Schon seit

Tab. 1.2: Entscheidende Buchungskriterien der Kund/-innen (Quelle: in Anlehnung an von Pilar 2018c, S. 54).

	unverzichtbar	sehr wichtig	wichtig	weniger wichtig	unwichtig
Routing	31 %	53 %	15 %	1 %	
Reisepreis	28 %	56 %	15 %	2 %	
Sicherheitsempfinden an Bord	23 %	38 %	29 %	11 %	1 %
Attraktivität von Landausflügen	16 %	49 %	31 %	5 %	
Kreuzfahrtmarke	16 %	43 %	33 %	8 %	1 %

mehreren Jahren spricht Arosa mit der Donna (Donau), der Stella (Rhone) sowie mit der Flora und Silva (Rhein) ein internationales Publikum an (vgl. Rumpel 2019), welches dann v. a. als Gruppe, aber auch individuell oder im Rahmen von Charterverträgen Reisen buchen kann (vgl. Schmied 2019). Im Jahr 2018 betrug der Anteil ausländischer Gäste auf den Arosa-Schiffen circa 15 % (vgl. von Pilar 2018d, o. S.), die v. a. aus Großbritannien und Spanien stammen (vgl. Braun 2019). Als wesentliche Erfolgsfaktoren für die Ansprache ausländischer Gäste identifiziert Teresa Rumpel, International Hostess und Receptionist der Arosa Flora „den persönlichen Bezug zu den Gästen, der sich in Wertschätzung, Engagement sowie hohem Einfühlungsvermögen ausdrückt" (Rumpel 2019).

Einige Veranstalter wie z. B. Phoenix verfügen schon seit Jahren über sowohl Fluss- (40) als auch Hochseeschiffe (5). Dieses Geschäftsmodell wird zunehmend beliebter: Flusskreuzfahrtanbieter wie der weltgrößte Flussreiseanbieter Viking Cruises AG (60 Flussschiffe und seit 2015 nunmehr sechs Hochseeschiffe), Nicko Cruises (28 Flussschiffe und seit 2019 das erste Hochseeschiff, 2020 folgte das zweite), Croisi Europe (41 Fluss- und seit Herbst 2019 auch ein Hochseeschiff) oder die Schweizer Scylla AG (30 Flussschiffe, ab 2021 mit der aktuellen Bremen von Hapag Lloyd das erste Hochseeschiff) steigen vermehrt in den Hochseebereich ein (vgl. von Pilar 2019a, S. 58 f.).

So ist ein Marktführer nicht eindeutig zu identifizieren: Phoenix Reisen erwirtschaftete im Jahr 2017/18 im deutschsprachigen Markt mit 167.597 Teilnehmern einen Gesamtumsatz von 358,7 Millionen Euro, differenziert diesen aber nicht in Fluss- und Hochseeumsatz. Arosa verzeichnete im gleichen Zeitraum 91,5 Millionen Euro bei 85.486 Teilnehmern. Der Kölner Veranstalter 1AVista Reisen vermeldet für 2018 im Flussreisesegment 34,2 Millionen Euro Umsatz bei 29.259 Teilnehmern (vgl. FVW Medien 2019a, S. 12 ff.). Nicko Cruises beteiligte sich an der Studie der Fachzeitschrift FVW letztmalig im Jahr 2014 (vor der Insolvenz 2015 noch unter dem Namen Nicko Tours) und meldete einen Umsatz von 113 Millionen Euro bei 75.000 Teilnehmern (vgl. FVW Medien 2014, S. 18).

3 Fahrtgebiete und Routing

Noch vor dem Reisepreis ist das Routing das wichtigste Kriterium der Kund/-innen bei der Buchung einer Flussreise. Für 86 % der Reisenden ist dieser Aspekt „unverzichtbar" beziehungsweise „sehr wichtig".

Die beliebtesten Fahrtgebiete der deutschen Gäste sind Rhein mit 37,1 % und Donau mit 34,5 % sowie die französischen Flüsse mit 13,1 % (vgl. IG RiverCruise 2020, S. 11). Tabelle 1.3 zeigt die beliebtesten Fahrtgebiete deutscher Kreuzfahrtgäste.

Hinsichtlich der Planung des Routing ist zwischen nautischen und touristischen Aspekten zu unterscheiden.

Die Wahl eines Fahrtgebietes wird auf nautischer Seite durch die Schiffbarkeit des Flusses, durch die Infrastruktur wie Schleusen oder Stauwehre sowie durch die Hafenanlagen und Liegeplätze bestimmt. Hierbei sind neben Pegeln, Stromschnellen und Untiefen besonders die Dimensionen der Schleusen und die Durchfahrtshöhen unter Brücken von Bedeutung. Auf kleineren Flüssen kommen die Öffnungszeiten der Schleusen hinzu. Ein Zitat des Direktors des Tourismusbüros in Porto, Rui Pedro Goncalves, verdeutlicht die Wichtigkeit optimaler nautischer Rahmenbedingungen am Beispiel des Fahrtgebietes Douro, in dessen Infrastruktur im Jahr 2021 insgesamt 102 Millionen Euro investiert werden sollen: „Bei diesen Investitionen ist die Entwicklung von Hafeninfrastrukturen durch die Sanierung ankoppelbarer Pfeiler und den Bau neuer Gerüste für den Gästeverkehr hervorzuheben. Ebenso wie die Korrektur des Fahrwassers des Flusses Douro in den Abschnitten Cotas-Valeira und Saião-Pocinho und darüber hinaus die Schaffung notwendiger Bedingungen, um den Fluss 24 Stunden am Tag schiffbar zu machen" (Goncalves zit. in Lassmann/Feyerherd 2019, S. 55).

Aus touristischer Sicht ist zusätzlich die Eignung des Fahrtgebietes als attraktives Reiseziel relevant. Diese umfasst neben dem Vorhandensein von Sehenswürdigkeiten oder attraktiven Landschaften auch eine touristische Infrastruktur wie z. B. Verpflegungs- und Transportbetriebe sowie die Fähigkeit, punktuell größere Besucherzahlen handhaben zu können.

Sowohl aus nautischer als auch aus touristischer Sicht sind Klima und Wetter von Bedeutung. Während in Mitteleuropa die Saison von März bis November und teilweise

Tab. 1.3: Beliebteste Fahrtgebiete deutscher Kreuzfahrtgäste (Quelle: in Anlehnung an IG RiverCruise 2020, S. 11).

Fahrtgebiete	2019	2018
Rhein & Nebenflüsse	37,1 %	35,9 %
Donau & Nebenflüsse	34,5 %	35,2 %
Seine, Rhône, Saône, Garonne, Loire	13,1 %	12,9 %
Elbe, Oder, Havel	2,3 %	3,5 %
Sonst. europäische Fahrtgebiete	6,9 %	5,1 %
Sonst. außereuropäische Fahrtgebiete	6,1 %	7,4 %

Tab. 1.4: Fahrtgebiete (Quelle: eigene Darstellung).

Deutschland	Europa	Asien	Afrika	Amerika
Elbe/Havel	Dnjepr	Brahmaputra	Karibasee	Amazonas
Mosel/Saar	Donau	Ganges	Kongo	Mississippi
Neckar	Douro	Irrawaddy (bzw.	Nil	
Rhein/Main	Garonne/	Ayeyarwaddy)	Okavango	
Spree/Oder/	Gironde	Jangtse	Sambesi	
Peene	Göta Kanal	Mekong	Senegal	
	Guadalquivir	River Kwai		
	Loire			
	Moldau			
	Newa			
	Po			
	Rhône/Saône			
	Seine			
	Shannon			
	Wolga/Don			

sogar bis in die Weihnachtszeit reicht, beginnt die Saison in osteuropäischen Fahrtgebieten wie Wolga und Dnjepr erst im Mai und endet bereits im Frühherbst. Für Nilkreuzfahrten bildet aufgrund des Wüstenklimas der Winter die beste Reisezeit (vgl. Hirschel 2018b, S. 18 ff.; Gürtler 2019, S. 22), auf dem Amazonas sind es aufgrund der Regenzeit die Monate Juni bis Oktober.

Tabelle 1.4 listet die wichtigsten Fahrtgebiete, die in den Katalogen der deutschen Flussschiffreiseanbieter zu finden sind, auf.

Grundsätzlich sind die Möglichkeiten des Routing im Gegensatz zur Hochseeschifffahrt, bei der in alle Himmelsrichtungen navigiert werden kann (Schulz/Auer sprechen hier von einem 360° Routing, vgl. Schulz/Auer 2010, S. 9 f.), bei der Flussschifffahrt auf zwei Richtungen beschränkt: flussabwärts mit der Strömung oder flussaufwärts gegen die Strömung. Daraus folgt, dass bei einer Reise mit dem gleichen Start- und Endhafen die Stopoverhäfen zweimal passiert werden.

Weitere Determinanten des Routing sind Niederschläge, Hoch- und Niedrigwasser, Frost oder Eisgang. Aus der Schneeschmelze im Frühjahr resultierendes Hochwasser oder Niedrigwasser durch sommerliche Dürreperioden wie z. B. im Jahr 2012 oder 2018 können die Flussschifffahrt massiv beeinträchtigen. Reichen die Regulierungsmöglichkeiten durch Stauwehre und Schleusen nicht aus, kann es dann von geringfügigen Routenanpassungen (z. B. Anlauf eines Ersatzhafens auf der geplanten Route) bis hin zu Routenänderungen (z. B. auf einer Rhône/Saône Reise wird lediglich die Rhône ab/bis Lyon befahren, der Saône-Teil entfällt) kommen. Vereinzelt müssen Reisen komplett abgesagt werden, was mit entsprechenden Kompensationsleistungen der Reedereien einhergeht (vgl. DPA 2018, o. S.; Knaak 2018, S. 18).

Obwohl Fahrtgebiete wie z. B. Donau und Rhein durch Kanäle (hier der Rhein-Main-Donau-Kanal) miteinander verbunden sind, verhindern v. a. die unterschiedlichen Schleusen- und Brückendimensionen fahrtgebietsübergreifende Kreuzfahrten. Daher sind Schiffe entwickelt worden, die mehrere verbundene Fahrtgebiete befahren können. Beispielsweise können die Arosa Silva und die Arosa Flora Rhein, Main, Donau sowie die verbindenden Kanäle befahren und so eine Reise von Passau bis Köln ermöglichen. Der Veranstalter Nicko Cruises bot im Herbst 2019 mit der MS Maxima eine 15-tägige Reise von Passau flussabwärts in das Donaudelta und weiter flussaufwärts nach Nürnberg an, die mit einer 14-tägigen Reise von Nürnberg über Rotterdam nach Köln kombiniert werden konnte. So war eine durchgängige Reise vom Schwarzen Meer (Donaudelta) bis zur Nordsee (Hollands Diep) zum Preis ab 3.400 Euro möglich (vgl. Knaak 2018e, S. 23).

Die Erschließung neuer Fahrtgebiete erweist sich zumindest in Europa als schwierig. Nahezu sämtliche schiffbaren und touristisch attraktiven Regionen finden sich bereits in den Katalogen der Flussreiseveranstalter. Nimmt ein Veranstalter ein neues Fahrtgebiet in das Programm auf, wie z. B. die Arosa Flussschiff GmbH den Douro (Portugal) im Frühjahr 2019, bedeutet dies in der Regel ein zusätzliches Angebot zu den dort bereits verkehrenden Schiffen. So war Arosa im Jahr 2019 der vierte Anbieter auf dem Douro (vgl. Knaak 2018c, S. 18). Insgesamt hat sich im Jahr 2019 die Zahl der Schiffe dort um 20 % auf 26 im Vergleich zum Vorjahr erhöht (vgl. Lassmann/Feyerherd 2019, S. 54).

4 Häfen

Die Häfen für Flusskreuzfahrtschiffe unterscheiden sich grundsätzlich von denen für Hochseeschiffe. Bedingt durch die deutlich kleineren Dimensionen der Flussschiffe sind kleinere Häfen mit einer geringeren Wassertiefe und kleineren Kaianlagen hinreichend. Zudem sind die Anforderungen an die vorzuhaltende Hafeninfrastruktur geringer.

Während die angesteuerten Häfen der Hochseeschiffe häufig weit entfernt von den eigentlich anvisierten Destinationen liegen (z. B. liegt der Hafen Civitavecchia über 70 km von Rom entfernt, von Nynaeshamn nach Stockholm sind es 60 km, von Ijmuiden nach Amsterdam 40 km und von Piräus nach Athen 10 km), befinden sich die Liegeplätze der Flussschiffe meist in unmittelbarer Nähe zu den Zentren der angelaufenen Orte und damit nah an den touristischen Sehenswürdigkeiten.

Wie auch in der Hochseeschifffahrt kann zwischen Turnaround-, Stopover- und Allroundhäfen unterschieden werden.

Turnaroundhäfen, also Häfen, in denen Kreuzfahrten beginnen bzw. enden, müssen aufgrund des Passagierwechsels umfangreiche Anforderungen erfüllen: gute Erreichbarkeit per Pkw/Bus, Bahn oder Flugzeug, Übernachtungsmöglichkeiten (auch für Vor- und Nachprogramme der Reiseanbieter), Parkmöglichkeiten für Langzeitparker sowie eine Hafeninfrastruktur einschließlich Behörden, die das Boarding größerer Menschenmengen in kurzer Zeit (Einschiffung in der Regel drei bis fünf Stunden, Ausschiffung zwei bis vier Stunden) ermöglicht (vgl. Petersen 2008, S. 138 ff.; Schulz/Auer 2010, S. 262 f.; Kirsch 2019). Hierzu gehören Bushaltemöglichkeiten direkt vor dem Schiff, Transferangebote vom Flughafen, Bahnhof oder Kfz-Stellplatz, Gepäckabfertigung, Sicherheits- und ggf. Grenzkontrollen sowie Ver- und Entsorgungseinrichtungen. Oftmals findet während der Turnaround-Liegezeit auch das Versorgen und Entsorgen des Schiffes statt: Abwassertanks werden entleert, Abfall wird von Bord gebracht, Treibstoff, Wasser und Vorräte werden gebunkert (Loading). Abhängig von den Kosten kann das Bunkern von Treibstoff aber auch in den Stopoverhäfen erfolgen.

Große Passagierterminals, wie sie in vielen Hochseekreuzfahrthäfen zu finden sind, sucht man bei den Flusshäfen aufgrund der geringeren Passagierzahlen pro Schiff vergebens. Allerdings liegen häufig mehrere Schiffe gleichzeitig (z. T. nebeneinander in sogenannten Päckchen) im Abgangs- bzw. Ankunftshafen, sodass es auch hier zu einem hohen Passagieraufkommen kommen kann. So werden z. B. an Spitzentagen in Passau gut 2.000 Passagiere abgefertigt, wobei sich die Schiffe auf 17 Anlegestellen mit 29 Liegeplätzen (vgl. Stadtwerke Passau 2019, o. S.) verteilen. Beispielsweise sind am 14. September 2019 in Passau 16 Kreuzfahrtschiffe abgewickelt worden (vgl. Stadtwerke Passau 2019, o. S.). Hinzu kamen noch drei Schiffe der Arosa Flussschiff GmbH, die im 30 km entfernten österreichischen Engelhartszell ihre Reise begannen.

Beispiele für Turnaroundhäfen sind neben Passau, Köln und Frankfurt in Deutschland auch Amsterdam (NL), Paris und Lyon (F), Porto (P), Budapest (H), Yichang (CHN), Luxor (ET) oder Rostov (RUS).

Neben den Turnaroundhäfen werden die sogenannten Stopoverhäfen im Verlauf einer Kreuzfahrt angelaufen. Zwar verlassen die Passagiere das Schiff, es findet jedoch kein Passagierwechsel statt. Daher sind die Anforderungen an die dortige Hafeninfrastruktur weniger hoch.

Von größerer Bedeutung sind die Anforderungen an das touristische Potenzial der angelaufenen Destination per se oder deren Umgebung. Diese muss kulturelle und/oder historische Sehenswürdigkeiten, Einkaufsmöglichkeiten oder eine interessante Fauna und Flora sowie eine leistungsfähige landseitige Verkehrsinfrastruktur bieten (vgl. Pracht 2016, S. 16).

Die Passagiere starten zu vom Schiff organisierten Landausflügen oder in Eigenregie durchgeführten Landgängen, um die Sehenswürdigkeiten der Stadt und deren Umgebung zu erkunden. Grundsätzlich zählen Stadtrundgänge bzw. -fahrten zu den beliebtesten Ausflugsangeboten. Die kulturellen, historischen, städtebaulichen und naturbezogenen Attraktionen müssen daher touristisch hinreichend erschlossen sein. Sich nicht direkt im Hafenort befindliche Sehenswürdigkeiten müssen gut erreichbar sein, um diese im Rahmen der Liegezeit des Schiffs problemlos besuchen zu können. Hierzu sind Parkmöglichkeiten für Busse in unmittelbarer Nähe des Liegeplatzes erforderlich.

Teilweise stellen außerhalb der Hafenstadt gelegene Sehenswürdigkeiten die Hauptattraktion des Schiffsanlaufes dar, wie z. B. der Garten des Malers Claude Monet im französischen Giverny (6 km vom Hafen Vernon entfernt) oder die rumänische Hauptstadt Bukarest, die 80 km vom Donauhafen Giurgiu entfernt liegt. Die Hauptattraktion des Hafens Vega de Terron (E) am Douro, das spanische UNESCO Welterbe Salamanca, liegt sogar 120 km entfernt und ist trotz der Distanz „ein absolutes Highlight unseres Programms", äußert sich die Arosa Produktmanagerin Kirsten Schreiber (Schreiber zit. in Lassmann/Feyerherd 2019, S. 56).

Unabhängig davon, ob die Sehenswürdigkeiten in unmittelbarer Nähe des Hafens oder weiter entfernt liegen, ist eine touristische Organisationsstruktur, die das touristische Potenzial kommuniziert, Besichtigungstouren und Transfers anbietet sowie Informationsmöglichkeiten, z. B. in Form einer Tourist-Info vorhält, erforderlich.

In Häfen mit einem attraktiven Abendangebot wie z. B. Wien oder Budapest kommt es häufig vor, dass Schiffe über Nacht liegen, sodass die Gäste z. B. die Möglichkeit eines abendlichen Theater- oder Opernbesuchs haben.

Auch in Stopoverhäfen kann durchaus das Loading stattfinden, z. B. nutzt Arosa Wien (Donau) oder Rouen (Seine) als Loadinghäfen.

Beispiele für Stopoverhäfen sind Rotterdam (NL), Antwerpen (B), Mainz (D), Bratislava (SK), Avignon (F), Rousse (BG) oder Jaroslawl (RUS).

Erfüllen die Turnaroundhäfen v. a. die Funktion des Passagierwechsels und die Stopoverhäfen die der Abwicklung von Landausflügen und -gängen, kombinieren die sogenannten Allroundhäfen beide Funktionen. Beispiele stellen Basel (CH), Amsterdam (NL), Wien (A), Giurgiu (BG) oder Frankfurt dar. Tabelle 1.5 fasst Funktionen und Voraussetzungen der einzelnen Hafenarten zusammen.

Tab. 1.5: Hafenarten (Quelle: in Anlehnung an Werner 2017, S. 42).

Turnaroundhafen	Stopoverhafen	Allroundhafen
Funktion	**Funktion**	**Funktion**
Einschiffung von Passagieren	Abwicklung von Landausflügen	Ein- und Ausschiffung
Ausschiffung von Passagieren	und -gängen	Abwicklung von Landausflügen
ggf. Loading und Bunkern	ggf. Loading und Bunkern	und -gängen
		ggf. Loading und Bunkern
Voraussetzung	**Voraussetzung**	**Voraussetzung**
gute Erreichbarkeit von den	gut erschlossenes	Siehe Turnaround- und
Quellmärkten	touristisches Potenzial	Stopoverhäfen
Verkehrsanbindung	Tourismusorganisation	
Übernachtungsmöglichkeiten	Verkehrsmöglichkeiten	
Parkmöglichkeiten	Busparkplätze am Schiff	
Abfertigungseinrichtungen und	ggf. Ver- und	
-behörden	Entsorgungsmöglichkeiten	
Ver- und		
Entsorgungsmöglichkeiten		

5 Schiffsbauweise und -ausstattung

Während Hochseeschiffe mit bis zu 17 Decks, 20 Restaurants, ebenso vielen Bars und Platz für mehr als 6.000 Passagiere (z. B. Symphony of the Seas von Royal Caribbean International) eher schwimmenden Großhotels gleichen, sind Flussschiffe in der Regel deutlich kleiner dimensioniert. Zwar verkehren auf den großen Strömen wie dem Mississippi (z. B. MS American Queen, 128 m Länge, 27 m Breite, sechs Decks, 424 Passagiere) oder dem Yangtze (z. B. MS Century Glory, 149 m Länge, 21 m Breite, acht Decks, 650 Passagiere) (vgl. Century River Cruises 2019, o. S.; American Queen Steamboat Company 2020, o. S.) große Schiffstypen, die meisten Fahrtgebiete lassen aber nur kleine Bauweisen mit weniger als 140 m Länge und weniger als 250 Passagieren zu. Die Gründe hierfür sind weniger in den Häfen als in der flussbegleitenden Infrastruktur zu sehen: Neben der Wassertiefe (v. a. in Trockenperioden und damit verbundenen geringen Wasserständen) geben v. a. die Länge und Breite von Schleusenkammern sowie die Durchfahrtshöhen unter Brücken (v. a. bei Hochwasser) den Rahmen für die Schiffsgröße vor, woraus die Notwendigkeit einer fahrtgebietsspezifischen Konstruktion von Flussschiffen erwächst. Zudem weisen Flussschiffe häufig einige bauliche Besonderheiten wie z. B. ein hydraulisch absenkbares Steuerhaus, abnehmbare Duschen, umlegbare Sonnensegel und eine einklappbare Reling auf dem Sonnendeck oder einfahrbare Masten und Antennen auf (vgl. Abb. 1.1).

Das Problem von Fahrtgebieten mit geringen Wassertiefen löst der elsässische Veranstalter CroisiEurope aus Strasbourg mit einem innovativen Antriebskonzept: Die beiden Flussschiffe Elbe Princesse I und II verfügen über einen Schaufelradantrieb,

Abb. 1.1: Sonnendeck Arosa Stella vorbereitet für Brückendurchfahrt (Quelle: eigene Aufnahme).

der einen Tiefgang von lediglich 80 cm ermöglicht (vgl. Neumeier 2018, S. 28). Damit können z. B. Reisen von Berlin nach Prag angeboten werden (vgl. Croisieurope 2019a, o. S.).

Eine weitere Schwierigkeit besteht in den unterschiedlichen Schleusendimensionen in den jeweiligen Fahrtgebieten. So sind z. B. Rheinschleusen schmaler als Donauschleusen (vgl. Kirsch 2018). Die für die Donau konzipierte Arosa Mia der Arosa Flussschiff GmbH ist 124,5 m lang, 14,4 m breit und bietet auf drei Decks (ohne Sonnendeck) in 100 Kabinen Platz für 242 Passagiere. Die für den Rhein konzipierte Arosa Aqua hingegen ist länger, aber schmaler: 135 m lang, 11,4 m breit und bietet auf drei Decks (ohne Sonnendeck) in 99 Kabinen Platz für 202 Gäste. Wieder andere Maße weist die für Rhône/Saône gebaute Arosa Stella auf, die bei 125,8 m Länge und 11,4 m Breite auf $2\frac{1}{2}$ versetzten Decks (ohne Sonnendeck) in 86 Kabinen 174 Gäste beherbergen kann. Der Tiefgang liegt in der Regel bei circa 1,50 m bis 1,70 m und kann mithilfe von Ballasttanks leicht variiert werden (vgl. Arosa 2019c, S. 2 ff.).

Nach Schulz/Auer können folgende Größen für Flusskreuzfahrtschiffe unterschieden werden (vgl. Tab. 1.6).

Tab. 1.6: Schiffsgrößen (Quelle: in Anlehnung an Schulz/Auer 2010, S. 254).

Schiffsgröße	Passagiere
Klein	unter 100
Mittelgroß	100–160
Groß	160–250
Mega	über 250

Bedingt durch die Baumaße ist die Ausstattung bei Flussschiffen mit ihren in europäischen Fahrtgebieten in der Regel drei bis vier Decks weniger umfassend. Meist werden ein Restaurant, ein oder zwei Bars, eine Lounge, ein Whirl- und/oder Swimmingaußenpool, ein Fitness- bzw. Wellnessbereich mit Sauna, ein Shop sowie ein Sonnendeck geboten. Die Kabinen entsprechen in Größe und Ausstattung meist denen der Hochseeschiffe, wobei es sich bedingt durch die geringe Breite der Schiffe in den allermeisten Fällen um Außenkabinen, z. T. mit absenkbaren Panoramafenstern, französischem Balkon oder kleiner Veranda handelt. Eine Deckübersicht in Abbildung 1.2 veranschaulicht die Ausstattung eines Flussschiffes am Beispiel des Deckplans der Arosa Mia.

Die Mehrzahl der Flussschiffe ist nicht mit einem Fahrstuhl ausgestattet, was besonders hinsichtlich der älteren Zielgruppe Probleme bereiten kann, wenn sich die öffentlichen Bereiche wie Restaurant, Lounge, Bar, aber auch Rezeption und Ausgang nicht auf der gleichen Ebene wie die Kabinen befinden. Eine Erreichbarkeit des Sonnendecks per Fahrstuhl ist baulich meist ausgeschlossen, vereinzelt kommen hier Treppenlifte zum Einsatz.

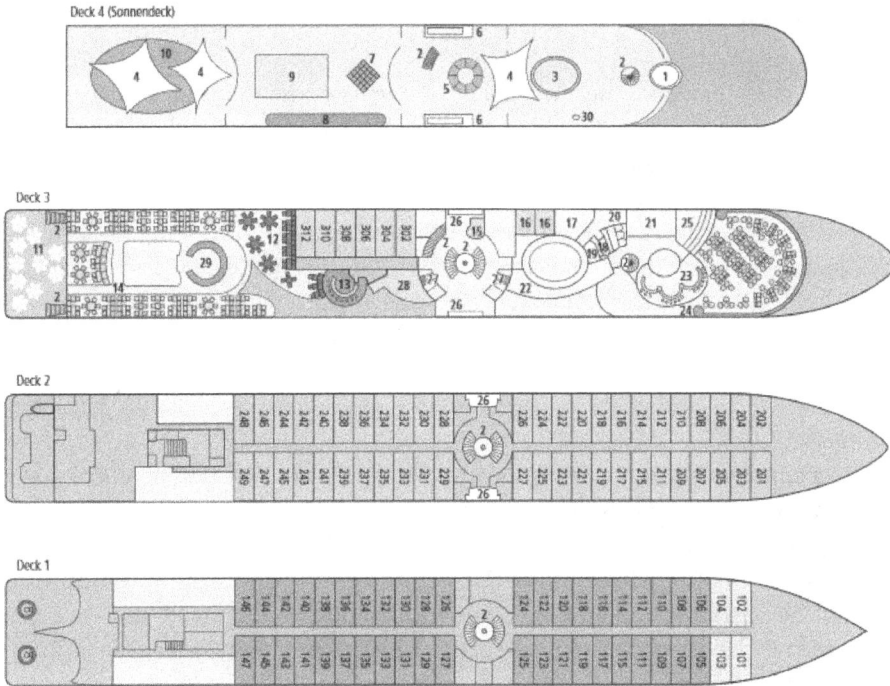

Abb. 1.2: Deckplan Arosa Mia (Quelle: Arosa Flussschiff GmbH).

6 Geschäftsmodelle

Ebenso wie bei den Anbietern von Hochseekreuzfahrten (vgl. Groß 2017, S. 208 ff.; Steinecke 2018, S. 118 ff.) lassen sich auch im Flusssegment verschiedene Geschäftsmodelle identifizieren. Hierbei kann z. B. nach Komfort, Individualität, Freizeitangebot, Zielgruppe oder Preissegment unterschieden werden.

Nach Schulz/Auer (2010, S. 241 ff.) sind vier Geschäftsmodelle der Anbieter von Flusskreuzfahrten zu unterscheiden: Klassische Kreuzfahrt, Themenkreuzfahrt, Nischenkreuzfahrt und Reisen mit Mega-Flussschiffen, wobei auch Mischformen denkbar sind. So kann z. B. ein Anbieter von klassischen Kreuzfahrten Themenkreuzfahrten wie Opern- oder Golfreisen anbieten. Häufig können diese Themenreisen auch eine Saisonverlängerung ermöglichen: Seit 2004 bietet z. B. die Arosa Flussschiff GmbH auch Reisen zum Thema Weihnachtsmärkte an und kann so die Saison bis Silvester strecken. Eine weitere Alternative bieten sogenannte Kennenlern- und Schnupperkreuzfahrten, die meist nur drei bis fünf Nächte dauern und häufig außerhalb der Hochsaisonzeiten angeboten werden.

6.1 Klassische Kreuzfahrt

Diese Angebotsform bildet den Großteil der Flussreisen und ist in nahezu allen Fahrtgebieten zu finden. In aller Regel handelt es sich um eine Kombination „erholungs-,
genuss- und auch verstärkt wellnessorientierte[r] Aktivitäten" (Schulz/Auer 2010,
S. 242). Hierzu gehören an Bord umfassende Serviceleistungen, ein attraktives
(Abend-)Unterhaltungsangebot, Sport- und Fitnessangebote sowie v. a. eine hochwertige gastronomische Vielfalt. Haben lange Jahre feste Tischzeiten und feste Sitzplätze
das Dinner auf dem Fluss dominiert, sind einige Reedereien dazu übergegangen,
ein abendliches Buffet mit freier Zeit- und Sitzplatzwahl anzubieten. Ergänzt werden
die Bordaktivitäten durch ein Landausflugsangebot, welches Stadtbesichtigungen
oder Ausflüge zu baulichen, kulturellen oder naturbezogenen Sehenswürdigkeiten
beinhaltet.

Das Routing wird daher durch die Auswahl attraktiver Ziele bestimmt. Beispielsweise werden auf einer einwöchigen Donaukreuzfahrt mit Wien, Bratislava und Budapest drei Hauptstädte mit einem umfangreichen kulturellen Angebot angelaufen.
Häufig werden in Wien oder Budapest Overnight-Stops eingelegt, sodass der Gast auch
abendliche Landgänge unternehmen und das Nachtleben der Städte kennenlernen
kann wie z. B. bei einem Besuch im Heurigen in Wien oder in der Ruinenkneipe Szim-
pla Kert in Budapest.

An den Flusstagen, an denen kein Hafen angesteuert wird, kann die Passage attraktiver Flusslandschaften wie z. B. der Wachau oder des Eisernen Tors (Donau) oder
des Mittelrheintals touristische Höhepunkte bieten.

Die Zielgruppe der klassischen Kreuzfahrten hat sich in den vergangenen Jahren
u. a. durch das Angebot familienorientierter Komponenten wie z. B. Kinderanimati-
onsangebote oder Familienkabinen etwas verjüngt.

Beispiele für die Anbieter klassischer Flusskreuzfahrten sind Arosa, CroisiEurope,
Nicko, Phoenix oder Viking.

6.2 Themenkreuzfahrt

Häufig werden aus klassischen Kreuzfahrten durch die Setzung eines bestimmten, die
Reise als integrative Klammer umschließenden Themas Themenkreuzfahrten entwi-
ckelt. Typische Themen sind Wellness, Kulinarik, Sport (z. B. Radfahren oder Golf),
Kunst und Kultur oder auch Veranstaltungen wie z. B. Weihnachtsmärkte (vgl. Schulz/
Auer 2010, S. 243 f.).

Diese Themen können sowohl das Land- als auch das Bordprogramm dominieren.
So wird z. B. das Thema Oper nicht nur durch den Besuch von Aufführungen in den
Opernhäusern Wiens, Bratislavas und Budapests besetzt, sondern auch durch kleine
Konzerte an Bord und die Vermittlung von Hintergrundinformationen zu den Opern-
häusern oder den Akteuren.

Das Thema Wellness wird durch Massagen, Mitternachtssauna und Yoga an Bord mit Nordic Walking-Aktivitäten oder Radtouren an Land kombiniert angeboten.

Bei Gourmetreisen können kulinarische Genüsse von bekannten Köchen an Bord zubereitet werden, mit denen der Gast dann an Land in der Markthalle einkaufen kann. Zudem werden renommierte Restaurants wie das Gundel in Budapest oder Kochschulen wie das Paul Bocuse Institute in Lyon besucht.

Ein jahreszeitlich bestimmtes Thema ist das Angebot einer Weihnachts-/Silvesterreise mit Weihnachtsmann und Weihnachtsmenü oder Neujahrsbrunch an Bord und Silvesterball und Feuerwerk an Land (vgl. Knaak 2018, S. 36).

Hier wird deutlich, dass sich Themenreisen gut eignen, um die Nebensaison attraktiver zu gestalten bzw. die Saison grundsätzlich zu verlängern (vgl. Eichler zit. in Knaak 2019, S. 22). Gleichwohl gilt der November als generell schwierigster Monat: Hier lassen sich Flusskreuzfahrten in den mitteleuropäischen Fahrtgebieten häufig nur über eine attraktive Preisgestaltung vermarkten (vgl. Braun 2019).

Häufig werden zu den jeweiligen Themen entsprechende Pauschalarrangements offeriert. Jedoch müssen diese Themen nicht für alle Passagiere der jeweiligen Reise vorgegeben werden, häufig handelt es sich um ein Themenpaket, das nicht von allen Gästen gebucht wird. Das normale Bord- und Ausflugsprogramm wird weiterhin angeboten.

Für das Jahr 2020 bietet z. B. die Arosa Flussschiff GmbH Themenreisen mit neun verschiedenen Schwerpunkten an: Familien, Tulpenblüte, Rhein in Flammen, Krimi Cruise, Singer-Songwriter-Contest (auf Rhein und Donau), Gourmet (mit Gastköchen und Sommeliers sowie Küchenparties und Gourmetausflügen), TV Noir (Konzerte junger Nachwuchsmusiker), Improvisationstheater (März und November) sowie Secret Event (vorab nicht bekannte kulturelle Veranstaltungen an Land in Zusammenarbeit mit der Agentur Eventim, ebenfalls März und November) (vgl. Arosa 2019a, o. S.).

Guido Laukamp, Geschäftsführer von Nicko Cruises gibt zu bedenken, dass Themen nicht zu sehr einengend wirken dürfen: „Flussreisen sind bereits ein Nischengeschäft, da muss man aufpassen, dass man durch zu spezielle Themen die Nische nicht weiter verengt" (Laukamp zit. in Gürtler 2018a, S. 16).

In der Regel gibt es keine speziellen Anbieter für Themenkreuzfahrten, vielmehr handelt es sich um Anbieter klassischer Kreuzfahrten, die auf einigen Reisen ein bestimmtes Thema setzen.

6.3 Nischenkreuzfahrt

Bei dieser Flussreiseform werden ausgewählte Zielgebiete mit meist kleineren Schiffen befahren, auf denen ein individuelles Programm angeboten wird. Diese Kombination hat dann häufig ein höheres Preisniveau zur Folge.

Beispiele für Nischenkreuzfahrten sind eine Reise auf dem irischen Shannon mit der Shannon Princess, die lediglich fünf Kabinen mit insgesamt zehn Betten bietet. Eine siebentägige Reise im August 2020 wird für 4.650 Euro pro Person angeboten. Eine ebenfalls siebentägige Reise durch den kaledonischen Kanal mit der Spirit of Scotland (max. zwölf Passagiere) ist im gleichen Zeitraum für 4.850 Euro pro Person buchbar. Auch eine Reise auf der Mosel wird angeboten: Mit der Novelle Etoile (acht Passagiere) von Koblenz nach Luxemburg sieben Tage im September 2020 für 7.190 Euro (vgl. European Waterways 2019, o. S.).

Eine viertägige Reise mit der Zambezi Queen (max. 28 Passagiere) auf dem gleichnamigen Fluss wird im Sommerhalbjahr 2020 für circa 3.100 Euro (cruise only) offeriert (vgl. Zambezi Queen Collection 2019, o. S.).

Im Rahmen von Nischenkreuzfahrten können auch sehr spezielle Themen besetzt werden. So bietet der Anbieter European Waterways für das Jahr 2020 u. a. die Themen Antiquitäten, Kunsthandwerk, Tennis, Whisky und Erster Weltkrieg an (vgl. European Waterways 2019, o. S.).

6.4 Mega-Flussschiffe

Bauartbedingt können diese besonders großen Schiffe nur auf großen Strömen wie der Wolga, dem Mississippi oder dem Jangste verkehren. Diese Flüsse weisen die für große Schiffe erforderlichen Wassertiefen und Schleusendimensionen auf, zudem gibt es keine Brücken mit niedriger Durchfahrtshöhe.

Das größte Flusskreuzfahrtschiff der Welt ist die seit September 2019 auf dem Jangste verkehrende Century Glory des chinesischen Veranstalters Century Cruises mit 650 Passagierbetten (vgl. Century River Cruises 2019, o. S.). Auf dem Mississippi verkehrt die American Queen der American Queen Steamboat Company mit 424 Passagierbetten (vgl. American Queen Steamboat Company 2020, o. S.). Auf der Wolga betreibt die russische Reederei Vodohod Schiffe mit knapp 300 Passagieren wie z. B. die Georgy Chicherin (298 Passagiere, vgl. Vodohod 2020, o. S.), auf dem Dnjepr verkehren Schiffe mit einer Kapazität von circa 250 Passagieren wie z. B. die Dniepr Princess der ukrainischen Reederei Chervona Ruta (248 Passagiere, vgl. Chervona Ruta 2020, o. S.)

Durch die hohe Anzahl der Kabinen auf den Mega-Schiffen können die Fixkosten auf eine große Anzahl Passagiere verteilt werden. Fixkostendegressionseffekte (Economies of Scale) können so ausgeschöpft werden und tragen zur Reduzierung der Stückkosten bei. Dies schlägt sich in einem moderaten Preisniveau nieder (vgl. Schulz/Auer 2010, S. 245).

7 Neue Konzepte

Auch wenn die Flusskreuzfahrtbranche in den letzten Jahren generell auf Wachstumskurs ist, sind im Ringen um Marktanteile neue Konzepte und Innovationen der Anbieter erforderlich. Die Marktaustritte einiger Unternehmen wie Viking Flusskreuzfahrten (der auf den deutschen Markt spezialisierten Tochter von Viking River Cruises) 2013, von TUI Flussgenuss 2014 und die Insolvenz des Marktführers im deutschen Markt Nicko Cruises 2015 (der dann von der portugiesischen Mystic Invest Holding, zu der auch die Reederei Douro Azul gehört, übernommen wurde, vgl. Jürss 2015, S. 78) zeigen die Notwendigkeit, sich permanent mit neuen Ideen um die Kund/-innen zu bemühen.

Bedingt durch die baulichen Restriktionen eines Flussschiffes sind die Möglichkeiten deutlich eingeschränkter als bei Hochseeschiffen, die mit Eisbahnen, Amphitheatern, Kartbahnen oder gar kleinen Wäldern Gäste locken können. Knaak bezeichnet die Flusskreuzfahrtbranche gar als eine „der innovationsärmsten in der Touristik" (Knaak 2016a, S. 20). Und der langjährige Vorsitzende der IG RiverCruise äußert: „Wir werden mehr Profil finden müssen! Ohne eine Spezialisierung wird der Wettbewerb weiterhin im Preiskampf geführt" (Straubhaar zit. in Knaak 2016a, S. 20). Der Gründer des Buchungsportals „Treffpunkt Schiff" weist darauf hin, dass „die heute überzeugten Flusskreuzfahrer überaltern, es kommt wenig nach" (Nuyken zit. in Knaak 2016a, S. 20).

Gleichwohl kann auch die Konzentration auf eben diese etwas ältere Zielgruppe erfolgreich sein, wie das Beispiel Phönix Reisen belegt: „Die Bonner gelten nach Ansicht der Befragten als das klassische Angebot für eine ältere Klientel. Es bietet gute Qualität und wenig Reklamationen und belegt (mit Nicko Cruises) Platz eins beim Preis-Leistungs-Verhältnis. Das schärft die Profilierung: Nur zwei Prozent der Befragten hielten Phoenix 2017 für eine profilierte Marke, dieses Jahr sind es schon zehn Prozent." (von Pilar 2018b, S. 16)

Generell ist somit die Notwendigkeit gegeben, neue Konzepte zu entwickeln und Innovationen voranzutreiben. Dies kann einerseits bei den Bordangeboten und andererseits bei den Landangeboten erfolgen. Aber stets ist es die passgenaue Kombination beider Angebotsbestandteile zu einem schlüssigen Produktkonzept, die das Produkterlebnis für den Gast bestimmt.

Befragt man die Reisebüros, so ist ein klares Konzept nach dem Routing das entscheidende Argument beim Verkauf von Flussreisen: „Hatten im vergangenen Jahr noch 50 Prozent diesen Faktor für sehr wichtig oder sogar unverzichtbar erachtet, sind es jetzt schon 59 Prozent. Damit ist das Konzept eines Schiffs wichtiger geworden als die Marke und rangiert auf der Hitliste der Erfolgsfaktoren beim Verkauf von Flussreisen auf Platz zwei hinter der Auswahl der Fahrtgebiete." (von Pilar 2018b, S. 15)

7.1 Innovative Bordkonzepte

Den Möglichkeiten der Entwicklung neuer Ausstattungsmerkmale sind bauartbedingt Grenzen gesetzt. Im Gegensatz zu Hochseeschiffen, die mit immer ungewöhnlicheren Features zur Destination per se geworden sind, wird das Flussschiff weiterhin das „komfortable Vehikel" und die „Flussreise eine sehr entspannte Reiseform, die ein wunderbares Landschaftskino bietet" bleiben, befindet der Geschäftsführer von Nicko Cruises, Guido Laukamp (Laukamp zit. in Gürtler 2018a, S. 16).

Nachfolgend werden einige Möglichkeiten innovativer Bordkonzepte näher betrachtet.

Design

Mit ungewöhnlichen Designkonzepten wie z. B. auf den Schiffen The A und The B des amerikanischen Veranstalters U by Uniworld lassen sich neue, jüngere Zielgruppen zwischen 21 und 45 Jahren ansprechen. Schon äußerlich heben sich die Schiffe ab und sind nicht wie üblich weiß, sondern schwarz lackiert. Die Kabinen (teilweise mit Hochbetten für drei Personen) sind mit Bluetooth-Lautsprechern und USB-Anschlüssen versehen, es gibt ein SB Waschcenter und Getränkeautomaten. Anstatt eines Sonnendecks wird eine Rooftop Lounge (vgl. Abb. 1.3) mit runden Relax-Inseln geboten, lange, z. T. Overnight-Liegezeiten ermöglichen es den Gästen, die Nacht-Szene der angesteuerten Destinationen zu erkunden.

Passend zum stylischen Ambiente z. B. im Restaurant (vgl. Abb. 1.4), das eher einem Boutiquehotel als einem Kreuzfahrtschiff gleicht, lautet dann auch der Dresscode: „Come as you are, as long as you have clothes on" (U by Uniworld 2019, o. S.).

Der Vertrieb erfolgt v. a. über Social-Media-Kanäle. Auf dem deutschen Markt werden Reisen mit The A und The B aktuell nicht angeboten. Neben baulichen Neuerungen bieten v. a. Gastronomie-, Unterhaltungs- und Sportangebote Raum für Innovationen.

Abb. 1.3: Rooftop Lounge auf The B (Quelle: eigene Aufnahme).

Abb. 1.4: Restaurant auf The B (Quelle: eigene Aufnahme).

Gastronomische Angebote

War in den vergangenen Jahrzehnten zumindest beim Abendessen ein gesetztes Essen mit festen Tischzeiten und Plätzen die Regel, sind zahlreiche Anbieter mittlerweile zur Buffetform bei freier Platzwahl in einer festgelegten Zeitspanne übergegangen. Arosa verfolgt seit Markteintritt im Jahr 2002 dieses Konzept, bietet aber gegen Aufpreis an bestimmten Abenden in einem abgetrennten Bereich des Free-Flow-Restaurants ein gesetztes Essen an. Bei den anstehenden Modernisierungen der Arosa Schiffe wird teilweise ein separater Gourmet-Bereich eingerichtet. Auf siebentägigen Reisen wird seit Herbst 2018 an den Flusstagen das Frühstücksangebot um einen Brunch erweitert.

Generell ist ein Trend zu einem differenzierten gastronomischen Angebot zu erkennen, meist in Form eines zusätzlichen Restaurants z. B. als Gourmetrestaurant oder als Burgerbar.

Auf der im Juni 2018 in Dienst gestellten Nicko Vision und auf der seit April 2020 verkehrenden Nicko Spirit des Anbieters Nicko Cruises befindet sich ein rundum verglastes Wintergarten-Restaurant auf dem Vorschiff (vgl. Gürtler 2018a, S. 16). Um eine jüngere Zielgruppe zu erreichen, verfügen beide Schiffe über drei Restaurants, die flexible Tischzeiten und freie Platzwahl bieten.

Ebenfalls auf eine jüngere Zielgruppe fokussiert Viva Cruises, ein Ableger der Schweizer Reederei Scylla AG, die im Jahr 2019 in den Markt eingetreten ist: Ein legerer Lifestyle, freie Platzwahl in den Restaurants, flexible Tischzeiten und all-inclusive Verpflegung einschließlich Minibar sollen die „Nachrücker-Generation" (Kruse zit. in Knaak 2018, S. 24) ansprechen.

Preiskonzepte

Auch bezüglich der im Reisepreis inkludierten Leistungen gibt es neue Ansätze: Abweichend vom Standard der Vollpension bietet z. B. Arosa einen Tarif (Arosa Basic) an, der lediglich Übernachtung und Frühstück beinhaltet, Mittag und Abendessen können separat geordert werden (z. B. Abendbuffet 27 Euro). Dieses Angebot wird jedoch nur von 1,5 % der Gäste und überwiegend außerhalb der Hochsaison gebucht (vgl. Schmied 2019; Braun 2019).

Das Gegenteil stellt ein all-inclusive-Konzept dar, welches sich aber hinsichtlich der inkludierten Leistungen (z. B. Champagner oder teure Cognacs, Landausflüge, Spa-Anwendungen) von Anbieter zu Anbieter unterscheidet (vgl. Groß 2017, S. 216). Beispielsweise beinhaltet der Arosa Premium Tarif neben der Vollpension nahezu sämtliche Tisch- und Bargetränke, den Transfer vom Bahnhof bzw. Flughafen und 15 % Rabatt auf Spa-Anwendungen.

Auch Croisi Europe setzt auf all-inclusive-Konzepte und inkludiert neben Vollpension und Getränken noch Wlan, Trinkgelder sowie bestimmte Landausflüge (vgl. Neumeier 2018, S. 28; Croisieurope 2019b, o. S.).

Einen wiederum anderen Weg geht 1AVista, die neben Kaffee, Tee und Softdrinks noch Bier und offene Weine in den Reisepreis einschließen (vgl. 1AVista 2019a, o. S.).

Bordentertainment

Beim Bordentertainment können ebenfalls neue Wege beschritten werden: Internationale DJs und Silent Disco bei U by Uniworld oder Singer-Songwriter-Contests und Krimi-Kreuzfahrten (hier klären die Gäste während der Reise einen fingierten Mord auf) bei Arosa sind nur einige Ansätze. Letztgenannter Anbieter wird bei jeder Reise ab sieben Nächten einen Live-Künstler an Bord auftreten lassen, es soll nach Arosa CEO Jörg Eichler „ganzjährig exzellente Unterhaltung" (Eichler zit. in Knaak 2019b, S. 22) geboten werden. Junge Künstler sollen beim Singer-Songwriter-Contest vom Publikum bewertet werden, die jeweiligen Monatssieger treten dann im Herbst gegeneinander an. Dem Sieger winkt die Teilnahme bei den International Music Awards in Berlin (vgl. Arosa 2019b, o. S.).

Wellness- und Fitnessangebote

Hinsichtlich des Wellness- und Fitnessangebotes finden sich auf immer mehr Schiffen mittlerweile Spa-Bereiche mit Sauna, Swimming- und/oder Whirlpool sowie Fitness- und Wellnessangeboten. Teilweise gibt es sogar überdachte Poolbereiche wie auf der Vista Star von 1AVista (vgl. Mietke 2018, S. 20).

Das für 2021 geplante Arosa Familienschiff wird einen besonders großen Wellness-Bereich aufweisen, der neben Sauna und Massageräumen auch einen Whirlpool, eine Wärmebank sowie eine Eisgrotte bieten wird.

Die Reederei Ama Waterways wartet mit einem ganzheitlichen Fitnessangebot, bestehend aus „Stretching, Jogging, Yoga, Kardio- und Krafttraining sowie Diskussionsgruppen zu Entspannungsübungen und gesunder Ernährung" (Wolf 2018, o. S.; vgl. Amawaterways 2019, o. S.).

Flussreisen mit Haustieren

Ein Bordkonzept der anderen Art offeriert 1AVista Reisen seit dem Jahr 2009 mit der Poseidon auf Rhein, Main und Mosel und mit der Vista Star seit 2020 auch auf der Donau: Bei dem Angebot „Urlaub mit Hund – 4 Pfoten auf Flusskreuzfahrt" dürfen Hunde mit an Bord genommen werden und stehen „als Gast im Vordergrund" (1AVista 2019b, o. S.).

7.2 Innovative Landkonzepte

Zusätzlich zu den Neuerungen an Bord kann sich ein Anbieter mit kreativen und innovativen Landangeboten vom Wettbewerb abheben (vgl. Lassmann/Feyerherd 2019, S. 56) und die von vielen Veranstaltern ersehnte jüngere Zielgruppe ansprechen. Arosa CEO Jörg Eichler kündigt an: „Wir wollen auch in diesem Segment Traditionen über Bord werfen, um die Reiseform Flusskreuzfahrt für jüngere Zielgruppen attraktiv zu machen". (Eichler zit. in Knaak 2019a, S. 18)

Im Folgenden finden sich einige Möglichkeiten, mit denen Flussreiseanbieter neben den bereits erwähnten Themenreisen mit kreativen Angeboten an Land ihr Produkt differenzieren und aufwerten können.

Events

Events an Land können durchaus das bestimmende Motiv einer Flussreise sein. Der Bremer Veranstalter Plantours kombiniert Flussreisen mit der recht kleinen MS Sans Souci (82 m lang, 81 Passagiere) mit dem Besuch von Veranstaltungen und Events wie der Bundesgartenschau Heilbronn, dem Hamburger Hafengeburtstag, der Kieler Woche oder den Hamburg Cruise Days (vgl. Plantours 2019a, o. S.).

Fahrradangebote

Auf vielen Schiffen stehen Fahrräder sowohl für im Rahmen von Landausflügen angebotene geführte Fahrradtouren als auch für individuelle Touren zur Verfügung. Hierbei können die Räder an Bord der Schiffe mitgeführt oder aber von Kooperationspartnern in den jeweiligen Häfen bereitgestellt werden. Möglich sind Radtouren während der Liegezeiten des Schiffs, es gibt aber auch Touren, die parallel zum fahrenden Schiff durchgeführt werden. Zugestiegen wird dann im folgenden Hafen.

Für spezielle Radreise-Veranstalter bietet sich die Möglichkeit, gemeinsam mit Flussschiffanbietern kombinierte Fahrrad-Schiffsreisen aufzulegen. So offeriert z. B. Terranova mit der Arosa Flussschiff GmbH sogenannte Radkreuzfahrten entlang von Donau, Rhône, Rhein und Seine (vgl. Terranova 2019, o. S.).

Auch der Trend zu E-Bikes macht vor der Flussreise nicht Halt, z. B. bietet Nicko seit 2019 E-Bike-Pakete zur Erkundung von Städten und Landschaften an.

Sport- und Aktivangebote

Neben den üblichen Fahrrad-, Wander- und Golfangeboten können auch Aktivitäten abseits des Mainstreams wie Jetski, Curling, Yoga oder eine Tour unter dem Motto „Instagram Moments", bei der bekannte Fotomotive aufgesucht werden, angeboten werden. Durch sport- und aktivitätsbetonte Landprogramme wird zudem eine jüngere Zielgruppe angesprochen (vgl. FVW Medien 2018, S. 6).

Individualausflüge

Hinsichtlich neuer Landangebote sieht z. B. Arosa die Zukunft in „nachhaltigen und individuellen Ausflügen in kleinen Gruppen" (Schmied 2019). Im Gegensatz zu der Mehrzahl der Landausflüge, die in größeren Gruppen durchgeführt werden, ist die Teilnehmerzahl bei Individualausflügen auf zwei bis zehn Teilnehmer limitiert. Dadurch können speziellere Themen angeboten werden. Denkbar sind hier ein kulinarischer Rundgang, Gin- und Bier-Tastings sowie Streetfood-Küche oder eine Stadtführung mit Fokus auf Kunst und Street Art (vgl. Kirsch 2019; FVW Medien 2018, S. 6).

Durch die geringe Teilnehmerzahl und eine ggf. besondere Qualifikation des Tour Guides werden diese Ausflüge hochpreisiger sein (vgl. Berthold 2019).

7.3 Integrierte Produktkonzepte

Da eine Flussreise immer als Gesamtheit wahrgenommen wird, kombinieren integrierte Konzepte schiffs- und landseitige Angebotselemente zu einem Gesamtkonzept. Mit kreativen, neu entwickelten oder auch modifizierten Bestandteilen können einerseits neue Zielgruppen angesprochen, andererseits aber auch Repeatern Abwechslung und somit ein Anreiz zur erneuten Buchung geboten werden. Nachfolgend finden sich Möglichkeiten integrierter Produktkonzepte.

Familienreisen

Da die Flussreise „im Lebenszyklus der Deutschen [...] erst nach der Hochseekreuzfahrt [kommt]" (Laukamp zit. in Gürtler 2018a, S. 16) und jüngere Zielgruppen die Kund/-innen von morgen sein werden, liegt in deren Ansprache eine der wesentlichen Herausforderungen der Branche.

Mit speziellen familienfreundlichen Angeboten kann eine neue Zielgruppe angesprochen werden. Hierzu zählen Kinderbetreuung und -animation, ein Kinderbuffet, kindgerechte Landausflüge ebenso wie bauliche Maßnahmen wie z. B. Familienzimmer oder Zimmer mit Verbindungstür und preispolitische Maßnahmen wie Kinderer-

Abb. 1.5: Arosa E-Motion Ship Pooldeck (Quelle: Arosa Flussschiff GmbH).

Abb. 1.6: Arosa E-Motion Ship (Quelle: Arosa Flussschiff GmbH).

mäßigungen (vgl. Steinecke 2018, S. 125 ff.; Hirschel 2018a, S. 8 ff.). Da aber ein Fluss-schiff bisheriger Prägung in der Funktion als Familien- oder Mehrgenerationenschiff an Grenzen stößt, hat sich z. B. Arosa entschlossen, einen genau auf diese Zielgruppe ausgerichteten Neubau in Auftrag zu geben, welcher im Jahr 2022 in Dienst gestellt werden soll (vgl. Abb. 1.5 und 1.6). Das mit einem Hybridantrieb versehene Familien-schiff mit vier Decks und Platz für 380 Passagiere und 85 Crewmitglieder wird einen „stationären Kids Club, Familienkabinen [sowie] einen zweiten Pool für Kleinkinder und mehrere Restaurants" (Schmied 2019) vorhalten.

Zudem wird es kindgerechte Angebote wie einen Pizza-Workshop, Minidisco oder Drachensteigen geben. Die Kabinen bieten mit 21 m² als Doppel- und mit 28 m² als Familienkabine mehr Platz als bislang bei Arosa üblich und umfassen einen Schlaf- und Wohnbereich sowie einen Balkon. Möglich wird dies durch eine größere Schiffsbreite von 17,70 m (üblich sind auf dem Rhein 11,40 m). Damit geht jedoch eine Einschränkung der Fahrtgebiete einher, das Schiff wird auf dem Rhein nördlich von Köln eingesetzt werden. Rheinaufwärts reicht das technisch mögliche Fahrtgebiet lediglich bis Kehl (vgl. Braun 2019). Die Kundenansprache soll zielgruppengerecht über „online-Kanäle wie Social Media, Google und Blogs" (Schmied 2019) erfolgen.

Auch die seit 2014 agierende Arosa Markenbotschafterin Yvonne Catterfeld dient der Ansprache einer jüngeren Zielgruppe, ebenso wie die Taufpatin der Nicko Vision, Barbara Schöneberger.

Luxusreisen

Eine weitere Möglichkeit der Angebotsgestaltung stellt die Fokussierung auf Luxusreisende, z. B. durch das Angebot von (Junior-)Suiten dar. Die schiffsseitigen Luxusangebote, die auch Champagner und Cocktails beinhalten, können mit hochwertigen Landarrangements zu Luxus-Paketen verknüpft werden. So bietet beispielsweise die Crystal Mozart (die ehemalige Mozart der Reederei Deilmann) des Anbieters Crystal Cruises neben luxuriösen Suiten, einer Crew/Guest Ratio von 1,74 (auf ein Besatzungsmitglied kommen nur 1,74 Gäste) und einem Butlerservice exklusive Konzerte nur für Schiffsgäste im Wiener Schloss Belvedere an. Die Gäste der Suiten können zudem zwischen verschiedenen landseitigen Sterne-Restaurants wählen (vgl. Hirschel 2017, S. 10 ff.; Wolf 2018, o. S.).

Städtereisen

Die zunehmende Beliebtheit von Städtereisen können Flusskreuzfahrtreedereien mit passgenauen Schiffsreisen aufgreifen. Im Trend liegen kombinierte Reisen, die eine Flusskreuzfahrt mit einer Städtereise verbinden (vgl. IG RiverCruise/DRV 2018, o. S.) und vermehrt Overnight-Aufenthalte in den Städten bieten (vgl. Schmied 2019). So hat sich die Arosa Flussschiff GmbH von der reinen Flussreise hin zur Städte- und Erlebnisreise auf dem Fluss umpositioniert und die Fahrpläne entsprechend ausgerichtet (vgl. Kirsch 2019).

Die komfortable Verbindung gleich mehrerer Städte in einem kurzen Zeitraum (z. B. Amsterdam, Rotterdam und Antwerpen auf einer Rheinreise oder mit Budapest, Bratislava und Wien gleich drei Hauptstädte auf einer Donaureise) ohne aufwendigen Bettenwechsel stellt einen USP (Unique Selling Proposition) von Flusskreuzfahrten dar (vgl. Knaak 2018b, S. 42).

Kurzreisen

Die gute Eignung einer Flusskreuzfahrt als Städtereise eröffnet auch die Möglichkeit, Flussreisen als kurzen Städtetrip (z. B. als Zweit- oder Dritturlaub) zu offerieren. Bei vielen Anbietern wie 1AVista, Arosa, Nicko Cruises oder Phoenix sind Kurzreisen zwischen drei und fünf Tagen mittlerweile ein fester Programmbestandteil.

Meist finden sich diese Kurzreisen in der Vor- und Nachsaison sowie in der Adventszeit. Hier können die Reisen neben der Funktion als Städtereise auch mit einem Thema wie z. B. Wellness oder Weihnachtsmärkte besetzt werden. Auch spezielle Veranstaltungen wie z. B. Rhein in Flammen können im Rahmen einer Fluss-Kurzreise angesteuert werden.

Zudem können Kurzkreuzfahrten noch eine weitere Intention haben: Als Schnupperreise für Fluss-Newcomer, die erst einmal für sich erfahren wollen, ob eine Flussreise eine attraktive Urlaubsform darstellt. Die vergleichsweise niedrigen Preise senken dann zusätzlich die Einstiegsbarriere (vgl. Lewerenz 2017, S. 79).

Durch das Angebot von Kurzreisen wie Wellnesskreuzfahrten im November, Weihnachtsmarktreisen im Dezember und Winter-Städtetrips Anfang Januar (z. B. Arosa Flussschiff GmbH) kann die Saison auf über neun Monate ausgedehnt werden (vgl. Gürtler 2018b, S. 16). Hierbei sind jedoch eventuell zu niedrige bzw. zu hohe Wasserstände, Eisgang, Zeiten für Wartungsarbeiten an den Schiffen sowie die Urlaubszeiten der Besatzungen zu berücksichtigen.

Hotelschiffe

Eine besondere Art der Saisonverlängerung bietet der Ansatz, Flussschiffe nach Ende der Saison in der Winterpause als MICE- (Meetings, Incentives, Conventions, Events) und Hotelschiffe zu nutzen. Einen günstig gelegenen Liegeplatz vorausgesetzt, kann so ein Flusskreuzfahrtschiff ganzjährig genutzt werden. Hierbei sind aber die besonderen beherbergungsrechtlichen Rahmenbedingungen der jeweiligen Liege-Destination zu beachten.

Die Schweizer Reederei Scylla AG hat dieses neue Geschäftsfeld mit der eigens gegründeten Marke Viva Riverside erschlossen. Zwischen November 2019 und März 2020 haben in Düsseldorf (Treasure) und Amsterdam (Swiss Crystal, Swiss Diamond und MS Andorinha) vier Viva-Schiffe das Beherbergungsangebot der Stadt erweitert. Die Übernachtungspreise orientieren sich an vergleichbaren landseitigen Angeboten (vgl. Viva Riverside 2019, o. S.; Knaak 2019c, S. 26).

Reisen für Menschen mit Behinderung

Einen neuen Weg geht der Reiseveranstalter Phoenix Reisen, der seit 2020 mit der „Viola" auf dem Rhein Reisen für Menschen mit Behinderungen sowie deren Begleitpersonen anbietet. Die 34 rollstuhlgerechten Kabinen sind mit breiteren Türen, elektrisch höhenverstellbaren Betten und befahrbaren Bädern ausgestattet (vgl. Knaak 2019d, S. 19). Eine weitere Besonderheit dieses Angebots ist ein innovatives Betriebs- und Finanzierungskonzept, das einen Betrieb ohne Gewinnerzielungsabsicht ermöglichen soll (vgl. von Pilar 2018a, S. 21).

Reisen für Singles

Die zunehmende Zahl der Alleinreisenden stellt ein attraktives Marktsegment dar. Wie auch schon im Hochseebereich bieten Flussreiseanbieter Schiffe an, die über eine höhere Zahl von Einzelkabinen verfügen. Der von Plantours in Auftrag gegebene Neubau MS Lady Diletta verfügt über zehn Einzelkabinen, welche seit 2020 im Fahrtgebiet Rhein, Main, Mosel angeboten werden (vgl. Plantours 2019b, o. S.).

7.4 Nachhaltigkeitskonzepte

Überfüllte Häfen, Menschenmassen in malerischen Altstadtgassen und Belastungen durch Abgase werden zwar meist mit der Hochseekreuzfahrt in Verbindung gebracht, aber das Wachstum der Flussreisebranche stellt auch diese vor Herausforderungen. Schon jetzt kommt es vor einigen Schleusen zu langen Wartezeiten und v. a. in den wichtigen Turnaroundhäfen wie z. B. Passau oder Köln zu Engpässen bei den Liegeplätzen (vgl. Stein 2019). Und nicht zuletzt ist auch die Aufnahmebereitschaft der angelaufenen Destinationen nicht unbegrenzt.

Häufig kann die landseitige Infrastruktur mit dem Wachstum der Flusskreuzfahrten nicht mithalten. Veraltete und störanfällige Schleusen, zu wenige und schlecht erreichbare Liegeplätze, nicht vorhandene Dalben, nicht behindertengerechte Abfertigungseinrichtungen und fehlende Landstromanschlüsse (z. B. sind sämtliche Schiffe der Arosa Flotte mit Landstromanschluss ausgestattet) stellen hier die größten Problemfelder dar. Unter anderem ist hierfür auch die Vielzahl der beteiligten Institutionen verantwortlich: Die Wasserstraßen werden vom Bund (Wasser- und Schifffahrtsamt) verwaltet, die Häfen befinden sich meist in kommunaler Trägerschaft, einzelne Anleger können neben den Hafengesellschaften auch Privatpersonen bzw. -unternehmen gehören und für die Landflächen sind die Städte bzw. Gemeinden zuständig. Fehlt dann ein ganzheitliches und institutionenübergreifendes Konzept zur Entwicklung des Flusskreuzfahrttourismus, sind systematische und nachhaltige Planungen der Infrastruktur (z. B. Landebrücken und Festmacher) nahezu unmöglich (vgl. Knauthe 2019; Stein 2019).

Auch aus diesem Grund ist in den vergangenen Jahren zu beobachten, dass Reedereien selbst Anlegestellen bauen oder sich finanziell an diesen beteiligen. So verfügt Viking in Köln über drei eigene Anleger (vgl. Lorenz 2019) und die Arosa Flussschiff GmbH über eigene Anleger in Kehl (Rhein) und in Engelhartszell (Donau) (vgl. Braun 2019).

Eine ganzheitliche Organisation der für die Schiffsanläufe erforderlichen Infrastruktur ist bei dieser Gemengelage kaum möglich. Um die unterschiedlichen Interessen von Reedereien, Hafenbetreibern, Tourismusmarketingorganisationen, Bund, Städten und Gemeinden sowie Einwohnern zu koordinieren, hat sich im September 2019 die Interessenvereinigung River Cruise Europe (RCE) gegründet. „River Cruise Europe soll eine Plattform bilden, die nicht nur Häfen und Reedereien, sondern auch Destinationen, Veranstalter, Incoming-Agenturen und die Betreiber von Anlegern an einen Tisch bringt". (Hürdler zit. in von Pilar 2019d, S. 15)

Dabei dürften alle Beteiligten ein großes Interesse an einer gut ausgebauten Infrastruktur haben, stellt doch der Kreuzfahrttourismus einen wichtigen Wirtschaftsfaktor dar: Vor allem für die „Hafenbetreiber (Liegeplätze), Busunternehmen (Transfer- und Ausflugsfahrten) und Incomingagenturen als Mittler für Landprogramme und Stadtführungen" (Christel 2019) sind positive wirtschaftliche Effekte zu verzeichnen. Auch die örtlichen Tourismusbetriebe wie Restaurants, Einzelhandel und Stadtführer profitieren unmittelbar von den Schiffsanläufen, z. B. werden die Stadtführungen in Bamberg (hier am beliebtesten: Führung „Faszination Welterbe") von lokalen Anbietern durchgeführt.

Bamberg konnte in den Jahren 2016 bis 2018 durchschnittlich 800 Anläufe mit 130.000 Passagieren p. a. verzeichnen, im Jahr 2018 sind 764 Flusskreuzfahrtschiffe mit insgesamt 124.000 Passagieren abgefertigt worden (vgl. Bayernhafen 2019, o. S.). Ein Passagier gibt durchschnittlich 25 bis 30 Euro in der Stadt für Souvenirs, Bekleidung oder in der Gastronomie aus (vgl. Christel 2019; Heger 2019). Schwer zu beziffern, aber von großer Bedeutung sind die Werbewirkungen, die von den Besuchern, die ihre Erlebnisse und Eindrücke weitergeben (Word-of-Mouth-Kommunikation), ausgehen. Das Image der Destination kann so positiv beeinflusst werden.

Den direkten Zusammenhang zwischen der Zahl der Kreuzfahrtpassagiere und der Zahl der Stadtführungen in Bamberg verdeutlicht nachstehende Abbildung 1.7.

Andere Dimensionen weist Passau auf: An 17 Anlegestellen mit 29 Liegeplätzen sind im Jahr 2017 2.482 Flusskreuzfahrtschiffe mit mehr als 300.000 Passagieren abgefertigt worden (vgl. Oßberger 2018, o. S.).

Der größte deutsche Flussschiffhafen ist Köln mit ebenfalls 17 Anlegestellen für Flusskreuzfahrtschiffe, die von unterschiedlichen Gesellschaften betrieben werden (vgl. Knauthe 2019). Eine im Jahr 2019 von ift im Auftrag der Industrie- und Handelskammer zu Köln durchgeführte Studie erfasste für das Jahr 2019 mindestens 2.770 Anläufe von Flusskreuzfahrtschiffen mit mindestens 460.000 Passagieren, die als Tagesgäste einen hochgerechneten Umsatz in Höhe von 12,6 Millionen Euro generiert haben (vgl. ift Freizeit- und Tourismusberatung 2020, S. 15 f.).

Die stetig wachsende Zahl der Flusspassagiere führt auch zu einer steigenden Belastung der angesteuerten Destinationen. Die Passagierzahlen verteilen sich weder gleichmäßig über ein Jahr noch über einen Tag. Das Beispiel Bamberg verdeutlicht dies: Die 124.000 Passagiere im Jahr 2018 verteilten sich auf die Monate April bis Dezember, wobei Juli, August und September die stärksten waren (vgl. Heger 2019).

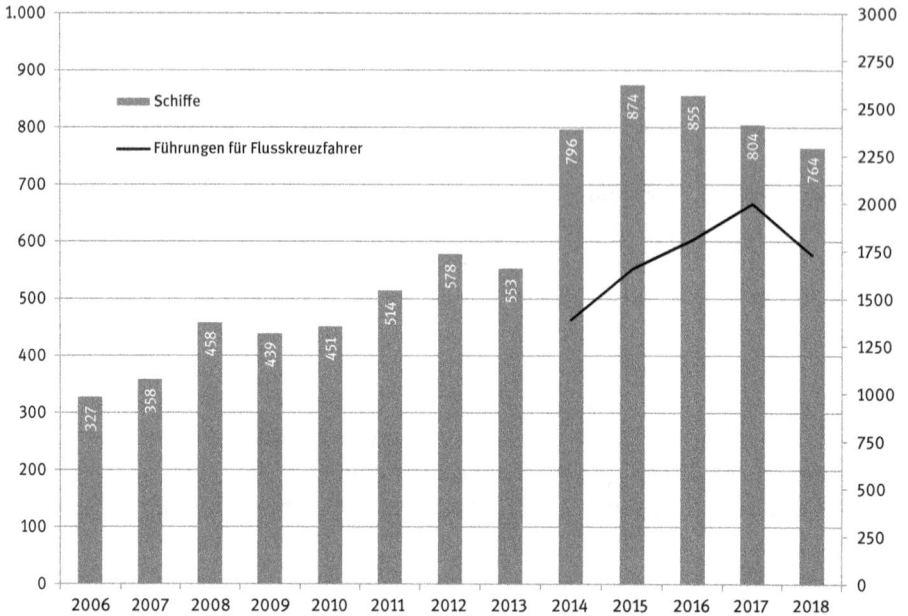

Abb. 1.7: Kreuzfahrtpassagiere und Zahl der Stadtführungen in Bamberg (Quelle: eigene Darstellung nach Bamberg Tourismus & Kongress Service 2019a).

An besonders besucherintensiven Tagen frequentieren zusätzlich zu den Übernachtungs- und Tagesgästen noch 1.400 Kreuzfahrtgäste die Innenstadt, konzentriert auf die Zeit zwischen 10 und 17 Uhr (vgl. Heger 2019; Bamberg Tourismus & Kongress Service 2019a, S. 1).

Zwar sind die Flussdestinationen noch weit entfernt vom Overtourism in bestimmten Hochseedestinationen wie Venedig oder Dubrovnik, gleichwohl macht sich auch in einigen Flussdestinationen Unmut breit. So führten in Bamberg bereits 2015 die mehr als 900 Flussschiffanläufe zu kritischen Reaktionen in der Bevölkerung (vgl. Marx 2018, S. 31).

Hier sind intelligente Lösungen gefragt, um die Interessen der Reisenden und der Bereisten in Einklang zu bringen.

Der Bamberg Tourismus und Kongress Service hat z. B. eine Kampagne für die Einwohner entwickelt, u. a. mit der Möglichkeit, ein Flussschiff zu besichtigen. Durch das Angebot von Ausflügen, die in das Umland führen, konnten die Besucherströme entzerrt werden, auch die innerstädtischen Führungen sind auf 25 Teilnehmer pro Gruppe limitiert und neu gelenkt worden. Zudem hat es Gespräche mit Einwohnern und Reedereien gegeben, in denen die Beteiligten für das Thema Tourismus sensibilisiert worden sind. Tourismusakzeptanz und -verträglichkeit sind wichtige Themen, „es gilt, gelebte Willkommenskultur zu bewahren und gleichzeitig die Bewohner nicht zu überfordern" (Bamberg Tourismus & Kongress Service 2019, S. 2). Das Engagement ist von

Erfolg gekrönt worden: „Es gab insgesamt eine positive Resonanz, die Protestwelle ist abgeklungen, die Wogen sind geglättet". (Christel zit. in Marx 2018, S. 31) Mit der Broschüre „Tourismus in Bamberg 2019 – Entwicklungen, Effekte, Verträglichkeit" (vgl. Bamberg Tourismus & Kongress Service 2019b) soll auch zukünftig ein harmonisches Miteinander von Einwohnern und Gästen gewährleistet werden.

Ein weiterer Grund für die kritische Haltung von Einwohnern gegenüber Flussschiffen sind auch die von diesen ausgehenden Emissionen. Zwar weisen Flussschiffe nicht die Dimensionen von Hochseeschiffen auf und werden auch nicht wie diese mit Schweröl betrieben, dennoch sind auch im Flussreisebereich die Beteiligten gefordert, umweltverträglichere Konzepte zu entwickeln.

Auch wenn im Jahr 2018 für nur 4 % der deutschen Urlaubsreisenden der Nachhaltigkeitsaspekt ausschlaggebend für die Reiseentscheidung war (vgl. FUR 2019, S. 6), sollte diesem Thema vor dem Hintergrund der Klimadiskussion erhöhte Aufmerksamkeit zuteil werden.

So reagiert auch die Flussbranche auf die zunehmende Sensibilität hinsichtlich Klima- und Nachhaltigkeitsaspekten. Das für 2021 geplante E-Motion Familienschiff der Arosa Flussschiff GmbH wird einen Hybridantrieb haben. Über einen Landstromanschluss, den im geplanten Fahrtgebiet Köln–Amsterdam nahezu alle angesteuerten Häfen vorhalten, kann eine Batterie aufgeladen werden, sodass dann Hafenein- und -ausfahrten elektrisch und somit emissionsfrei erfolgen können. „Wir werden damit die Flusskreuzfahrt revolutionieren", ist sich Arosa CEO Jörg Eichler (zit. in von Pilar 2019c, S. 27) sicher. Zusätzlich sollen ein aquadynamisches Rumpfdesign und ein Luftblasenteppich (DACS-Technik, hierbei verringern winzige Luftblasen die Reibung mit dem Wasser) den Treibstoffverbrauch reduzieren (vgl. Binnenschifffahrt 2019, o. S.). Ein zweiter Neubau mit gleicher Technik soll im Jahr 2023 folgen.

Die Schweizer Twerenbold Reisen Gruppe stellte im Jahr 2020 ein Flussschiff mit einer sogenannten Clean Air Technology in Dienst. Damit soll mit der Excellence Empress der Ausstoß von Stickoxiden um 75 % und der von Feinstaub um 90 % verringert werden (vgl. Knaak 2019d, S. 19).

Das Erfolgsrezept für die künftige nachhaltige Entwicklung des Kreuzfahrttourismus liegt in einer sensiblen Abstimmung der Interessen der verschiedenen Anspruchsgruppen. Neben den Einwohnern gehören dazu die „Reedereien, die für ein gutes Routing die passenden Slots brauchen, Häfen, die an den Liegezeiten Geld verdienen, und Städte, die zwar Touristen wollen – aber eben nicht zu viele" (von Pilar 2019, S. 11).

8 Fazit

Das Produkt der Flusskreuzfahrt ist durch einige Besonderheiten wie z. B. einer begrenzten Schiffsgröße und damit einhergehend eingeschränkten Möglichkeiten der Schiffsausstattung, limitierten Saisonzeiten oder Fahrtroutenrestriktionen gekennzeichnet. Die Fahrtgebiete haben schiffsseitig verschiedene nautische und touristische Anforderungen zu erfüllen, landseitig müssen die Hafenorte neben touristischen Attraktionen auch eine entsprechende Hafeninfrastruktur vorhalten.

Weiteres Wachstum durch die Erschließung neuer Fahrtgebiete oder das Ansteuern neuer Destinationen ist nur noch eingeschränkt möglich, die wesentlichen schiffbaren Flüsse und erreichbaren Städte finden sich bereits in den Katalogen der Anbieter.

Daher gilt es, die bestehenden Konzepte mit innovativen Ansätzen auch für neue Zielgruppen weiterzuentwickeln. Diese Innovationen können sich auf die Angebote an Bord oder die Angebote an Land beziehen. Integrierte Produktkonzepte vereinen beide Aspekte.

Eine nachhaltige Weiterentwicklung des Produktes Flusskreuzfahrt erfordert neben Investitionen in umweltfreundliche Technik eine Abstimmung der Interessen aller Beteiligten: Kund/-innen, Kreuzfahrtanbieter, Hafengesellschaften und Destinationen.

Literatur

1AVista (2019a). *Flussreisen mit All Inclusive-Verpflegung.* Verfügbar unter: https://www.1avista.de/ihre-vorteile/all-inclusive-verpflegung.html [Abgerufen am 17.09.2019].

1AVista (2019b). *Urlaub mit Hund – 4 Pfoten auf Flusskreuzfahrt.* Verfügbar unter: https://www.1AVista.de/flussreisen/flussreisen-mit-hund.html [Abgerufen am 17.09.2019].

ADAC Verlag (Hrsg.) (2018). *Reise-Monitor 2018.* München: ADAC Verlag.

Amawaterways (2019). *Wellness Amenities.* Verfügbar unter: https://www.amawaterways.com/explore/wellness [Abgerufen am 20.09.2019].

American Queen Steamboat Company (2020). *American Queen.* Verfügbar unter: https://www.americanqueensteamboatcompany.com/vessels/american-queen/ [Abgerufen am 23.05.2020].

Arosa (2019a). *A-Rosa Specials 2020.* Verfügbar unter: https://www.a-rosa.de/flusskreuzfahrten/angebote/a-rosa-specials-2020-unsere-neuen-themenreisen.html [Abgerufen am 10.09.2019].

Arosa (2019b). *Singer-Songwriter-Contest „Showtime".* Verfügbar unter: https://www.a-rosa.de/flusskreuzfahrten/angebote/singer-songwriter-contest-showtime.html [Abgerufen am 10.09.2019].

Arosa (2019c). *Informationen zur A-ROSA Flotte.* Verfügbar unter: https://www.a-rosa.de/fileadmin/media/presse/downloads/Informationen_A-ROSA_Flotte_2019.pdf [Abgerufen am 09.09.2019].

Arosa Flussschiff GmbH (2019). *Interner Pressebereich.* Verfügbar unter: https://www.a-rosa.de/flusskreuzfahrten/unternehmen/presse.html [Abgerufen am 19.09.2019].

Bamberg Tourismus & Kongress Service (2019a). *Tourismusbilanz 2018.* Pressemitteilung vom 12.02.2019.

Bamberg Tourismus & Kongress Service (2019b). *Tourismus in Bamberg 2019.* Verfügbar unter: https://blog.bamberg.info/wp-content/uploads/2019/05/Tourismus-in-Bamberg-2019-Entwicklung-Effekte-Vertr%C3%A4glichkeit.pdf [Abgerufen am 23.09.2019].

Binnenschifffahrt (2019). *A-Rosa ordert innovativen Flusskreuzer bei Damen*. Verfügbar unter: https://binnenschifffahrt-online.de/2019/04/schiffstechnik/6609/a-rosa-ordert-neues-schiff/ [Abgerufen am 04.04.2019].

Bayernhafen (2019). *Bamberg unter den Top 5 der europäischen Flusskreuzfahrt-Ziele*. Verfügbar unter: https://www.bayernhafen.de/bamberg-unter-den-top-5-der-europaeischen-flusskreuzfahrt-ziele/ [Abgerufen am 19.09.2019].

Century River Cruise (2019). *Ship Info*. Verfügbar unter: http://www.centuryrivercruises.com/en/fleet-star-info.html [Abgerufen am 15.09.2019].

Chervona Ruta (2020). *Our Ships*. Verfügbar unter: http://ruta-cruise.com/en/our-fleet/ms-dnieper-princess/ [Abgerufen am 23.05.2020].

Croisieurope (2019a). *Auf Elbe und Moldau zur Goldenen Stadt*. Verfügbar unter: https://www.croisieurope.de/auf-elbe-und-moldau-zur-goldenen-stadt-6/ [Abgerufen am 15.09.2019].

Croisieurope (2019b). *Ihr Plus*. Verfügbar unter: https://www.croisieurope.de/flusskreuzfahrten/ihr-plus/ [Abgerufen am 15.09.2019].

DPA Deutsche Presse Agentur (2018). *Niedrigwasser führt zu Änderungen bei Flusskreuzfahrten*. Verfügbar unter: https://www.sueddeutsche.de/leben/tourismus-aenderungen-bei-flusskreuzfahrten-wegen-niedrigwasser-dpa.urn-newsml-dpa-com-20090101-181019-99-445234 [Abgerufen am 21.10.2018].

European Waterways (2019). *Find your Cruise*. Verfügbar unter: https://www.europeanwaterways.com [Abgerufen am 13.09.2019].

FUR Forschungsgemeinschaft Urlaub und Reisen e. V. (Hrsg.) (2016). *Reiseanalyse 2016: Erste ausgewählte Ergebnisse*. Kiel.

FUR Forschungsgemeinschaft Urlaub und Reisen e. V. (Hrsg.) (2017). *Reiseanalyse 2017: Erste ausgewählte Ergebnisse*. Kiel.

FUR Forschungsgemeinschaft Urlaub und Reisen e. V. (Hrsg.) (2018). *Reiseanalyse 2018: Erste ausgewählte Ergebnisse*. Kiel.

FUR Forschungsgemeinschaft Urlaub und Reisen e. V. (Hrsg.) (2019). *Reiseanalyse 2019: Erste ausgewählte Ergebnisse*. Kiel.

FVW Medien (2014). Dossier Deutsche Veranstalter. In: *fvw*, 25/2014. Beilage.

FVW Medien (2018). Sales Guide Kreuzfahrten. In: *fvw*, 14/2018. Beilage.

FVW Medien (2019). Veranstalter-Dossier. In: *fvw*, 09/2019. Beilage.

Groß, S. (2017). *Handbuch Tourismus und Verkehr*. Konstanz, München: UVK Verlagsgesellschaft.

Gürtler, M. (2018a). Moderner und frischer. In: *touristik aktuell*, 10.09.2018, S. 16.

Gürtler, M. (2018b). Rhein im Winter? Warum eigentlich nicht! In: *touristik aktuell*, 17.09.2018, S. 16.

Gürtler, M. (2019). Der Nil ist wieder da. In: *touristik aktuell*, 16.09.2019, S. 22.

Hirschel, P. (2017). Lässiger Luxus. In: *Travel one*, 05/2017, S. 10–15.

Hirschel, P. (2018a). (K)eine Frage des Alters. In: *Travel one*, 05/2018, S. 8–17.

Hirschel, P. (2018b). Der Nil. In: *Travel one*, 05/2018, S. 18.

ift Freizeit- und Tourismusberatung GmbH (2020). *Touristische Effekte und Bedeutung der Fahrgastschifffahrt in Köln*. Köln.

IG RiverCruise/DRV (2018). *Deutscher Buchungsrekord auf Europas Flüssen*. Pressemitteilung zur ITB 2018, 08.03.2018, Basel, Berlin.

IG RiverCruise/DRV (2019). *Der Fluss-Kreuzfahrtmarkt 2018*. Basel, Berlin.

IG RiverCruise (2020). *Der Fluss-Kreuzfahrtmarkt 2019*. Basel.

Jürss, M. (2015). Zurück auf dem Fluss. In: *fvw*, 16/2015, S. 78–79.

Kasszian, N. (2015). Fluss im Aufwärtstrend. In: *fvw*, 15/2015, S. 60–62.

Knaak, C. (2016a). Quo Vadis. In: *touristik aktuell*, 18.01.2016, S. 20.

Knaak, C. (2016b). Orte der Ruhe. In: *touristik aktuell*, 22.08.2016, S. 24.

Knaak, C. (2018a). Sexy und stylish. In: *touristik aktuell*, 20.08.2018, S. 30.

Knaak, C. (2018b). Städtereise per Schiff. In: *touristik aktuell*, 17.09.2018, S. 42.

Knaak, C. (2018c). Der unbekannte Portugiese. In: *touristik aktuell*, 01.10.2018, S. 18.

Knaak, C. (2018d). Durststrecke auf dem Rhein. In: *touristik aktuell*, 26.11.2018, S. 18.

Knaak, C. (2018e). Einmal quer durch Europa. In: *touristik aktuell*, 20.08.2018, S. 23.

Knaak, C. (2018f). Per Schiff zum Weihnachtsmarkt. In: *touristik aktuell*, 01.10.2018, S. 36.

Knaak, C. (2018g). Newcomer mit Renommee. In: *touristik aktuell*, 20.08.2018, S. 24.

Knaak, C. (2019a). Knackevolle Kabinen. In: *touristik aktuell*, 19.08.2019, S. 18.

Knaak, C. (2019b). Neue Töne auf dem Fluss. In: *touristik aktuell*, 13.05.2019, S. 22.

Knaak, C. (2019c). Schwimmende Hotels. In: *touristik aktuell*, 18.02.2019, S. 26.

Knaak, C. (2019d). Innovationsfluss. In: *touristik aktuell*, 19.08.2019, S. 19.

Lassmann, M. (2019). *Arosa baut Entertainment massiv aus*. Verfügbar unter: https://www.fvw.de/veranstalter/kreuzfahrt/saison-2020-arosa-baut-entertainment-massiv-aus-201576 [Abgerufen am 10.05.2019].

Lassmann, M.; Feyerherd, M. (2019). Mit Bedacht voraus. In: *fvw*, 10/2019, S. 54–57.

Leverenz, M. (2017). Trips für Newcomer. In: *fvw*, 10/2017, S. 78–80.

Marx, W. (2018). Overtourism am Fluss. In: *Travel one*, 05/2018, S. 31.

Mietke, K. (2018). Neue Schiffe. In: *Travel one*, 05/2018, S. 18–20.

Neumeier, F. (2018). In den Schlaf geschaufelt. In: *touristik aktuell*, 20.08.2018, S. 28.

Oßberger, Beatrice (2018). *Wenn Traumschiffe zum Albtraum der Anwohner werden*. Verfügbar unter: https://www.welt.de/regionales/bayern/article180072522/Tourismus-Wenn-Traumschiffe-zum-Albtraum-fuer-die-Anwohner-werden.html [Abgerufen am 04.10.2018].

o. V (2019). Arbeiten auf dem Flusskreuzfahrtschiff. In: *Blickpunkt Bus*, 03/2019, S. 34.

Petersen, S. B. (2008). The turn-around function of cruise ports – operator's requirements and regional effects. In: Breitzmann, K. H. (Hrsg.), *Cruise and Ferry Passenger Shipping. Growth Potential, Ports, Regional Marketing and Economic Effects in the Baltic Sea Region. International Conference, 21.–23. November 2007*, S. 131–146. Beiträge und Informationen aus dem Ostseeinstitut für Marketing, Verkehr und Tourismus an der Universität Rostock.

Plantours (2019a). *MS SANS SOUCI Schiffsporträt*. Verfügbar unter: https://www.plantours-partner.de/ms-sans-souci-schiffsportraet.html [Abgerufen am 22.02.2019].

Plantours (2019b). *Unser Neubau 2020: Flussschiff MS Lady Diletta Schiffsporträt*. Verfügbar unter: https://www.plantours-partner.de/unser-neubau-2020-flussschiff-ms-lady-diletta-schiffsportraet.html [Abgerufen am 22.09.2019].

Pracht, S. (2016). Stau am Anleger. In: *fvw*, 13/2016, S. 16–17. fvw Spezial Kreuzfahrt, Beilage.

Schulz, A. (2014). *Grundlagen Verkehr im Tourismus*. 2. Aufl., München: Oldenbourg.

Schulz, A.; Auer, J. (2010). *Kreuzfahrten und Schiffsverkehr im Tourismus*. München: Oldenbourg.

Stadtwerke Passau (2019). *Liegeplatzeinteilung für Kreuzfahrtschiffe*. Verfügbar unter: https://www.stadtwerke-passau.de/hafen/liegeplatzeinteilung.html?monat=&ankuftsdatum=14.09.2019&schiffsname=&liegestelle= [Abgerufen am 13.09.2019].

Steinecke, A. (2018). *Kreuzfahrttourismus*. Konstanz, München: UVK Verlagsgesellschaft.

Terranova (2019). *Reisen mit Rad und Schiff – Auf Europas besten Schiffen*. Verfügbar unter: https://www.terranova-touristik.de/radreisen/rad-und-schiff/ [Abgerufen am 10.09.2019].

U by Uniworld (2019). *Frequently asked questions*. Verfügbar unter: https://www.ubyuniworld.com/uk/faq [Abgerufen am 13.09.2019].

Viva Riverside (2019). *Hotelschiffe*. Verfügbar unter: http://www.viva-riverside.city/hotelschiffe/ [Abgerufen am 20.09.2019].

Vodohod (2020). *Теплоход «Георгий Чичерин»*. Verfügbar unter: https://vodohod.com/ships/chicherin/ [Abgerufen am 23.05.2020].

von Pilar, C. (2018a). Besonderes Schiff für besondere Menschen. In: *fvw Spezial Kreuzfahrt*, Beilage zur fvw 18/2018, S. 21.

von Pilar, C. (2018b). Interesse am Fluss nimmt zu. In: *fvw Spezial Kreuzfahrt*, Beilage zur fvw
18/2018, S. 14–16.

von Pilar, C. (2018c). Frühe Welle für den Fluss. In: *fvw*, 22/2018, S. 52–54.

von Pilar, C. (2018d). *Arosa expandiert nach Großbritannien*. Verfügbar unter: https://www.fvw.
de/veranstalter/kreuzfahrt/internationaler-vertrieb-arosa-expandiert-nach-grossbritannien-
194792, [Abgerufen am 18.12.2018].

von Pilar, C. (2019a). Die hohe See reizt die Flusskreuzfahrer. In: *fvw*, 04/2019, S. 58–59.

von Pilar, C. (2019b). Flusskreuzfahrt Produktcheck. In: *fvw*, 04/2019, S. 54.

von Pilar, C. (2019c). Höher, breiter, cooler. In: *fvw*, 08/2019, S. 26–27.

von Pilar, C. (2019d). Flusskreuzfahrt formiert sich. In: *fvw*, 18/2019, S. 14–15.

von Pilar, C. (2019e). Kreuzfahrt steht vor neuen Herausforderungen. In: *fvw Dossier Veranstalter
Februar*, Beilage zur fvw 04/2019, S. 10–11.

Wolf, Michael (2018). *Das Meer ist nicht genug*. Verfügbar unter: https://www.sueddeutsche.de/
reise/flussreisen-yoga-beim-landgang-1.4002549 [Abgerufen am 21.08.2018].

Zambezi Queen Collection (2019). *Zambezi Queen Collection*. Verfügbar unter: https://www.
zqcollection.com/. [Abgerufen am 14.09.2019].

Experteninterviews

Berthold, Florian, CEO Trip Up GmbH (Meine Landausflüge), Email, 19.08.2019.

Braun, Mario, Hotelmanager Arosa Flora, Gespräch, 29.11.2019.

Christel, Andreas, Tourismusdirektor Bamberg Tourismus und Kongress Service, Email, 18.09.2019.

Heger, Michael, Tourismusdirektor & Teamleiter Marketing Bamberg Tourismus und Kongress
Service, Email, 23.09.2019.

Kirsch, Jürgen, Hotelmanager Arosa Riva, Gespräch, 30.10.2018; Email, 20.09.2019.

Knauthe, Timo, Leiter Tourismus und Gesundheitswirtschaft, IHK Köln, Gespräch, 29.11.2019.

Lorenz, Christian, Pressesprecher Hafen und Güterverkehr Köln AG, Telefonat, 23.09.2019.

Rumpel, Teresa, International Hostess and Receptionist Arosa Flora, Gespräch, 29.11.2019.

Schmied, Annika, Pressesprecherin Arosa Flussschiff GmbH, Rostock, Email, 20.09.2019.

Stein, Johannes, Sachbearbeiter Hotel & Fahrgastschifffahrt, RheinCargo GmbH & Co. KG Köln,
Gespräch, 29.11.2019.

Donald Cooper, Christof Pforr, Kirsten Holmes und Tekle Shanka

2 Auswirkungen des Generationswechsels auf das europäische Flusskreuzfahrtensegment

1 Einführung

Dieser Beitrag beschreibt das Konsum- und Reiseverhalten der sogenannten Generation X und erörtert, wie dies die zukünftige Nachfrage nach europäischen Flusskreuzfahrten in Bezug auf die Zielgruppe der über 50-Jährigen beeinflussen wird. Methodisch ist die Studie in der Generationstheorie verankert und stützt sich auf eine Untersuchung des Reiseverhaltens australischer und US-amerikanischer Angehöriger der Generation X. In naher Zukunft wird diese Altersklasse – Personen, die zwischen 1965 und 1980 geboren wurden – zunehmend Hauptzielgruppe europäischer Flusskreuzfahrten werden, die sich vor allem unter Australiern und US-Amerikanern großer Beliebtheit erfreuen (vgl. Cooper 2017, S. 17). Die Generation X wird immer mehr die in diesem Marktsegment bislang noch am stärksten vertretene Klasse der gemeinläufig als „Babyboomer" bezeichneten Reisenden ersetzen.

Hauptziel dieser Forschungsstudie war es, Reisemotivationen der Generation X besser zu erfassen und auch besser verstehen zu können, da ihr Reiseverhalten und ihre Erwartungen an das europäische Flusskreuzfahrtensegment zukünftig das Marketing, die Reiseveranstaltungen selbst sowie die Routenplanung beeinflussen werden und daher für Reiseveranstalter in diesem Tourismusbereich von großem Interesse sein sollten (vgl. Glover/Prideaux 2008, o. S.; Hicks/Hicks 1999, o. S.).

Der Generationswechsel und seine Auswirkungen auf das europäische Flusskreuzfahrtensegment sind gegenwärtig ein von der Tourismusforschung vernachlässigtes Themenfeld (vgl. Gardiner/Grace/King 2015, o. S.; Noble/Schewe 2003, o. S.; Schewe/Noble 2000, o. S.). Die Forschung, die in diesem Bereich betrieben wurde, konzentrierte sich darüber hinaus auf andere Alterskohorten, vor allem die Babyboomer-Generation, die gegenwärtig den Markt für europäische Flusskreuzfahrten dominiert, hat beachtliches Forschungsinteresse geweckt (vgl. Lehto/Jang/Achana/O'Leary 2008, o. S.; Delmont 1991, S. 18; Glusac 2012, o. S.; Hill 2013, o. S.). Benckendorff, Moscard und Pendergast (2010) richteten zudem in ihrer Arbeit das Augenmerk auf die sogenannte Generation Y und das, obwohl die Generation X die wichtigste zukünftige Zielgruppe für dieses vor allem unter älteren Reisenden beliebte Tourismusprodukt darstellt. Mit ihrem empirischen Ansatz füllt die hier vorgestellte Studie diese Forschungslücke und weist mögliche Strategien auf, mit denen Tourismusorganisationen und -anbieter auf den nahenden Generationswechsel angemessen reagieren können (vgl. Cooper 2017, S. 193).

https://doi.org/10.1515/9783110696165-002

2 Die Generation X im Kontext der Generationstheorie

Nach Ende des Zweiten Weltkrieges zogen starke Zuwächse in den Geburtenraten im westlichen Europa, den Vereinigen Staaten, in Kanada, Australien und Neuseeland die Aufmerksamkeit von Marketingfachleuten auf sich, die vor dem Hintergrund der Generationstheorie die Vorteile einer spezifischen Vermarktung, maßgeschneidert für bestimmte Altersgruppen, entdeckten (vgl. Project M 2014, o. S.). Aufbauend auf Mannheims (1952) Pionierarbeit auf diesem Gebiet, differenziert die Generationstheorie zwischen verschiedenen Altersgruppen mithilfe eines soziologischen Ansatzes, der sich darauf gründet, dass die den jeweiligen Altersklassen zugehörigen Bevölkerungsgruppen dieselben signifikanten Ereignisse in ihren jeweiligen persönlichkeitsprägenden Lebensphasen durchlebt haben.

Die sogenannte Generation X umfasst in den oben genannten Ländern insgesamt etwa 127 Millionen Menschen (vgl. Glover/Prideaux 2009, o. S.; Henning 2014, o. S.; McCrindle Research 2010, o. S.; United States Census Bureau 2010, o. S.). In Australien und den Vereinigten Staaten, den Fallbeispielen dieser Studie, stellt diese Gruppe ebenso einen großen Teil der Bevölkerung und damit auch einen beachtlichen Markt für Tourismusangebote, die speziell an ältere Reisende gerichtet sind. Für Australien bedeutet dies 5 Millionen mögliche Kund/-innen (vgl. Glover/Prideaux 2009, o. S.; McCrindle Research 2014, o. S.) und in den USA sind es sogar über 62 Millionen (vgl. United States Census Bureau 2010, o. S.). Darüber hinaus sind beide Länder seit den 1960ern und 1970ern wichtige Quellmärkte für organisierte Pauschalreisen nach Europa und hier vor allem auch ein wichtiges Marktsegment für europäische Flusskreuzfahrten. Laut Angaben des CEO von Australia CMV, G. Hunter (vgl. Interview, 27. April 2016) und des Präsidenten von Uniworld, G. Young (vgl. Interview, 20. Mai 2015), beides populäre Anbieter europäischer Flusskreuzfahrten, hat sich dieses Tourismussegment über die letzten 15 Jahre hinweg unter amerikanischen und australischen Kund/-innen größter Beliebtheit erfreut. Darüber hinaus sind beide Quellmärkte auch Wachstumsmärkte (vgl. ITA Office of Travel & Tourism Industries 2015, o. S.).

3 Methodische Grundlage

Die hier vorgestellte Studie mit ihrem qualitativen, phänomenologischen Studiendesign ist in einer soziologischen Perspektive verankert. Dieser Ansatz ermöglicht grundlegende Erfahrungen, die die Reisemotivationen, das Kaufverhalten und auch die Reisepräferenzen der Befragten nachhaltig geprägt haben, zu erfassen (vgl. Cooper/Holmes/Pforr/Shanka 2019, S. 420). Eine ausführliche Befragung erlaubt nicht nur persönliche, sondern auch generell erlebte Erfahrungen aufzuzeigen, vor allem solche, die in für die persönliche Entwicklung im Allgemeinen und für das individuelle Reiseverhalten im Speziellen prägenden Jahre gemacht wurden (vgl. Jennings 2010, o. S.).

Um ein besseres Verständnis für bereits gemachte Konsum- und Reiseerfahrungen sowie gegenwärtige Reisemotivationen der Generation X zu erlangen, wurden mit 39 Studienbeteiligten qualitative Leitfadeninterviews in den Städten Sydney, Melbourne, New York und Los Angeles durchgeführt. Die Teilnehmer waren zwischen 35 und 50 Jahre alt (2015), besaßen alle bereits Reiseerfahrungen und hatten die Intention sowie die finanziellen Mittel auch zukünftig weiterhin zu reisen.

Diese qualitative Vorgehensweise steht im Gegensatz zum methodischen Ansatz vieler anderer Generationsstudien, die häufig auf einem quantitativen Entwurf beruhen. Diese Studien konzentrieren sich hauptsächlich auf eine Vergleichsanalyse des Reiseverhaltens der verschiedenen Altersklassen und beinhalten Aussagen über zukünftige Tourismusentwicklungen. Yeoman, Tan Li Yu, Mars und Wouters (2012) haben beispielsweise die Nachhaltigkeit von Tourismusressourcen, Transportsystemen, Unterkünften und Zukunftstechnologien erforscht, spezifische Motivationen und Verhaltensmuster unterschiedlicher Altersgruppen jedoch nicht berücksichtigt.

Bezugnehmend auf die von Mannheim entwickelte Generationstheorie haben Cooper und Hall (2008) jedoch angemerkt, dass jede Altersklasse ihr spezifisches Wertesystem besitzt, das ihr Reiseverhalten nachhaltig beeinflusst. Clover und Prideaux (2008) fügten hinzu, dass zusätzlich zum eigenen Wertecodex auch die vorangegangenen Gelegenheiten zu reisen und damit verbunden gesammelte Reiseerfahrungen die Nachfrage nach touristischen Produkten und Dienstleistungen der unterschiedlichen Generationen prägen.

In diesem Sinne war die vorliegende Studie ins Besondere darauf ausgerichtet, folgende Forschungsfragen zu beantworten:

1. Inwiefern beeinflussen in der Vergangenheit gemachte Reiseerfahrungen die touristischen Vorlieben der Generation X?
2. Welche Faktoren können australische und US-amerikanische Angehörige dieser Altersgruppe motivieren, in der Zukunft europäische Flusskreuzfahrten zu buchen?

Die Beantwortung dieser Forschungsfragen ermöglicht es, Aussagen darüber zu treffen, inwiefern der nahende Generationswechsel von Babyboomern zur Generation X die zukünftige Nachfrage nach europäischen Flusskreuzfahrten beeinflussen wird.

4 Diskussion der Studienergebnisse

Die vorliegende Studie hat gezeigt, dass die Generation X vor allem aufgrund günstigerer und zugänglicherer Flugangebote in ihren prägenden Jahren bereits viele unterschiedliche Reiseerfahrungen sammeln konnte. Auch haben berufliche Verpflichtungen oft zur internationalen Reiseerfahrung in dieser Altersklasse beigetragen. Diese Entwicklungen stehen in starkem Kontrast zu den Babyboomern und rüsten somit die Generation X im Gegensatz zu ihren Vorgängern mit fundiertem Reisewissen im Alter.

Ein Studienbeteiligter merkte zum Beispiel an, „So I'd been to Europe plenty of times, typically for work was the reason why I went. And then I extended my trips outward" (Juan, Los Angeles) (Cooper 2017, S. 172).

4.1 Das touristische Konsumverhalten der Generation X

In den durchgeführten Interviews drehten sich die Motivationen der Befragten oft auch um deren Streben nach Unabhängigkeit und Freiheit sowie um Unternehmungslust und das Bedürfnis nach soziokulturell authentischen Tourismuserlebnissen. Das gemeinsame Reisen mit Freunden und Familie oder auch der Austausch mit Gastgebern oder der Gastgemeinde wurden weit höher angesehen als das gemeinsame Reisen mit Fremden auf landgestützten Reiseveranstaltungen oder Kreuzfahrten. „I don't like people handholding me and telling me I have to go to this restaurant or somebody'd be waiting for you ... I've been on that kind of stuff before and I just don't feel it's authentic. At one point it was authentic and now it's so over commercialised that it's not really authentic anymore because they're just kind of playing into what you like" (Juan Los Angeles) (Cooper 2017, S. 172). In ähnlicher Weise kommentierte eine australische Studienteilnehmerin: „It's more about going to a local café and having a coffee and just experience, wandering down a street that's not really well-trodden by Australians" (Helen, Melbourne) (Cooper 2017 S. 172).

Darüber hinaus belegen die Ergebnisse dieser Studie und zu einem gewissen Umfang auch die allgemeinere Forschungsliteratur, dass die Generation X durch ein eigenes, ganz spezielles Konsumverhalten charakterisiert ist. Sie reagiert auch in einer ganz bestimmten Art und Weise auf Anzeigen und Werbebotschaften (vgl. Freeman 1995, S. 30; Roberts/Manolis 2000, o. S.), was im Umkehrschluss bedeutet, dass Marketingfirmen und Touranbieter ihre Produkte und die damit verbundenen Reiseerlebnisse maßgeschneidert für diese Altersklasse anbieten sollten. Die wenige aktuelle Forschung, die es zu diesem Thema bereits gibt, betont, dass die Generation X im Gegensatz zu den Babyboomern weit mehr medienbewusst und auch misstrauischer gegenüber typischen Marketingmethoden ist. Sie verstehen gängige Werbemaschen sehr gut und bedürfen daher einer besonderen Zusicherung, dass die jeweils angepriesenen Produkte und Dienstleistungen auch wirklich zuverlässig, sicher und von höchster Qualität sind. „Yeah, I'm not a big fan of these liars – not at all" merkte Rosa (Los Angeles) in diesem Zusammenhang an (Cooper 2017, S. 169) und Ariadne (Los Angeles) fügte hinzu „I don't trust any of the reviews because I assume they are plants". Diese Aussagen bestätigen die weitläufige Meinung, dass es sich bei den Angehörigen dieser Altersklasse um versierte Reisende handelt, die aufgrund früherer Reisen bereits viel Erfahrung gesammelt haben und damit auch das dementsprechende Selbstbewusstsein besitzen, ihre zukünftigen Reisen selbst zu recherchieren und zu buchen, wie ein Studienteilnehmer (John, Melbourne) bestätigte: „I like the research aspect of doing it myself." (Cooper 2017, S. 116)

4.2 Die Haltung der Generation X gegenüber Kreuzfahrten

Die meisten der Interviewpartner dieser Studie waren Kreuzfahrten prinzipiell wenig zugeneigt. Im Gegensatz zum gegenwärtigen Marketingfokus, der sich vor allem auf das breit gefächerte Angebot an Bord richtet, sind für die Angehörigen der Generation X die angesteuerten Destinationen, also die Häfen, von wesentlich größerem Interesse. Die meisten Studienteilnehmer kommentierten auch, dass Kreuzfahrten im Allgemeinen nichts für sie selbst seien. Trotz ihrer Limitationen, wie zum Beispiel, dass die zu Grunde liegende Umfrage nur in zwei Ländern und jeweils zwei Städten durchgeführt wurde, werfen die Ergebnisse der vorliegenden Studie grundlegende Fragen auf. Vor allem der Verwöhneffekt an Bord, der seit den 1970er Jahren viel stärker beworben wurde als die Destination selbst (vgl. Elliot/Choi 2011, o. S.) und der sich vor allem bei der Hochseekreuzfahrt in immer größeren und besser ausgestatteten Schiffen widerspiegelt, wird hiermit grundsätzlich in Frage gestellt, denn für die Studienteilnehmer waren Ausstattung und Angebot an Bord viel weniger wichtig als die angesteuerte Destination selbst.

4.3 Motivationen der Generation X für die Teilnahme an Flusskreuzfahrten

Bei der (hypothetischen) Erwägung, eine europäische Flusskreuzfahrt zukünftig zu buchen, waren die Studienteilnehmer vor allem von ihrem starken Wunsch geprägt, die europäische Kultur zu erleben und die jeweiligen gesellschaftlichen Strukturen näher kennenzulernen, und zwar ohne Zwang und vorgegebenen Rahmen, sondern in Eigenregie. Aufgrund ihrer schon erworbenen Reiseerfahrung erschienen den Befragten Reiseführer oder Gruppenaktivitäten also vollkommen unnötig. Der einzige Beweggrund, gegebenenfalls eine europäische Flusskreuzfahrt in Erwägung zu ziehen, war für sie der damit verbundene angenehmere Transport zwischen den jeweiligen Destinationen, was wiederum die Ergebnisse anderer Studien infrage stellt. „The boat would be okay if … again, you're going from Point A to Point B but the real exploring is if you can get on the land and talk to the people and walk around and just get the ambience of everything" (Marco, Los Angeles) (Cooper 2017, S. 166).

Was allen Studienteilnehmern gemeinsam war, war ihr stark ausgeprägtes Interesse an Europa, denn in den meisten Fällen hatten sie sich dort bereits für Urlaubs-, Arbeits- und/oder Studienzwecke in der Vergangenheit oder auch in jüngerer Zeit aufgehalten. In der Mehrheit waren sie vom europäischen Flair sehr angetan und wollten auf jeden Fall auch zukünftig wieder dorthin reisen. In ihren Befragungen haben sie sehr deutlich gemacht, dass sie aufgrund ihres Wissens, ihrer gesammelten Reiseerfahrung, ihres Selbstbewusstseins und auch ihrer individuellen Reisebedürfnisse weit mehr an maßgeschneiderten Produktinhalten als an den gegenwärtig hauptsächlich angebotenen, relativ unflexiblen Gruppenangeboten interessiert sind. Diese Ergebnisse decken sich mit denen von Glover und Prideaux (2008) und auch mit denen von Javalgi, Thomas und Rao (1992).

Die Forschung belegt auch, dass die Generation X Interesse an exklusiven Marken (vgl. Wolf/Carpenter/Qenani-Petrela 2005, o. S.) wie zum Beispiel *Crystal* und *Uniworld* (vgl. Baran 2015a, S. 1; Baran 2015b, S. 1) zeigt. Die Teilnehmer dieser Studie jedoch deuteten an, dass für sie das Element der Exklusivität, das von ihnen als eine Luxuserfahrung kategorisiert wurde, an Bord europäischer Flusskreuzfahrtschiffe nur von geringfügiger Bedeutung ist, und das, obwohl sie sich durchaus der Marktpositionierung europäischer Flusskreuzfahrtanbieter bewusst waren, wie folgende Aussage eines Studienteilnehmers (Dutch, Sydney) belegt: „They're pretty premium in the way of accomodation and style." (Cooper 2017, S. 170)

Die Interviewpartner brachten ihr Interesse an komfortablem Reisen, aber auch ihre Erwartung an ein angemessenes Preis-Leistungs-Verhältnis zum Ausdruck, was im Gegensatz zu den Forschungsergebnissen von Wolf, Carpenter und Qenani-Petrela (2005) steht, die die Reiseerwartungen der Generation X eher im Luxusbereich ansiedelten. Eine Studienteilnehmerin (Missy, Sydney) kommentierte zum Beispiel „trying to find the cheapest deal, so I think going online you can find really good deals. You know, on those sites, especially for accommodation." (Cooper 2017, S. 171)

4.4 Barrieren für die Teilnahme der Generation X an Flusskreuzfahrten

In ihrer Befragung zu europäischen Flusskreuzfahrten brachten die Studienteilnehmer eine ganze Reihe von Bedenken zum Ausdruck, vor allem was die sozialen Aspekte und die räumliche Beengtheit dieser Reiseart betraf, wie auch die begrenzten Möglichkeiten mit der einheimischen Bevölkerung zu interagieren sowie ihre Vorbehalte bezüglich der Kosten und auch des Alters ihrer möglichen Mitreisenden. So wie sie sich schon im eher Allgemeinen gegenüber der Kreuzschifffahrt geäußert hatten, brachten sie auch der europäischen Flusskreuzfahrt wenig Begeisterung entgegen. Auch wenn die Studienteilnehmer durchaus schon auf Tagesreisen auf europäischen Flüssen unterwegs gewesen waren, hatte keiner von ihnen schon einmal selbst an einer mehrtägigen Flusskreuzfahrt teilgenommen. Dennoch waren sie mit diesem Reiseangebot vertraut, entweder über Beobachtungen auf einer eigenen Reise, über Werbeaktionen in ihren Heimatländern oder auch durch Reiseberichte aus dem Familien- oder Bekanntenkreis.

Die Befragten waren sehr bestimmt in ihrer Haltung, abgesehen von Familie und Freunden, auf keinen Fall mit ihren Landsleuten an einer Kreuzfahrt teilzunehmen. „Mainly sort of Anglo people. It's very sort of monoculture" kommentierte eine Teilnehmerin (Anna, Melbourne) (Cooper 2017, S. 172) und eine weitere (Missy, Sydney) merkte an „having to sit with people you don't like or something" (Copper 2017, S. 177). Ebenso wurde eine gewisse Abgeschottetheit von der eigentlichen Destination der Reise bemängelt. „I would rather see cities and history and monuments and art than floating around", brachte ein Studienteilnehmer (Chris, Los Angeles) dieses weitläufige Sentiment auf den Punkt (Cooper 2017, S. 176).

Diese Aussagen sollten den Anbietern europäischer Flusskreuzfahrten zu denken geben, denn gegenwärtig werden, wie es auch bei der Hochseekreuzfahrt üblich ist, Ausstattung und diverse Angebote an Bord der Schiffe prominent beworben und die eigentlichen Destinationen der Reise eher hinten angestellt. Die Teilnehmer dieser Studie, durchweg Vertreter der Generation X, fanden hingegen den, den jeweiligen Zielhäfen gewidmeten, hinteren Abschnitt der ihnen gezeigten Reiseprospekte wesentlich interessanter.

Freiheits- und Unabhängigkeitsbestrebungen

Die Anmerkung „I wouldn't want to do with a group of people, I just don't like the group thing" (Many, Melbourne) fasst das in dieser Studie stark zum Ausdruck gebrachte Bedürfnis der Generation X nach Unabhängigkeit sehr pointiert zusammen und bestätigt damit, die in anderen Studien auch des Öfteren zum Ausdruck gebrachte und in dieser Altersgruppe weitverbreitete Ablehnung organisierter Reiseveranstaltungen. Die Generation X möchte auf ihre eigene, individuelle Art reisen. Aufgrund ihrer Reiseerfahrung und dem damit einhergehenden Wissen und Selbstbewusstsein lehnen sie die eher kontrollierten, organisierten und vorgeschriebenen Angebote im Programm der europäischen Flusskreuzfahrten vehement ab. Dieses Streben nach Unabhängigkeit, Selbstbestimmung und Freiheit ist nicht nur ein typisches Kennzeichen der Generation X wenn sie auf Reisen ist, sondern bestimmt auch ihren Alltag (vgl. Barrow 1994, o. S.; Beaudoin 1998, o. S.; De Lollis 2005, S. 1; Healy 2011, o. S.; Klie 2012, o. S.; Losky 1997, o. S.; Ritchie 1992, S. 21; Tulgan 1996, o. S.).

Unter diesem Blickwinkel ist es auch nicht verwunderlich, dass die Studienteilnehmer starke Bedenken gegenüber der räumlichen Beengtheit auf Flusskreuzfahrtschiffen äußerten. „Cabin fever" (Ralph, Melbourne) und „it's just beause you're confined" (Sally, New York) sind exemplarische Kommentare, die dieses Gefühl treffend zum Ausdruck bringen (Cooper 2017, S. 177). Manche Befragte sprachen sogar von Platzangst und trauerten recht nostalgisch den frühen Reiseerfahrungen während ihrer Kindheit und formenden Jahre nach, in denen sie sich recht frei bewegen konnten: „There is something about being outdoors that you can't really put your finger on" (Steve, Melbourne) (Cooper 2017, S. 119) und „I suppose as well, yeah, having the freedom of doing what you want to do when you want to do it" (Missy, Sydney) (Cooper 2017, S. 146).

Mangelnder soziokultureller Austausch

Die Studienteilnehmer bemängelten ebenso die begrenzten Möglichkeiten, im Rahmen einer Flusskreuzfahrt die kulinarische Vielfalt der Gastregion in lokalen Niederlassungen genießen zu können, was das starke Interesse der Generation X an einheimischer Kultur demonstriert, das auch schon in anderen Studien aufgezeigt wurde.

„For me it would be more about the stopping off at the places along the way to go and explore the towns themselves. So that has much more interest to me. Anything from, you know, getting out and wandering the streets and findings the local market and, you know ... " (Jane, Sydney) (Cooper 2017, S. 178). Diese Einstellung spiegelt sich auch in der Literatur wider. Littrell, Paige und Song (2004, S. 349) merken zum Beispiel an, dass „socially engaged tourists immersed themselves in the social and cultural contexts of tourist destinations, by making connections with the people they meet when travelling. In contrast, spectator and recreational tourists were more involved in activities that required observing, listening and self-entertaining". In diesem Sinne sind vor dem Hintergrund der Befragungsergebnisse Angehörige der Generation X als soziokulturell engagierte Touristen einzuordnen.

Preisbarrieren

Aufgrund der Erfahrung anderer und auch aufgrund entsprechenden Werbematerials assoziierte die Mehrzahl der Studienteilnehmer Flusskreuzfahrten mit hohen Kosten. „But no, they're not cheap" war zum Beispiel die Einschätzung einer Befragten (Ariadne, Los Angeles) (Cooper 2017, S. 178). In der allgemeinen Literatur wird die Generation X häufig als konsumfreudig beschrieben, jedoch auch mit einem starken Augenmerk auf Verlässlichkeit, Sicherheit, Qualität, ein adäquates Preis-Leistungs-Verhältnis und vor allem auch Transparenz und Redlichkeit (vgl. Morton 2003, o. S.; Ritchie 1995, S. 34).

Zielgruppe „ältere Leute"

Die Befragten schätzten durchweg die Zielgruppe europäischer Flusskreuzfahrten als wesentlich betagter als sie selbst ein. Im Jahr 2019 sind die ältesten der Generation X zuzurechnenden Personen 54 Jahre alt, zum Zeitpunkt der Befragung dieser Studie waren die Teilnehmer zwischen 35 und 50 Jahre alt und damit sahen sie sich als viel zu jung für das gegenwärtige Kreuzfahrtangebot an: „Yeah, maybe for my partner and I as we enter our twilight years" (Sunday Mission, Melbourne) war die Einschätzung einer Teilnehmerin (Cooper 2017, S. 179).

4.5 Reisebarrieren der Generation X

Es gibt noch relativ wenig Forschung zu möglichen Faktoren, die die Reisefreudigkeit der Generation X möglicherweise negativ beeinträchtigen. Ein Aspekt, der im Rahmen der zu Grunde liegenden Befragung hervortrat, war die möglicherweise negative Einstellung der Gastbevölkerung Besuchern gegenüber. Ein amerikanischer Studienteilnehmer (Juan, Los Angeles) merkte zum Beispiel an, dass „sometimes places are not as friendly or accessible I mean, I'd say Paris is not the friendliest place" (Cooper 2017, S. 173). Ebenso wurden die hohen Anreisekosten, die für australische und US-amerikanische Teilnehmer an diesen Reiseveranstaltungen zusätzlich anfallen, als Barriere empfunden „It's expensive, it takes time" (Sarah, Melbourne) war eine typische Einschätzung (Cooper 2017, S. 173). Obwohl, wie zuvor schon erwähnt, die Generation X, vor allem im direkten Vergleich mit den sogenannten Babyboomern, als ausgabefreudig angesehen wird (vgl. Han 2015, o. S.; Bruce 2015, S. 22), sind sie nichtsdestotrotz anspruchsvoll und achtsam im Hinblick darauf, wie viel und wofür sie auf ihren Reisen Geld ausgeben. Ebenso leidet die Generation X an Zeitmangel, was vor allem bei US-amerikanischen Studienteilnehmern, die oft nur sehr wenig Urlaubsanspruch haben, deutlich zum Ausdruck kam: „Two to three weeks is usually the norm" (Franklin, Los Angeles) (Cooper 2017, S. 174). Sicherheitsbedenken, vor allem aus religiösen Motiven, wurden darüber hinaus ebenso als mögliche Barrieren für einige der Studienteilnehmer identifiziert.

5 Fazit

In Anbetracht der Ergebnisse der hier vorgestellten Studie sollten Anbieter europäischer Flusskreuzfahrten die Ausrichtung und auch das Marketing ihrer gegenwärtigen Produktpalette überdenken, um amerikanische und australische Reisende der Generation X adäquat anzusprechen. Anbieter sollten die Motive und Bedürfnisse dieser wichtigsten zukünftigen Zielgruppe stärker berücksichtigen, da sie sich stark von denen des gegenwärtig dominanten Babyboomer-Marktes unterscheiden. Routen und Reiseprogramme müssen neu konzipiert werden, um durch höhere Flexibilität und mehr Individualität Kund/-innen der Generation X besser anzusprechen. Vor allem die Möglichkeit, unabhängig Landaufenthalte gestalten zu können, zum Beispiel unter dem Label „Naturtourismus" oder „Abenteuertourismus" (vgl. Shepherd 2002, o. S.; Vainikka 2013, o. S.), erscheint wichtig und sollte in entsprechenden Marketingkonzepten mit den Begriffen „Freiheit" und „gutes Preis-Leistungs-Verhältnis" gekoppelt werden. Was durchweg positiv zu bewerten ist, ist die starke Affinität der amerikanischen und australischen Generation X zu Europa als Reisedestination, viel mehr als das „an Bord"-Erlebnis einer Flusskreuzfahrt. Aktivitäten an Land sollten daher im Marketing und im Angebotsprogramm dieser Veranstaltungen in den Vordergrund gerückt werden und nicht so sehr, wie im Moment der Fall, das Entertainment und die breite Angebotspalette an Bord. Vielleicht sollte auch die räumliche Ausrichtung der Schiffe überdacht werden, da die Gelegenheit für Reiseteilnehmer Cafés und Restaurants an Land zu besuchen nicht nur die Kostenstruktur des Angebotes, sondern möglicherweise auch das Design der Schiffe verändern könnte. Wie angemerkt, steht für die Generation X in Bezug auf diese Reiseart nicht so sehr der Luxus-Aspekt, sondern vielmehr ein gutes Preis-Leistungs-Verhältnis im Vordergrund. Auch sollte zur Kenntnis genommen werden, dass die Studienteilnehmer ihre Reiseplanung vor allem online und nicht unbedingt über ein Reisebüro vornehmen. Flusskreuzfahrtanbieter hingegen wickeln gegenwärtig einen Großteil ihrer Verkäufe über Reiseagenturen ab.

Um die eher online aktive Zielgruppe zukünftig zu erreichen, müssen somit auch die üblichen Vertriebsmethoden überdacht und neu ausgerichtet werden. Auch die Marketing-Sprache sollte sich an die Generation X anpassen und sich statt auf opulente Beschreibungen und Bebilderung des Angebots an Bord eher auf kurze und knappe, deutliche und auch sehr ehrliche Botschaften beschränken. Auf die Angehörigen dieser Altersklasse kommen in den nächsten Jahren durchaus schwierigere finanzielle Zeiten zu. Um europäische Flusskreuzfahrten dennoch für diese Zielgruppe attraktiv zu machen, sollten kürzere Reiserouten und auch weniger kostspielige Angebote an Bord in die Angebotspalette aufgenommen werden.

Zukünftige Forschung

Auch wenn die hier vorgestellte Studie in ihrer Ausrichtung auf nur zwei Zielgruppen und mit ihrer Befragung in insgesamt nur vier Städten durchaus begrenzt war, hat sie dennoch den Bedarf nach mehr Forschung bezüglich der Motive, Erwartungen und Bedürfnisse zukünftiger Urlaubsreisen der Generation X deutlich gemacht. Eine Ausweitung des phänomenologischen Ansatzes auf eine breitere Bevölkerungsstichprobe, zum Beispiel um auch zukünftige Kund/-innen aus viel näher gelegenen Quellmärkten (z. B. aus Deutschland und Großbritannien) erfassen zu können, sowie englischsprachige Teilnehmer aus anderen Ländern (z. B. Kanada, Neuseeland, Südafrika) wäre durchaus wünschenswert. Künftige Forschung sollte auch eine breitere Ausrichtung insgesamt, sowohl was das Tourismusprodukt als auch was die Generationsklasse angeht, in Betracht ziehen. Zusätzlich könnte eine quantitative Erhebung die Ergebnisse dieser Studie stützen.

Abschließend muss die Wichtigkeit eines besseren Verständnisses des Angebotes und der Nachfrage nach europäischen Flusskreuzfahrten im Hinblick auf soziologische und Marketing-Aspekte sowie in einem Produktentwicklungskontext betont werden.

Literatur

Australian Government. Austrade (2016). *Outbound Tourism Statistics*. Verfügbar unter: www.tra. gov.au/research/Australians-travelling-overseas.html [Abgerufen am 4.4.2017].

Baran, M. (2015a). River cruise. In: *Travel Weekly USA*, 1.

Baran, M. (2015b). Uniworld adds aristocracy, French gastronomy themed cruises. In: *Travel Weekly USA*, 1.

Barrow, P. (1994). Marketing to Generation X. In: *The Canadian Manager*, 19(1), S. 23–24.

Beaudoin, T. (1998). Gen X spirituality. In: *Tikkun*, 13(5), S. 45–67.

Benckendorff, P.; Moscardo, G.; Pendergast, D. (Hrsg.) (2010). *Tourism and Generation Y*. Wallingford, UK: CABI.

Bruce, P. (2015). Generation X marks the spot. In: *Canadian Business*, 88(6), S. 22.

Cooper, C.; Hall, C. (2008). *Contemporary Tourism. An International Approach*. Oxford, UK: Butterworth-Heinemann.

Cooper, D. (2017). *The Impact of Generational Change on Future Demand for Tourism Experiences: The Case of Generation X and European River Cruises*. Doctoral Thesis, Curtin University, Perth, Australia.

Cooper, D.; Holmes, K.; Pforr, C.; Shanka, T (2019). Implications of Generational Change: European River Cruises and the Emerging Gen X Market. In: *Journal of Vacation Marketing*, 25(4), S. 418–431.

De Lollis, B. (2005). Travel world tries catering to Gen X splurgers. In: *USA TODAY*, 2, S. 1B.

Delmont, J. (1991). Motor-coach tours gain popularity with Americans. In: *Omaha World-Herald*, 5. Mai, S. 18.

Elliot, S.; Choi, C. (2011). Motivational Considerations of the New Generations of Cruising. In: *Journal of Hospitality and Tourism Management*, 18(1), S. 41–47.

Freeman, L. (1995). No tricking the media savvy. In: *Advertising Age*, 66(6), S. 30.

Gardiner, S.; Grace, D.; King, C. (2015). Is the Australian domestic holiday a thing of the past? Understanding Baby Boomer, Generation X and Generation Y perceptions and attitude to domestic and international holidays. In: *Journal of Vacation Marketing*, 21(4), S. 336–350.

Glover, P.; Prideaux, B. (2008). Identifying Tourism Demand: The Gold Coast and Cairns in 2020. In: *Paper presented at the Where the Bloody Hell Are We?- Proceedings of the CAUTHE Conference, Surfers Paradise, Queensland, Australia, February 6–9, 2008* (http://cauthe.org/services/conferences/conference-2008/).

Glover, P.; Prideaux, B. (2009). Implications of population ageing for the development of tourism products and destinations. In: *Journal of Vacation Marketing*, 15(1), S. 25–27.

Glusac, E. (2012). Interest in River Cruises soars. In: *The New York Times*, 29. Juni, S. 1. Verfügbar unter: http://www.nytimes.com/2012/07/01/travel/interest-in-european-river-cruises-soars.html?_r=0 [Abgerufen am 23.8.2016].

Han, E. (2015). Gen X are spending on plastic fantastic. In: *Newcastle Herald*, 3. Februar, S. 2. Verfügbar unter: http://search.proquest.com.dbgw.lis.curtin.edu.au/docview/1676251547?accountid=10382 [Abgerufen am 23.8.2016].

Healy, M. (2011). Gen X Slackers? Not so, says new study. In: *USA TODAY*, 25. Oktober, S. 1–5.

Hennig, B. (2014). *Growing old: European Population Pyramids*. Verfügbar unter: www.viewsoftheworld.net/?p=4201 [Abgerufen am 23.8.2016].

Hicks, R.; Hicks, K. (1999). *Boomers, Xers and Other Strangers: Understanding the General Differences that Divide Us*. Wheaton, USA: Tyndale House Publishers.

Hill, C. (2013). What's behind the river-cruise boom: Smaller ships, intimate itineraries woo more travellers. In: *Market Watch*, 7. Juli, S. 1. Verfügbar unter: http://www.marketwatch.com/story/whats-behind-the-river-cruise-boom-2013-02-01 [Abgerufen am 23.8.2016].

Hung, K.; Petrick, J. F. (2011). Why do you cruise? Exploring the motivations for taking cruise holidays, and the construction of a cruising motivation scale. In: *Tourism Management*, 32(2), S. 386–393.

ITA. Office of Travel & Tourism Industries (2015). *2014 Market Profile: US Residents to Europe*. Verfügbar unter: http://tinet.ita.doc.gov/outreachpages/download_data_table/2014-US-to-Europe.pdf [Abgerufen am 12.10.2016].

Javalgi, R. G.; Thomas, E. G.; Rao, S. R. (1992). US Pleasure Travellers' Perceptions of Selected European Destinations. In: *European Journal of Marketing*, 26(7), S. 45–64.

Jennings, G. (2010). *Tourism Research*, 2. Auflage. Milton, Australia: Wiley.

Klie, L. (2012). Gen X: stuck in the middle: this generation's size and spending power doesn't rival older generations, but its presence and influence should not be ignored. In: *CRM Magazine*, 16(2), S. 24–29.

Lehto, X. Y.; Jang, S.; Achana, F. T.; O'Leary, J. T. (2008). Exploring tourism experience sought: A cohort comparison of Baby Boomers and the Silent Generation. In: *Journal of Vacation Marketing*, 14(3), S. 237–252.

Littrell, M.; Paige, R.; Song, K. (2004). Senior travellers: Tourism activities and shopping behaviours. In: *Journal of Vacation Marketing*, 10(4), S. 348–362.

Losyk, R. (1997). Generation X; what they think and what they plan to do. In: *Futurist*, 31(2), S. 39.

Mannheim, K. (1952). *Essays on the Sociology of Knowledge*. London, UK: Routledge.

McCrindle Research (2010). *New Zealand Generational Profile*. Verfügbar unter: www.mccrindle.com.au/resources/POP-newZealand.pdf [Abgerufen am 23.8.2016].

McCrindle Research (2014). *Australia's Population Map and Generational Profile*. Verfügbar unter: www.mccrindle.com.au/the-mccrindle-blog/australias-population-map-and-generational-profile [Abgerufen am 23.8.2016].

Morton, L. (2003). Targeting Generation X. In: *Public Relations Quarterly*, 48(4), S. 43–45.

Noble, S. M.; Schewe, C. D. (2003). Cohort segmentation: An exploration of its validity. In: *Journal of Business Research*, 56(12), S. 979–987.

Project, M (2014). *Baby it's over: the last boomer turns 50*. Verfügbar unter: www.projectm-online.com.../141209_PROJECTM_Babyboomers_BR_FINAL [Abgerufen am 23.8.2016].

Ritchie, K. (1992). Get ready for „Generation X" soon the primary market, and very unlike ageing Baby Boomers. In: *Advertising Age*, 63(46), S. 21.

Ritchie, K. (1995). Marketing to Generation X. In: *American Demographics*, 17(4), S. 34.

Roberts, J. A.; Manolis, C. (2000). Baby boomers and busters: an exploratory investigation of attitudes toward marketing, advertising and consumerism. In: *The Journal of Consumer Marketing*, 17(6), S. 481–499.

Schewe, C. D.; Noble, S. M. (2000). Market Segmentation by Cohorts: The Value and Validity of Cohorts in America and Abroad. In: *Journal of Marketing Management*, 16(1–3), S. 129–142.

Shepherd, N. (2002). How Ecotourism Can Go Wrong. In: *Current Issues in Tourism*, 5(3), S. 309–318.

Tulgan, B. (1996). Common misconceptions about Generation X. In: *Cornell Hotel and Restaurant Administration Quarterly*, 37(6), S. 46–54.

United States Census Bureau (2010). *Census of Population. 2010*. Verfügbar unter: https://www.census.gov/prod/cen2010/briefs/c2010br-03.pdf [Abgerufen am 12.10.2016].

Vainikka, V. (2013). Rethinking Mass Tourism. In: *Tourist Studies*, 13(3), S. 268–286.

Wolf, M. M.; Carpenter, S.; Qenani-Petrela, E. (2005). A Comparison of X, Y, and Boomer Generation Wine Consumers in California. In: *Journal of Food Distribution Research*, 36(1), S. 186–191.

Yeoman, I.; Tan Li, Y u; R.; Mars, M.; Wouters, M. (2012). *2050 – Tomorrow's Tourism*. Bristol, UK: Channel View Publications.

Johanna Jäger und Ina zur Oven-Krockhaus

3 Reisedurchführung bei Flusskreuzfahrten – Erlebnisinszenierung durch Event- und Themenreisen am Beispiel des Flusskreuzfahrtanbieters Dreamlines

1 Relevanz von Events bei Flusskreuzfahrten

Flusskreuzfahrten gehören wie Hochseekreuzfahrten zu einem stetig wachsenden Marktsegment, das allerdings durch die Kombination aus Städtereise und Landschaft eine besondere Reiseart darstellt (vgl. Schulz/Auer 2010, S. 238). Die Bedeutung der Destination nimmt dabei stetig zu, wie die fvw Exklusiv-Studie Kreuzfahrten 2018 belegt (vgl. von Pilar 2018a, S. 12 ff.). Die dort befragten Reisemittler bestätigen, dass die Auswahl der Fahrtgebiete auf Platz eins der Erfolgsfaktoren im Vertrieb liegen. Somit gewinnt die Auswahl der Destination, das Routing und die Attraktivität der Landausflüge an Bedeutung und zeitgleich verliert das Schiff als Hauptattraktion an Wichtigkeit (vgl. von Pilar 2018a, S. 12).

Bei den Flusskreuzfahrtgästen lässt der „Wow-Effekt" nach, den eine Schiffsreise in den vergangenen Jahren hervorgerufen hat, und es wird kritischer auf Details geachtet (vgl. von Pilar 2018b, S. 6). Somit stehen Flusskreuzfahrtunternehmen vor der Herausforderung, sich von Wettbewerbern zu differenzieren und durch Individualisierung spannende und abwechslungsreiche Reisen zu schaffen. Eine Möglichkeit, dies zu erreichen, besteht durch die Entwicklung von Events. Den Gästen können diverse Erlebnisse und somit etwas Besonderes geboten werden. Ein Erlebnis wird als ein Ereignis definiert, das vom Gewohnten oder Alltäglichen abweicht und sich nachhaltig im Gedächtnis der Gäste verankert (vgl. Jäger 2016, S. 179). Die Eventisierung von Flusskreuzfahrten kann durch Entwicklung von bestimmten Themen- und Erlebniswelten erfolgen, indem das Hauptprodukt Kreuzfahrt mit einem Event verbunden wird und das besondere Thema zum Hauptmotiv der Buchung einer bestimmten Flusskreuzfahrt wird (vgl. Steinecke 2009, S. 7). Themenkreuzfahrten können aus Aktivitäten (Wandern, Radfahren, Reiten oder Golf spielen), Erlebnissen (Gourmetreisen, Weinreisen, Advents-, Weihnachts- oder Romantikreisen), Bildung (Literaturreisen, Musikreisen oder Sprachreisen) und Gesundheit (Wellnessreisen oder Esoterikreisen) bestehen (vgl. Borchert 2015, S. 20). Sie sollen dabei helfen, Imagekorrekturen vorzunehmen, jüngere Zielgruppen zu gewinnen und Buchungszahlen zu erhöhen (vgl. Schulz/Auer 2010, S. 243).

Die zentrale Fragestellung der empirischen Untersuchung zur Eventisierung bei Flusskreuzfahrten lautet daher: Wie bewerten Kund/-innen Event- und Themenrei-

https://doi.org/10.1515/9783110696165-003

sen von Reedereien und welche Anforderungen ergeben sich daraus am Beispiel von Dreamlines? Dreamlines ist eines der größten Online-Portale für Kreuzfahrten im deutschsprachigen Markt und bietet mit mehr als 30.000 Produkten eine große Bandbreite an Hochsee- und Flusskreuzfahrten verschiedener Reedereien an (vgl. o. V. 2020a, o. S.).

2 Datengrundlage und Methoden

Die zentrale Forschungsfrage soll mithilfe eines Methodenmix aus Analyse von Fluss-kreuzfahrtprodukten, Auswertung von Kundenkommentaren zu entsprechenden Pro-dukten und qualitativen Interviews von Verkaufsberatern des Unternehmens Dream-lines beantwortet werden.

Aufgrund der steigenden Angebote von Events bei Flusskreuzfahrtprodukten ver-schiedener Reedereien (vgl. Buchmüller 2020a, S. 9), die Dreamlines vermittelt, ist die Analyse bestehender Produkte anhand von Buchungszahlen zielführend. Um erste Erkenntnisse und Meinungen zu bereits bestehenden Angeboten der Flusskreuzfahrt-branche zu erhalten, wurden zunächst fünf Dreamlines Flusskreuzfahrtexpert/-innen zur Eventisierung bei Flusskreuzfahrten qualitativ befragt. Die explorative Vorstudie diente dazu, nicht standardisierte Daten zu erheben und auszuwerten mit dem Ziel, tiefere Einblicke in die Event- und Themenkreuzfahrten zu gewinnen. Die Interviews fanden leitfadengestützt statt und wurden mittels qualitativer Inhaltsanalyse nach Mayring mit induktiver Kategorienbildung ausgewertet (vgl. Mayring 2000, S. 65 ff.). Durch den alltäglichen Kundenkontakt können die Expert/-innen einschätzen, was von den Kund/-innen nachgefragt wird und aus welchen Motiven. Auf Basis der geführten Gespräche mit Flusskreuzfahrtkund/-innen können Informationen der Kund/-innen zu den Kategorien Destination, Produkt, Themen und Zielgruppe ana-lysiert sowie Kundenwünsche erfasst werden, um die Produktauswahl und Angebote der Reedereien besser zu steuern. Die Flusskreuzfahrtexpert/-innen wollten aller-dings nicht namentlich genannt werden und anonym bleiben, daher werden sie im weiteren Verlauf der Untersuchung als Dreamlines Flusskreuzfahrtexpert/-innen be-zeichnet.

Der anschließende zweite Teil bezieht sich als Sekundärforschung auf die Bewer-tungen der Flusskreuzfahrtkund/-innen, die eine Event- bzw. Themenkreuzfahrt ge-bucht haben, sowie der Auswertung der offenen Worte der Dreamlines Kund/-innen. Die Gästebewertung wird den Kund/-innen nach Rückkehr aus ihrem Urlaub per E-Mail geschickt und beinhaltet folgende Themengebiete: Gesamtbewertung der Kreuzfahrt, Bewertung der einzelnen Bereiche auf dem Schiff wie Kabine, Service, Gastronomie, Entertainment sowie Ausflüge auf einer 10-er Skala. Die Kund/-innen können zudem offen angeben, was ihnen besonders positiv und negativ in Erinne-rung geblieben ist und ob sie die Reise weiterempfehlen würden. Insgesamt wurden 316 Kundenbewertungen mit 250 Wortbeiträgen zu Flusskreuzfahrten ausgewertet, davon bezogen sich 32 Kundenbewertungen auf Themenkreuzfahrten. Abschließend wurden die Kundenbewertungen zu Flusskreuzfahrten ohne Events mit den Kundenbewertungen von Flusskreuzfahrten mit speziellem Eventcharakter verglichen, um zu analysieren, ob es Unterschiede in den Bewertungen gibt. In die Analyse flossen Event- sowie Themenreisen der Reedereien Nicko Cruises, A-ROSA, 1AVista und SE-Tours von Dreamlines-Kund/-innen im Zeitraum Januar bis Dezember 2019 ein. Für die Auswertung wurde ein zweistufiges Verfahren aus Analysetechnik der Strukturierung und der anschließenden Zusammenfassung gewählt (vgl. Mayring 2003, S. 53 ff.) und daraus ein deduktives Kategoriensystem gebildet. Darüber hinaus erfolgte eine Erfassung von außergewöhnlichen Kundenwünschen, Buchungskonstellationen und Altersangaben der Kund/-innen.

Die Untersuchung zielte darauf ab, eine Handlungsempfehlung zur Eventisierung bei Flusskreuzfahrten und insbesondere für das Unternehmen Dreamlines zu entwickeln, um die angebotenen Produkte spezifischer auf Kundenbedürfnisse auszurichten.

3 Eventisierung bei Flusskreuzfahrten

Um sich von Wettbewerbern zu differenzieren und durch Individualität spannende und abwechslungsreiche Reisen zu schaffen, bietet sich für touristische Unternehmen die Möglichkeit, Events bei der Reisedurchführung zu kreieren.

3.1 Funktionen und Arten von Events

Im Städtetourismus wird laut Jäger (2018, S. 169) Eventtourismus als Organisation von bestimmten Veranstaltungen praktiziert, um im Konkurrenzkampf der Städte bestehen zu können. Diese Definition von Eventtourismus wird auf Flusskreuzfahrten angewendet, indem Veranstaltungen auf Schiffen und an Land als Eventisierung verstanden werden. Bei Eventisierung von Flusskreuzfahrten wird das Hauptprodukt (die Kreuzfahrt) entweder mit einem Event oder mit einem Thema verbunden und es entsteht somit eine Event- oder Themenkreuzfahrt. Das besondere Erlebnis wird zum Hauptmotiv der Buchung für die Reise (vgl. Schulz/Auer 2010, S. 243; Steinecke 2009, S. 7). Der Unterschied zwischen Event- und Themenkreuzfahrt besteht darin, dass eine Eventkreuzfahrt auch nur ein einmaliges Event in der Reise beinhalten kann (z. B. Silvester), während sich bei der Themenkreuzfahrt die ganze Reise einem bestimmten Thema widmet (z. B. Radreisen oder Reisen mit Hund).

Dabei können Events unterschiedliche Funktionen erfüllen. Aus der Marketingperspektive geht es sowohl um Eventzielgruppen als auch um Eventkonzeption und -inszenierung. Aus Sicht der Besucher/-innen stehen kognitive, emotionale, soziale, sensorische und verhaltensbezogene Aspekte im Vordergrund (vgl. Gruner/Freyberg/

Phebey 2013, S. 12; Jäger 2018, S. 23). Events können zudem auch in verschiedene Eventarten unterteilt werden. Die Vielfalt von Events besteht aus Business-Events, Bildungs-, Kultur-, Freizeit-, gesellschaftspolitischen, privaten und Naturevents (vgl. Herdtweck 2015, S. 20). In Bezug auf Flusskreuzfahrten werden hier insbesondere die Kultur-, Freizeit- sowie Naturevents betrachtet, da sie in direktem Zusammenhang zum Hauptprodukt Flusskreuzfahrten stehen. Nach Steinecke (2009, S. 3) dienen die Freizeit- und Kulturangebote primär dazu, die Aufenthaltsdauer der Besucher/-innen zu verlängern und damit die Konsumtätigkeit zu erhöhen.

Destinationen

Die Wahl der Destinationen und Auswahl der Fahrtgebiete nimmt aus Sicht des Konsumenten eine bedeutende Rolle ein (vgl. von Pilar 2018, S. 12 ff.). Touristische Destinationen sind geografische, landschaftliche, soziokulturelle oder organisatorische Einheiten, die für Touristen von Interesse sind (vgl. Freyer 2011, S. 258). Die vorhandene touristische Infrastruktur der Destination bestimmt die organisatorischen Rahmenbedingungen, die sich auf die Durchführung eines Events auswirken (vgl. Zanger 2016, S. 11). Da Destinationen Wettbewerbseinheiten sind, wird systematische und professionelle Markenpolitik eingesetzt (vgl. Thilo 2017, S. 127 ff.). So weisen Destinationen mit der verbundenen Erlebniswelt meist einen historischen Bezug auf und gehen auf den kulturellen Hintergrund der Region ein, was für den Konsumenten Authentizität widerspiegelt (vgl. Zanger 2016, S. 16). Daher verteilen sich deutsche Flusskreuzfahrtpassagiere vornehmlich auf die großen historischen Flussläufe wie Rhein und Donau (vgl. Tab. 3.1).

Bei einer Befragung von Flusskreuzfahrtkund/-innen nach Kreuzfahrtdestinationen stießen vor allem europäische Fahrtgebiete auf großes Interesse, aber auch geschichtsträchtige Flussläufe wie Nil oder Wolga erfreuten sich großer Nachfrage (vgl. Tab. 3.2).

Das Flusskreuzfahrtschiff selbst kann zudem als einzelne touristische Destination gesehen werden (vgl. Freyer 2015, S. 244). Der Gast kann somit auf einer Flusskreuzfahrt mehrere Destinationen entdecken: Zum einen das Schiff an sich und zum

Tab. 3.1: Verteilung deutscher Passagiere auf die weltweiten Fahrtgebiete von Flusskreuzfahrten – 2019 zu 2018 (Quelle: Buchmüller 2020b, S. 11).

Fahrgebiete	2019	2018
Rhein und Nebenflüsse	37,1 %	35,9 %
Donau und Nebenflüsse	34,5 %	35,2 %
Seine, Rhône, Saône, Garonne, Loire	13,1 %	12,9 %
Elbe, Oder, Havel	2,3 %	3,5 %
Sonstige europäische Fahrtgebiete	6,9 %	5,1 %
Sonstige außereuropäische Fahrtgebiete	6,1 %	7,4 %

Tab. 3.2: Interesse an Flusskreuzfahrtdestinationen (Quelle: Buchmüller zitiert nach Statista 2020).

Donau (z. B. Regensburg – Wien – Bratislava – Budapest – Belgrad)	54,6 %
Nil (in Ägypten)	48,4 %
Wolga (z. B. St. Petersburg – Moskau)	41,2 %
Rhône (z. B. Lyon – Avignon – Vienne)	38,2 %
Rhein & Waal (in Benelux, z. B. Köln – Texel – Antwerpen – Amsterdam)	27,5 %
Rhein (z. B. Niederlande – Köln – Düsseldorf – Bonn – Schweiz)	25,6 %
Main-Donau (z. B. Frankfurt – Nürnberg – Passau – Wien – Bratislava)	24,5 %
Elbe (z. B. Potsdam – Dresden – Prag)	22,6 %
Douro (in Portugal)	20,7 %
Mosel (z. B. Köln – Trier – Cochem – Koblenz)	20 %
Havel (z. B. Hamburg – Berlin – Stettin – Stralsund)	16,4 %
Irrawaddy (in Myanmar)	14,5 %
Rhein & Main (z. B. Köln – Frankfurt)	11,3 %

Frage: Welche Reiseziele finden Sie für eine Flusskreuzfahrt besonders interessant? N = 469 Befragte, die in den nächsten zwei Jahren sehr wahrscheinlich oder eher wahrscheinlich eine Kreuzfahrt unternehmen werden, ab 18 Jahren, Online-Umfrage.

anderen die verschiedenen Anlaufhäfen in Städten und Landschaften. Allerdings verliert das Schiff allein als Hauptattraktion an Wichtigkeit (vgl. von Pilar, 2018, S. 12) und begleitende Events oder Themen werden wichtiger als die Destination Schiff (vgl. Scherhag 1998, S. 87 f.). Die Herausforderung für Flusskreuzfahrtanbieter besteht darin, Themen und Produkte bei Flusskreuzfahrten so zu kreieren, dass Buchungsanreize für die Kund/-innen und Differenzierung vom Wettbewerb geschaffen werden.

Themen und Produkte

Themenkreuzfahrten bestehen aus verschiedenen Aktivitäten (Wandern, Radfahren, Reiten oder Golf spielen) oder Erlebnissen (Gourmet-, Wein-, Advents-, Weihnachts- oder Romantikreisen). Sie können aber auch ihren Schwerpunkt in den Bereichen Bildung (Literatur-, Musik- oder Sprachreisen) und Gesundheit (Wellnessreisen oder Esoterikreisen) haben (vgl. Borchert 2015, S. 20; Dreamlines 2019, o. S.). Die Schaffung von neuen Flusskreuzfahrt-Produkten durch Events und Themen verfolgen das Ziel, jüngere Zielgruppen zu erreichen, Buchungszahlen vor allem in der Nebensaison zu erhöhen oder auch Imagekorrekturen des Anbieters vorzunehmen. Zudem sollen die Zufriedenheit der Passagiere und die Qualitätswahrnehmung durch Zusatzerlebnisse positiv beeinflusst werden (vgl. Schulz/Auer 2010, S. 219 ff.). Ein weiterer Nutzen von Themen- und Eventkreuzfahrten ist die Vermarktung von Inklusivleistungen. Bei regulären Flusskreuzfahrten sind die Ausflüge im Preis nicht inbegriffen. Themen- und Eventkreuzfahrten zeichnen sich dagegen häufig durch einen Komplett-Preis (inkl. Event) aus, was für Kund/-innen meist attraktiver scheint. Eine eventisierte Flusskreuzfahrt sollte daher als Gesamtkonzept erstellt sein, um dem Gast ein glaubhaftes und authentisches Gesamterlebnis zu offerieren. Dazu gehört das Kernprodukt (die Flusskreuzfahrt), welches bei der Eventisierung von Flusskreuzfahrten mit einem Zusatzangebot ergänzt und zu einem Gesamtpreis offeriert wird. Zusätzlich gibt es verschiedene Zubuchungsmöglichkeiten, z. B. ein besonderer Transfer zum Event oder höhere Karten-Kategorien bei Kulturevents. Vor der Produktgestaltung ist aber die Kenntnis und Ansprache der Zielgruppe, die mit dem Produkt erreicht werden soll, von elementarer Bedeutung.

Zielgruppe

Das hohe Durchschnittsalter bei Flusskreuzfahrten (58 Jahre) macht deutlich, dass der demografische Wandel eine wichtige Rolle bei der Produktgestaltung für die Branche spielt (vgl. Schulz/Auer 2010, S. 295 f.). Der größte Anteil der Flusskreuzfahrtpassagiere im Jahr 2019 mit 84,1 Prozent waren Passagiere über 56 Jahre (vgl. Abb. 3.1). Durch die Alterung der Gesellschaft ist auch in Zukunft das Kernprodukt der Reedereien auf eine ältere Zielgruppe zugeschnitten. So werden Flusskreuzfahrten für die Mehrheit der Bevölkerung immer interessanter und aus einem Nischenprodukt wird eine zunehmend populäre Reiseart (vgl. Freyer 2015, S. 35 f.). Dennoch bleibt es eine wichtige Aufgabe auch nachrückende jüngere Zielgruppen sowie weitere Kundensegmente mit speziellen Bedürfnissen wie z. B. Familien, Sportinteressierte oder Hundebesitzer für das Produkt Flusskreuzfahrten zu gewinnen.

Das Produkt Flusskreuzfahrten steht für Entspannung und Entschleunigung und verbindet laut Dreamlines Entdeckungsreisen mit Erholung (vgl. o. V. 2020b, o. S.). Die Gäste haben die Möglichkeit, ohne eigenen großen Aufwand mehrere Destinationen zu bereisen. Die Schiffsanleger sind überwiegend bewusst zentral in den Städten gewählt, sodass der Stadtkern oder die Zieldestination für die Kreuzfahrtgäste fußläufig erreichbar ist. Ein Transfer zu den Ausflugszielen ist zudem durch verschiedene Mobilitätskonzepte gewährleistet. Laut Schulz und Auer (2010, S. 295 f.) ist die bequeme Reiseart damit auch das Hauptmotiv für die Zielgruppe 50 Plus eine Flusskreuzfahrt zu buchen. Themen- und Eventkreuzfahrten haben aber auch das Potenzial, neben der Kernzielgruppe 50 Plus jüngere Zielgruppen und Familien anzusprechen (vgl. Dreyer 1998, S. 52).

3.2 Erlebnisinszenierung bei Flusskreuzfahrten

Was macht ein besonderes Erlebnis für Flusskreuzfahrtgäste aus? Ein Erlebnis ist definiert als ein Ereignis, das vom Gewohnten oder Alltäglichen abweicht und sich nachhaltig im Gedächtnis der Gäste verankert (vgl. Gebhardt/Hitzler/Pfadenhauer 2000, S. 18 f.). Es beschreibt Empfindungen und Reaktionen auf äußere Reize, wird im emotionalen Gedächtnis abgespeichert und ist als Erinnerung langfristig abrufbar (vgl. Gruner/Freyberg/Phebey 2013, S. 11).

Das Produkt Flusskreuzfahrt kann in drei Erlebnis-Dimensionen differenziert werden: Erholungs-, Studien- und Themenkreuzfahrten (vgl. Freyer 2015, S. 245).

Alterssegmente in Prozent

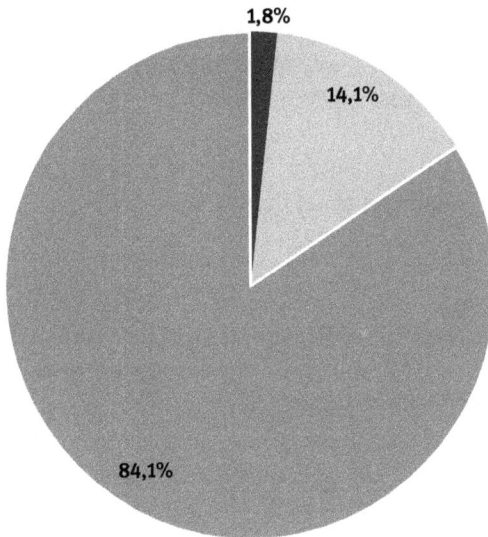

■ Segment 1 (bis 25 Jahre) ▨ Segment 2 (26–55 Jahre) ■ Segment 3 (über 56 Jahre)

Abb. 3.1: Verteilung der Passagiere aus dem deutschen Quellmarkt, weltweite Fahrgebiete nach Alterssegmenten – 2019 (Quelle: eigene Darstellung nach Buchmüller 2020b, S. 19).

Eine Erholungskreuzfahrt dient mit den Qualitätsmerkmalen Bequemlichkeit, Komfort und interessanten Anlaufhäfen in erster Linie der Erholung und Entspannung. Bei der Studienkreuzfahrt werden die Reiseroute und der Reiseverlauf anhand der kulturellen Sehenswürdigkeiten konzipiert. Die Themenkreuzfahrt hat die Besonderheit, dass die Reise zu einem bestimmten Thema stattfindet. Die dazugehörige Fahrtroute, das Bordprogramm und die Landausflüge werden dem Motto angepasst (vgl. Freyer 2015, S. 245). Die Themenkreuzfahrt kann zudem weiter untergliedert werden in Kultur-, Sport-, gesellschaftssportliche, wirtschaftliche und Naturthemen. Die häufigsten und auch bekanntesten Anlässe sind die sportlichen und kulturellen Ereignisse (vgl. Herdtweck 2015, S. 20).

4 Analyse von Event- und Themenflusskreuzfahrten des Anbieters Dreamlines

Im Rahmen einer empirischen Untersuchung zur Eventisierung bei Flusskreuzfahrten wurde analysiert, welche Arten von Events und Themen bei Flusskreuzfahrten nachgefragt werden und wie Kund/-innen diese Events und Erlebnisse beurteilen. Zunächst wurden dazu Kreuzfahrtexpert/-innen von Dreamlines zu den Kategorien Destination, Themen und Produkt sowie Zielgruppe befragt und anschließend als Sekundäranalyse 316 Kundenbewertungen von Flusskreuzfahrten im Zeitraum August und September 2019 zu soziodemografischen Faktoren wie Alter, Bedürfnissen und Aussagen zu Flusskreuzfahrtprodukten untersucht (davon waren 32 Kundenbewertungen zu Events und Themen auf Flusskreuzfahrtschiffen).

4.1 Thematische Schwerpunkte bei Events auf dem Fluss

Im Jahr 2019 buchten bei Dreamlines 1.825 Reisende eine Flusskreuzfahrt. Die Analyse bezog sich auf die Reedereien 1AVista, A-Rosa, SE Tours und Nicko Cruises. Andere Flusskreuzfahrtreedereien wurden ausgeschlossen, da sie keine Event- oder Themenreisen im Programm anbieten. Zudem hatten die vier genannten Reedereien einen Buchungsanteil von 80 Prozent aller gebuchten Passagiere bei Dreamlines. Die vier Reedereien generierten 1.462 Flusskreuzfahrtreisende im Zeitraum Januar bis Dezember 2019 auf der Dreamlines-Plattform und davon buchten 226 Reisende eine Event- oder Themenkreuzfahrten, was einem prozentualen Anteil von 15,5 entspricht (vgl. Tab. 3.3).

Wie die Auswertung zeigt, sind Adventsreisen die bei Dreamlines am meist gebuchten Themenreisen auf dem Fluss (n = 92) und machen 6,3 Prozent der gesamten Buchungen im Bereich der Flusskreuzfahrten der vier Reedereien (n = 1462) aus. Deutschland ist bekannt für seine Weihnachtsmärkte und diese erfreuen sich auch

Tab. 3.3: Anzahl Reisende Event- und Themenkreuzfahrten von Januar–Dezember 2019 bei ausgewählten Reedereien auf der Dreamlines-Plattform (Quelle: Jäger 2020; n = 226).

Anzahl der Reisenden Jan.–Dez. 2019	1AVista	A-Rosa	SE Tours	Nicko Cruises	Reisende nach Eventart/Thema Gesamt
Adventsreisen	25	16	0	51	92
Silvester-Reisen	9	16	0	11	36
Kultur-Events (UNESCO-Weltkulturerbe Dourotal/Wein)	2	2	0	28	32
Krimi-Dinner-Reisen	0	0	0	43	43
Rad-Reisen	0	0	15	0	15
Reisen mit Hund	8	0	0	0	8
Musik-/Musicalreisen	0	0	0	0	0
Wellness-Reisen	0	0	0	0	0
Sportreisen (z. B. Golf)	0	0	0	0	0
Secret-Event-Reisen	0	0	0	0	0
Gourmet-Reisen	0	0	0	0	0
Familienreisen mit Kids Club	0	0	0	0	0
Reisende der Reedereien Gesamt	44	34	15	133	226

bei Flusskreuzfahrten großer Beliebtheit. Die Adventsflusskreuzfahrten inszenieren eine moderne Variante traditioneller Feste. Sie können als **Themenreise mit histo-rischem/traditionellem Bezug** kategorisiert werden und gehen auf den kulturellen Hintergrund der Region ein. Auch Silvester ist ein nachgefragtes Event auf dem Fluss und das Bord-, Rahmen- und Ausflugsprogramm wird dem besonderen Anlass ange-passt.

Nachgefragt werden zudem **Kulturreisen** bei Dreamlines in Form von Reisen im UNESCO Weltkulturerbe Dourotal. Die Umgebung Alto Douro ist die älteste Weinbau-region der Welt mit geschützter Herkunftsbezeichnung. Sie liegt im Norden Portugals und gehört seit 2001 zum UNESCO Welterbe. Diese Reise ist verbunden mit besonde-ren Weintasting-Erlebnissen im Bereich **Gourmet-Events.** Mit n = 32 gebuchten Gäs-ten in 2019 machten sie 2,2 Prozent an allen gebuchten Flusskreuzfahrten (n = 1462) der vier Reedereien aus. Auch hierbei weist die Destination Dourotal mit der verbun-denen Wein-Erlebniswelt einen historischen Bezug auf und geht explizit auf den kul-turellen Hintergrund der Region ein, was für den Konsumenten Authentizität wider-spiegelt.

Eine Erlebnisinszenierung der besonderen Art bieten die **Krimi-Dinner-Kurz-reisen**, die im Jahr 2019 bei Dreamlines von n = 43 Kund/-innen gebucht wurden und damit zu den beliebtesten Themen-Genres gehören. Die Reisen werden auf dem Rhein in Köln oder Frankfurt angeboten und bieten laut Veranstalter Spannung, Spaß und Genuss. Den Gästen wird neben mehrgängigen Gourmet-Menüs die Möglichkeit ge-boten, an aufgeführten Kriminalfällen mitzuwirken. Die Reisen werden ab 119 Euro pro Person verkauft und beinhalten eine Übernachtung. Kund/-innen können sich während der Buchung zwischen den Angeboten „Mord Royal" und „Eine Leiche für die Braut" entscheiden (vgl. Filter 2020, o. S.).

Die Analyse zeigte zudem, dass **Reisen mit Aktivitäten**, insbesondere **Radfah-ren** für die Flusskreuzfahrtklientel attraktiv sind. Im Jahr 2019 buchten bei Dreamlines insgesamt n = 15 Gäste bei der Reederei SE Tours Radreisen, was einem Gästeanteil von 1,0 Prozent der verkauften Flusskreuzfahrten (n = 1462) der untersuchten Reedereien entspricht. Die befragten Dreamlines Kreuzfahrtexpert/-innen bestätigten im Bereich der Themenkreuzfahrten den Trend und die steigende Nachfrage nach körperlichen Aktivitäten. Die Radtouren sind dabei die Hauptattraktion der Reise. Die Kund/-innen sind frei in der Entscheidung, an einer geführten Fahrradtour teilzunehmen oder mit-hilfe von Kartenmaterial die Tour selbstständig zu tätigen. Zugleich obliegt es den Kund/-innen eine Teilstrecke der Reise mit dem Fahrrad zurückzulegen oder mit dem Schiff weiterzufahren. Das Thema Radtouren wurde mit einem Durchschnittswert von 8,7 von 10 Punkten beim Aspekt Ausflug überdurchschnittlich hoch bewertet. Diese Thematik Radtouren bietet Flusskreuzfahrtanbietern demnach Potenzial, Buchungs-anteile zu erhöhen.

Auch **Reisen mit Hund** erfreuen sich auf dem Fluss zunehmender Beliebtheit. 9,4 Millionen Hunde leben in privaten Haushalten in Deutschland (vgl. o. V. 2020c, o. S.). Als Sozialpartner gilt der Hund in einem Großteil der Gesellschaft als ein wich-tiger Teil der modernen Familie (vgl. Oeser 2003, S. 76). Auch hinsichtlich der Freizeitgestaltung spielt er eine große Rolle. Urlaub mit Hund ist daher mittlerweile eine Selbstverständlichkeit und die Zielgruppe der Hundebesitzer ist attraktiv für Destinationen und Reiseanbieter (vgl. Fischer 2015, o. S.). Die Bedürfnisse und Anforderungen von Hundebesitzern werden entsprechend immer vielfältiger und bieten damit Potenzial für Flusskreuzfahrtanbieter. Von den Reedereien hat bisher nur 1AVista das Thema Reisen mit Hund aufgegriffen und acht Kund/-innen buchten auf der Dreamlines-Plattform im Jahr 2019 eine Reise. 1AVista bietet die Reisen mit Hund auf der MS Poseidon und der MS Normandie an. Es soll nicht nur, wie in Hotels häufig üblich, eine Duldung der Hunde geben, sondern der Hund selbst und seine Bedürfnisse stehen im Vordergrund. Die Ausflüge sind hundegerecht ausgelegt und an Bord stehen beispielsweise Trinknäpfe, Futter sowie eine Wiese zur Verfügung, auf der die Hunde ihr Geschäft verrichten können. Zudem reist ein Hundetrainer mit, um Tipps rund um die Erziehung und Ernährung zu geben (vgl. o. V. 2020d, o. S.).

Die Buchungen bei Dreamlines aus dem Jahr 2019 zeigen, dass viele Arten von Event- und Themenkreuzfahrten gar nicht verkauft worden sind, wie beispielsweise Musik-, Wellness-, Sport- und Gourmetreisen. Zahlreiche Reedereien bieten diese Art von Reisen nur sehr vereinzelt oder gar nicht an. A-Rosa hat zwar unter anderem Gourmetreisen, Familienkreuzfahrten mit Kids-Klub und Secret Event-Reisen im Programm, jedoch kam es im Jahr 2019 trotz des hohen Buchungsanteils von insgesamt 34 Prozent bei Dreamlines zu keiner Buchung in den genannten Kategorien. Dies ist insbesondere bemerkenswert, da gerade in den Bereichen Erlebnis, Gesundheit und Aktiv Kreuzfahrtunternehmen Marktanteile gewinnen möchten (vgl. Buchmüller 2020, S. 9). A-Rosa bietet zudem ein familiengerechtes Schiff neu im Produktportfolio seit Dezember 2019 an (vgl. o. V. 2019, o. S.).

4.2 Kundenbewertungen zu Event- und Themenflusskreuzfahrten

Nachfolgend sollen die Kundenbewertungen tiefere Einblicke zu Event- und Themenflusskreuzfahrten generieren. Im Zeitraum 2019 wurden insgesamt n = 316 Flusskreuzfahrten auf der deutschen Dreamlines Webseite bewertet. Davon waren 10 Prozent (n = 32 Bewertungen) Eventkreuzfahrten (vgl. Abb. 3.2).

19 Prozent der Gäste einer Event- und Themenkreuzfahrt geben an, dass es ihre erste Flusskreuzfahrt ist. Im Vergleich dazu waren 27 Prozent der Kreuzfahrtgäste einer klassischen Flusskreuzfahrt zum ersten Mal auf dem Fluss unterwegs. Dementsprechend haben circa 80 Prozent der gebuchten Gäste einer Eventkreuzfahrt bereits vorher eine andere Flusskreuzfahrt gemacht. Insgesamt ist der Durchschnittswert mit 6,7 von möglichen 10 Punkten kein zufriedenstellendes Ergebnis. Und entgegen der theoretischen Annahme (vgl. Abschnitt. 3.1, Themen und Produkte) tragen Event- und Themenkreuzfahrten im Vergleich zu klassischen Flusskreuzfahrten nicht zur Gesamtzufriedenheit bei. Sie werden im Durchschnitt mit 5,7 von 10 Punkten bewertet. Diese Tendenz zeigt sich bei allen Unterkategorien der Bewertungen,

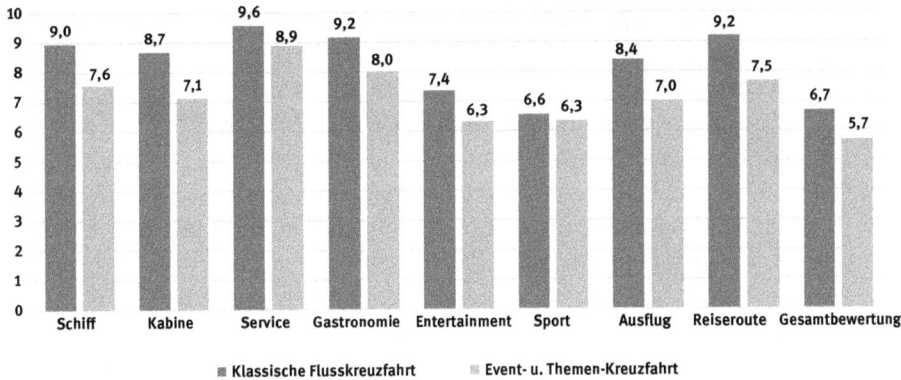

Abb. 3.2: Produktbewertungen von Event- und Themenflusskreuzfahrten im Vergleich zu klassischen Flusskreuzfahrten in Punkten (Quelle: eigene Darstellung nach Jäger 2020; n = 316, davon n = 32 Event- und Themenkreuzfahrten).

wie beispielsweise Schiff, Service und Entertainment (vgl. Abb. 3.2). Eine der größten Differenzen liegt bei der Reiseroute vor. In dem Kriterium haben die Event- und Themengäste diese im Durchschnitt 1,7 Punkte schlechter bewertet (Klassische Flusskreuzfahrt = 9,2 Punkte / Event- und Themenkreuzfahrt = 7,5 Punkte). Die Analyse der offenen Wort-Kommentare gab Aufschluss über die Gründe für die schlechten Bewertungen. Insbesondere das Bord-/Abendprogramm wird als langweilig beschrieben und die Ausflüge werden als zu teuer empfunden. In Bezug auf die Zielgruppe geben vor allem die Gäste von Silvesterreisen eine schlechte Bewertung ab. Sie bewerten Ausflüge mit durchschnittlich 7 von 10 Punkten. Genannt werden hier zu kurze Liegezeiten, überteuerte Ausflüge und die schlechte Kommunikation der Crew bei Routenänderungen. Gäste der gebuchten Advents- und Weihnachtsfestreisen bewerten im Vergleich die Ausflüge positiver als die Silvesterreisenden, aber negativer als die allgemeinen Flusskreuzfahrtgäste (8,0 Punkte). Auch hier wurde die Kommunikation der Crew bei Änderungen der Route oder die Liegezeiten kritisiert, dafür fanden die meisten Gäste die gesamte Atmosphäre und Organisation gut.

Die folgenden Handlungsempfehlungen sollen nun Lösungsansätze aufzeigen, die zur Steigerung der Zufriedenheit der Event- und Themenreisenden beitragen können.

5 Handlungsempfehlungen

Die dargestellten Handlungsempfehlungen gelten aufgrund der Datenanalyse für die bei Dreamlines gebuchten Reisen und geben Hinweise für Reedereien zur Programmgestaltung und für Dreamlines für die Produktauswahl.

5.1 Thematisierung von Basisleistungen zur Erfüllung der höheren Erwartungen

Gäste von Event- und Themenkreuzfahrten sind erfahren und anspruchsvoll. 80 Prozent haben bereits eine Flusskreuzfahrt gemacht. Dadurch sind sie kritischer und weisen höhere Erwartungen an eine Themenkreuzfahrt auf, die laut den Bewertungen oft nicht erfüllt werden (z. B. Abendprogramm zu langweilig). Insgesamt sollten Reedereien darauf achten, den Anforderungen an eine meist teurere Event- und Themenkreuzfahrt gerecht zu werden. Insbesondere die Basisleistungen wie Kabine, Gastronomie und Reiseroute sind von Themenkreuzfahrern schlechter beurteilt worden. Eine stärkere Thematisierung und Einbindung der Basisleistungen kann dem entgegenwirken. Dies ist bereits bei Reisen mit Hund gut gelungen, indem die Kabine auf die Bedürfnisse des Hundes ausgerichtet ist mit einem Wassernapf, einer Schlafdecke, Leckereien, Hundewiese an Deck sowie die Reiseroute Möglichkeiten zu längeren Spaziergängen in der Natur bietet. Auch die Radfahrer bewerten die Basisleistungen überdurchschnittlich besser im Vergleich zu den anderen Gästen, da das Rad-Equipment bereitsteht, das Kartenmaterial vorhanden und die vorgeschlagenen Routen, Individualität sowie Gruppenfahrten ein Gemeinschaftsgefühl bieten. Zu empfehlen ist daher, die Basisleistungen auch bei anderen Themenreisen spezifisch anzureichern und dadurch einen Mehrwert zu schaffen.

5.2 Emotionalen Mehrwert schaffen durch authentische Erlebnisinszenierung

Die Gäste erwarten zudem, dass das Entertainment wie z. B. das Abendprogramm mit besonderen Attraktionen aufwartet und sich deutlich von dem Abendprogramm einer klassischen Flusskreuzfahrt differenziert, wie die Bewertungen zeigen. Die Rahmenprogramme sollten daher den Themen entsprechend abwechslungsreicher gestaltet und auf die Zielgruppe (z. B. Silvesterevent oder Kulturthema) zugeschnitten sein bzw. einen individuellen Charakter im Vergleich zu klassischen Flusskreuzfahrten aufweisen. Ein ganzheitliches Themenkonzept mit hoher Authentizität scheint bei der Adventsreise bereits gut zu gelingen. Insbesondere bei Silvesterreisen sollten Reedereien noch stärker auf eine entsprechende Atmosphäre und Jahresausklangs-Erlebnisinszenierungen achten. Hierbei könnten längere Liegezeiten und individuelle Ausflüge mit Aspekten der Jahresrückschau helfen. Auch eine entsprechende Themeninszenierung z. B. Full Moon Silvester-Party, Katerfrühstück, Silvesterevent mit Retro Charme oder Fancy Dress Silvester mit besonderem Feuerwerksevent verschaffen ein einzigartiges Setting mit emotionalen Mehrwerten.

Ein weiteres Defizit aus Sicht der Kund/-innen sind die als zu teuer wahrgenommenen Ausflüge. Um dieser Wahrnehmung entgegenzuwirken, könnten zum einen Ausflüge mit in die Reise inkludiert werden, um damit ein „Premium all inklusive Gefühl" zu bewirken. Zum anderen schaffen Themenausflüge eine klare Differenzierung zu klassischen Ausflügen, sodass der Mehrwert und das besondere Erlebnis klar zu erkennen und wahrgenommen wird. Produktinnovationen sind insbesondere im Bereich der Themenausflüge anzusiedeln, z. B. „Weihnachtsmarkt erleben wie im Mittelalter" durch Virtual-Reality-Elemente (Erläuterungen auf dem Smartphone zu mittelalterlichen Geschehnissen oder Bilder von Gebäuden, wie sie im Mittelalter aussahen). Erwartungen an ein besonderes Erlebnis können vor allem durch emotionale Mehrwerte und Aufladung erfüllt werden.

5.3 Transparente Kommunikation rund um das Event

Ein weiterer Aspekt, der negativ empfunden wird, ist die mangelnde Kommunikation der Reedereien und der Crew vor Ort. Beispielsweise wurde die mangelhafte Kommunikation bezüglich Routenänderung von einigen Gästen betont. Ein Ansatz zur Verbesserung wäre, die Gäste durchgängig transparent über die Situation vor Ort zu informieren. Ein nicht angelaufener Hafen wird besser vom Gast angenommen, wenn er nachvollziehen kann, wie es zu diesem Wegfall kam und dass es nicht im Ermessen der Reederei lag, diesen Hafen ausfallen zu lassen. Ebenso sind Routenänderungen im Voraus klar zu kommunizieren, denn die Reiserouten wurden unterdurchschnittlich und als unbefriedigend bewertet. Die Gäste wünschen sich auch hier mehr Transparenz und neue innovative Routenverläufe mit Erlebnischarakter. Das Gleiche gilt für die Liegezeiten, die aus Sicht der Gäste zu kurz ausfallen. Es sollte bereits bei der Buchung aktiv darauf hingewiesen werden, wie lange die Liegezeiten sind und dass es aus verschiedenen Gründen auch während der Reise zu Routen- und Liegezeitänderungen kommen kann, die nicht beeinflussbar sind.

Es wird deutlich, dass mehrere Kritikpunkte der Gäste in der Kommunikation begründet und somit leicht zu beheben sind, wenn die Kommunikation zwischen der Reederei, der Crew und den Gästen transparent und nachvollziehbar sowie offen erfolgt. Denn insgesamt wird die Organisation und Atmosphäre an Bord von den Gästen positiv wahrgenommen.

5.4 Ansprache von Zielgruppen mit Potenzial

In der theoretischen Fundierung (vgl. Abschnitt 3.1, Zielgruppe) wurde als eine Funktion und ein Ziel von Eventisierung bei Flusskreuzfahrten die Gewinnung von nachrückenden jüngeren Zielgruppen genannt. Die Analyse zeigt, dass dies trotz angepasster Produkte (z. B. Kids-Klub bei A-Rosa) noch nicht gelingt. Es empfiehlt sich daher, Zielgruppen mit Potenzial anzusprechen, wie z. B. „Aktive Paare" oder „Reisende mit Hund". Beide Gruppen nehmen die Thematisierung gut an und weisen eine hohe Zufriedenheit auf. Hier könnten durchaus mehr Reedereien diese Zielgruppen fokussieren und entsprechende Produkte kreieren, um ungenutzte Potenziale zu heben. Zudem könnten statt Familien in den Ferienzeiten Großeltern mit Enkelkindern stärker angesprochen und spezielle Produkte geschaffen werden, z. B. „Mit Oma und Opa auf dem Fluss".

6 Fazit

Die empirische Untersuchung hatte zwei Zielrichtungen. Zum einen sollte aufgezeigt werden, welche Arten von Event- und Themenreisen Reedereien anbieten, um dann in einem zweiten Schritt zu analysieren, wie diese von Kund/-innen des Kreuzfahrtanbieters Dreamlines nachgefragt und bewertet werden. Insgesamt gibt es bei Dreamlines ein großes Spektrum an Event- und Themenflusskreuzfahrten. Dieses reicht von Advents- und Kulturreisen zu Destinationen mit einem historischen Bezug und kulturellem Hintergrund (bevorzugt Rhein und Donau) über Aktivreisen für Radfahrer und Golfer bis hin zu Gesundheitsreisen (Wellness- und Esoterikreisen) oder thematisierten Reisen für spezielle Zielgruppen wie Familien oder Hundebesitzer. Die Analyse im Zeitraum Januar bis Dezember 2019 zeigte, dass allerdings nicht alle Reisen von Kund/-innen gleichermaßen angenommen werden. Bei Dreamlines wurden von insgesamt zwölf verschiedenen eventisierten Flusskreuzfahrten nur die Advents-, Silvester-, Krimi-Dinner-, Kultur- und Radreisen sowie Reisen mit dem eigenen Hund gebucht. Dies entspricht lediglich 50 Prozent der angebotenen Flusskreuzfahrtthemen.

Bei der Auswertung der offenen Kundenkommentare sowie bei der qualitativen Befragung der Flusskreuzfahrtexpert/-innen von Dreamlines mit täglichem Kundenkontakt zeigte sich zudem, dass die Erwartungen der Gäste an Flusskreuzfahrten mit Events und Thematisierung nur bedingt erfüllt werden. Die Gesamtbewertung der Event- und Themenkreuzfahrten fiel mit 5,7 von 10 Punkten schlechter aus als die Bewertungen von klassischen Flusskreuzfahrten mit 6,7 von 10 Punkten. Dies ist insbesondere unerwartet, da laut Schulz/Auer (2010, S. 219) die Gesamtzufriedenheit der Passagiere und die Qualitätswahrnehmung durch Zusatzerlebnisse in Form von Events und Thematisierung positiv beeinflusst werden sollte. Auf dem Fluss ist die Zufriedenheit mit dem bestehenden klassischen Angebot demnach nicht zufriedenstellend und kann auch durch bestehende Eventkonzepte nicht maßgeblich erhöht werden. Die Gesamtzufriedenheit und Wahrnehmung der Qualität durch die Passagiere wird durch die Event- und Themenflusskreuzfahrten aktuell nicht positiv, sondern eher negativ beeinflusst.

Die geringe Zufriedenheit stellt für Reedereien und Kreuzfahrtanbieter ein Potenzial dar, das unter Berücksichtigung folgender Erkenntnisse genutzt und ausgebaut werden kann:

– Gäste von Event- und Themenkreuzfahrten sind erfahren und anspruchsvoll und erwarten auch bei den Basisleistungen wie Kabine, Routenverlauf und Ausflügen ein besonderes Erlebnis in Form von z. B. thematisierten Kabinen, ausgestattet z. B. mit Hundeaccessoires bei „Reisen mit Hund". Es sollte daher eine konsequente Ausrichtung an den Bedürfnissen der Zielgruppe bei der Gestaltung der Reisen erfolgen.

- Authentische Themenprodukte schaffen emotionale Mehrwerte, indem z. B. Silvesterreisen eine entsprechende Atmosphäre und Jahresausklangsinszenierungen bieten. Hierbei könnten längere Liegezeiten und individuelle Ausflüge mit Aspekten der Jahresrückschau helfen. Auch eine entsprechende Erlebnisinszenierung z. B. Full Moon Silvester-Party, Katerfrühstück, Silvesterevent mit Retro Charme oder Fancy Dress Silvester mit besonderem Erlebnis-Feuerwerk verschaffen ein einzigartiges Setting mit emotionalen Mehrwerten. Produktinnovationen z. B. „Weihnachtsmarkt erleben wie im Mittelalter" durch Virtual-Reality-Elemente (z. B. Erläuterungen auf dem Smartphone zu mittelalterlichen Geschehnissen) können vor allem bei thematisierten Reisen zur Zufriedenheit beitragen.
- Einige Zielgruppen fühlen sich nach wie vor nicht von einem Flusskreuzfahrtprodukt angesprochen, z. B. werden Familienreisen wenig nachgefragt trotz vorhandener Angebote. Dies liegt zum einen in dem nach wie vor hohen Durchschnittsalter und der Gästestruktur und kann zum anderen an der Kommunikationspolitik und nicht immer zielgruppengerechten Ansprache durch die Kreuzfahrtanbieter liegen. Die Bearbeitung neuer Zielgruppensegmente wie z. B. „Oma und Opa mit den Enkelkindern auf dem Fluss" könnte dabei helfen, auch jüngere Zielgruppen für das Produkt zu begeistern. Vor allem sollte aber das Augenmerk auf den Produktausbau für Zielgruppen mit Potenzial liegen, wie. z. B. aktive Paare mit Radtouren oder der großen Zielgruppe der Hundebesitzer/-innen.

Insgesamt bieten sich so für thematisierte Flusskreuzfahrten gute Chancen, durch den demografischen Wandel, Produktinnovationen und Ansprache flusskreuzfahrtaffiner Zielgruppen das Geschäft weiter auszubauen.

Literatur

Borchert, R. (2015). *Eventtourismus*. Heilbronn: Uni-Edition.
Buchmüller, D. (2020a). *IG RiverCruise – Der Fluss-Kreuzfahrtmarkt 2019*. Hamburg: Seaconsult HAM Gmbh.
Buchmüller, D. (2020b). *IG RiverCruise – Der Fluss-Kreuzfahrtmarkt 2019. Verteilung deutscher Passagiere und Interesse an Fahrgebieten von Flusskreuzfahrtreisen*. Hamburg: Seaconsult HAM Gmbh.
Buchmüller, D. (2020c). *IG RiverCruise – Der Fluss-Kreuzfahrtmarkt 2019. Verteilung der Passagiere aus dem deutschen Quellmarkt – weltweite Fahrgebiete nach Alters-segmenten – 2019*. Hamburg: Seaconsult HAM Gmbh.
Dreyer, A. (1998). *Kundenzufriedenheit im Tourismus: Entstehung, Messung und Sicherung mit Beispielen aus der Hotelbranche*. München: Oldenbourg.
Filter, U. (2020). *Nicko Flusskreuzfahrten: Krimi-Dinner*. Verfügbar unter: https://www.kreuzfahrten-fluss.de/content/nicko-cruises-angebote-_-specials/2-tage-nicko-flussreise-krimidinner-mit-ms-river-art/ [Abgerufen am 24.01.2020].

Fischer, K. (2015). *So kommen Hotels auf den Hund*. Verfügbar unter: https://www.ahgz.de/unternehmen/so-kommen-hotels-auf-den-hund,2000122260-25.html [Abgerufen am 03.02.2020].

Freyer, W. (2011). *Tourismus-Marketing*, 7. Auflage. München: Oldenbourg.

Freyer, W. (2015). *Tourismus: Einführung in die Fremdenverkehrsökonomie*, 11. Auflage. München: Oldenbourg.

Gebhardt, W.; Hitzler, R.; Pfadenhauer, M. (Hrsg.) (2000). *Events. Soziologie des Außergewöhnlichen*. Leverkusen: Leske + Budrich.

Gruner, A.; Freyberg, B.; Phebey, K. (2013). *Erlebnisse schaffen in Hotellerie und Gastronomie*. Hamburg: Matthaes Verlag.

Herdtweck, A. (2015). Eventtourismus – ein Überblick. In: Borchert, R. (Hrsg.), *Eventtourismus*. Berlin: Uni-Edition.

Jäger, D. (2018). *Grundwissen Eventmanagement*, 3. Auflage. Konstanz: UVK Verlagsgesellschaft.

Mayring, P. (2000). *Qualitative Inhaltsanalyse: Grundlagen und Techniken*. Weinheim: Beltz Verlag.

Mayring, P. (2003). *Qualitative Inhaltsanalyse: Grundlagen und Techniken*. Weinheim: Beltz Verlag.

Oeser, E. (2003). *Hund und Mensch*. Darmstadt: Primus Verlag.

O. V (2020a). *Dreamlines: Alles Wichtige zu Dreamlines*. Verfügbar unter: https://www.dreamlines.de/faq [Abgerufen am 26.01.2020].

O. V (2020b). *Dreamlines. Was sind Flusskreuzfahrten?* Verfügbar unter: https://www.dreamlines.de/flusskreuzfahrten [Abgerufen am 26.01.2020].

O. V (2020c). *Industrial Association of Pet Care Producers (IHV) (2020): Anzahl der Haustiere in privaten Haushalten in Deutschland in den Jahren 2016 bis 2018*. Verfügbar unter: https://www.ivh-online.de/der-verband/daten-fakten/anzahl-der-heimtiere-in-deutschland.html [Abgerufen am 24.01.2020].

O. V (2020d). *1AVista: Flusskreuzfahrt mit Hund auf Rhein, Mosel, Main und Donau*. Verfügbar unter: https://www.1avista.de/flussreisen-mit-hund.html?gclid=Cj0KCQiApt_xBRDxARIsAAMUMu_kur_hS-aJXZnZEcGNcHCpOKw0uyaHjl6djx8rJDP2Xm0PzfXgruwaAu5QEALw_wcB [Abgerufen am 03.02.2020].

O. V (2019). *touristik aktuell: Arosa: Buchungsstart für neues Familienschiff*. Verfügbar unter: https://www.touristik-aktuell.de/nachrichten/kreuzfahrten/news/datum/2019/12/02/arosa-buchungsstart-fuer-neues-familienschiff/ [Abgerufen am 12.09.2020].

Scherhag, K. (1998). Events – eine Chance für die Tourismuswirtschaft? In: *Events – Wachstumsmarkt im Tourismus? Tagungsband zum 3. Dresdner-Tourismus-Symposium*.

Schulz, A.; Auer, J. (2010). *Kreuzfahrten und Schiffsverkehr im Tourismus*, 4. Auflage. München: Oldenbourg.

Steinecke, A. (2009). *Themenwelten im Tourismus*. München: Oldenbourg.

Thilo, I. (2017). *Identitätsorientierte Markenführung im Tourismus: Entwicklung eines internen Markenführungsmodells für Destinationen*. Wiesbaden: Springer Verlag.

Von Pilar, C. (2018a). Nach „Wow" kommt die Ernüchterung. In: *fvw*, 08/2018, S. 6.

Von Pilar, C. (2018b). Wachstum bestimmt den Kurs. In: *fvw Spezial Kreuzfahrt*, 09/2018, S. 12–16.

Zanger, C. (2016). *Events und Tourismus*. Wiesbaden: Springer.

Nicole Fabisch und Antje Wolf

4 Corporate Social Responsibility in der Flusskreuzfahrt

1 Einleitung

Schien Corporate Social Responsibility (CSR) noch um die Jahrtausendwende eher als angelsächsisches Phänomen wahrgenommen zu werden (vgl. Loew/Ankele/Braun/ Clausen 2004, S. 7), so spricht die Vielzahl von Publikationen zu diesem Thema weltweit seit 2005 deutliche Worte (vgl. Glavas/Kelley 2014, S. 165). CSR hat sich vom eher reaktiven reputationsfördernden Aushängeschild einiger Unternehmen zur proaktiven strategischen Herausforderung gewandelt und ist sowohl auf europäischer als auch deutscher Ebene in Politik und Wirtschaft angekommen. Dies wird auch durch die bereits im Jahr 2014 verabschiedete Richtlinie zur „Offenlegung nichtfinanzieller Informationen" für Unternehmen bekräftigt, die im Jahr 2017 in Kraft trat. Sie verpflichtet „große im Blickpunkt der Öffentlichkeit stehende Unternehmen (börsennotierte Unternehmen, Banken, Versicherungsunternehmen und andere von den EU-Ländern als wichtig eingestufte Unternehmen) mit mehr als 500 Beschäftigten [...] nichtfinanzielle und die Diversität betreffende Informationen in ihren Geschäftsberichten offenzulegen" (EU Kommission 2016). Die Themen, die seitens der EU aufgelistet werden, umfassen die Umwelt, soziale und Arbeitnehmerbelange, Menschenrechte, die Bekämpfung von Korruption und Bestechung sowie Diversität in den Leitungs- und Kontrollorganen (vgl. EU Kommission 2016).

CSR adressiert nicht nur die Verantwortung gegenüber Mensch und Umwelt, sondern hinterfragt das Kerngeschäft des Unternehmens, indem sie dessen *licence to operate* einfordert (vgl. Scheidewind 2016, o. S.). Vor allem aber beschäftigt sich CSR mit dem Verbrauch von Ressourcen und dem Umgang mit Mitarbeiter/-innen innerhalb der Supply Chain und im eigenen Unternehmen.

Auch in der Kreuzfahrtbranche findet eine zunehmende Auseinandersetzung mit der Thematik der Corporate Social Responsibility statt. Zum einen wird im wissenschaftlichen Kontext hierzu veröffentlicht (vgl. u. a. Paskova/Zelenka 2019; Reiser/ Lund-Durlacher/Fifka 2017), zum anderen wird die Thematik vor allem durch die meist negative mediale Darstellung in der Öffentlichkeit befeuert. So wurde laut Pfaff (2020, o. S.) „für das bisherige steile Wachstum der Kreuzfahrtbranche [...] in der Vergangenheit ein zu hoher sozialer und ökologischer Preis bezahlt".

Die Flusskreuzfahrt scheint davon weitestgehend unberührt. Dies mag u. a. daran liegen, dass es sich bei der überwiegenden Mehrheit der Flusskreuzfahrtanbieter um kleine und mittelständische Unternehmen handelt, die nicht unter oben genannte Richtlinie fallen (vgl. Nicolai 2020, o. S.) und demzufolge keiner Berichtspflicht

https://doi.org/10.1515/9783110696165-004

ausgesetzt sind. Ein weiterer Grund liegt sicherlich darin, dass die Flusskreuzfahrten „schon immer im Schatten der Hochseebranche mitgeschwommen sind" (Eichler zit. in Kasszian 2013, S. 38). In der wissenschaftlichen Literatur lassen sich zum Thema CSR im Kontext der Flusskreuzfahrt nur wenige Veröffentlichungen finden (vgl. hierzu The Travel Foundation 2013; Jones/Comfort/Hillier 2016), in der medialen Darstellung touristischer Fachzeitschriften bleiben Flusskreuzfahrtunternehmen außen vor. Das NABU-Kreuzfahrtranking und die NABU-Vision zur klima- und umweltverträglichen Kreuzfahrt 2050 fokussieren ebenso lediglich auf die Hochseekreuzfahrt (vgl. NABU-Bundesverband 2020, o. S.).

Ziel dieses Beitrages ist die Analyse bereits bestehender Corporate Social Responsibility-Maßnahmen in der Flusskreuzfahrtbranche. Bei den untersuchten Unternehmen handelt es sich um A-Rosa, Phoenix Reisen, Nicko Tours, Amadeus Flusskreuzfahrten, Viking River Cruises, Uniworld River Cruises, Göta Kanal Cruises, Plantours Kreuzfahrten GmbH sowie 1AVista Reisen. Analysiert und bewertet wurden die auf den Internetseiten kommunizierten CSR-Maßnahmen. Berücksichtigung fanden auch Informationen aus den jeweiligen Instagram-Accounts. Hierbei wurden alle Hinweise auf ökologisches und soziales Engagement untersucht. Bei allen Unternehmen wurden qualitative Interviews angefragt, allerdings erklärte sich keines der Unternehmen gesprächsbereit. Dies kann der Pandemie geschuldet sein.

2 Terminus und Abgrenzung

Der Terminus Corporate Social Responsibility ist längst in Deutschland angekommen, wird jedoch keineswegs von allen Akteuren gleich verstanden. Dies liegt unter anderem daran, dass im angloamerikanischen Sprachraum unter CSR lange Zeit eher Aktivitäten verstanden wurden, die man „hierzulande als bürgerschaftliches Engagement" bezeichnen würde (Loew/Rohde 2013, S. 5). Zum anderen wurde das Englische „*social*" oftmals verkürzt als „sozial" wiedergegeben, anstatt es mit *gesellschaftlich* zu übersetzen und somit auch die umweltpolitische Komponente einzubeziehen (vgl. Fabisch 2004, S. 30). Andererseits hatte sich in Deutschland das Leitbild der Nachhaltigen Entwicklung vor allem aus dem Umweltschutzgedanken heraus entwickelt, was dazu führte, dass CSR teilweise eher als „soziales Engagement" und „Nachhaltigkeit" vor allem als Umweltthema verstanden wurde.

Mittlerweile setzt sich jedoch länderübergreifend zunehmend das Verständnis durch, dass CSR und Nachhaltigkeit weitgehend die gleichen Inhalte umfassen (vgl. Abb. 4.1).

Diese Auffassung wird durch zwei zentrale Initiativen und deren Publikationen bestärkt: die DIN ISO Norm 26000 von 2010 und die neue „EU-Strategie (2011–14) für die soziale Verantwortung von Unternehmen" (EU-Kommission 2011). DIN ISO 26000 (2011, S. 20) definiert „social responsibility" folgendermaßen: „Zentrales Merkmal gesellschaftlicher Verantwortung ist der Wille einer Organisation, soziale und umwelt-

Verantwortliche Unternehmensführung im Kreuzfahrtgeschäft

CSR **=** **Nachhaltigkeit** = Triple Bottom Line (People, Planet, Profit)	Corporate Governance	Einhaltung des Deutschen Corporate Governance Codex, Antikorruption	
	Legale Verantwortung = Compliance	Einhaltung von Gesetzen, (freiwilligen) Richtlinien und Kodices	Markt
	Ökonomische Verantwortung *(Profit)*	Gewinnerwirtschaftung, Liquiditäts-sicherung, Neukundengeschäft, faires Marketing, faire Preisgestaltung etc.	
CSR-Management = **Nachhaltig-keitsmanage-ment**	**Ökologische Verantwortung** *(Planet)*	Ressourcenreduktion (z.B. Strom, Ab-fall), Emissionen (CO_2- und Feinstaub-reduktion), erneuerbare Energien, alternativer Antrieb, Versorgung etc.	Umwelt
CSR-Bericht = **Nachhaltig-keitsbericht** = Sustainability Reporting	**Soziale Verantwortung** *(People)*	Intern: Mitarbeiterverantwortung, Work-Life-Balance, Gesundheitsförde-rung, Diversity, Lohnniveaus etc.	Arbeits-platz
		Extern (= Corporate Citizenship): Sponsoring, Spenden, Stiftungen, Gemeinwohlunterstützung etc.	Gemein-wesen

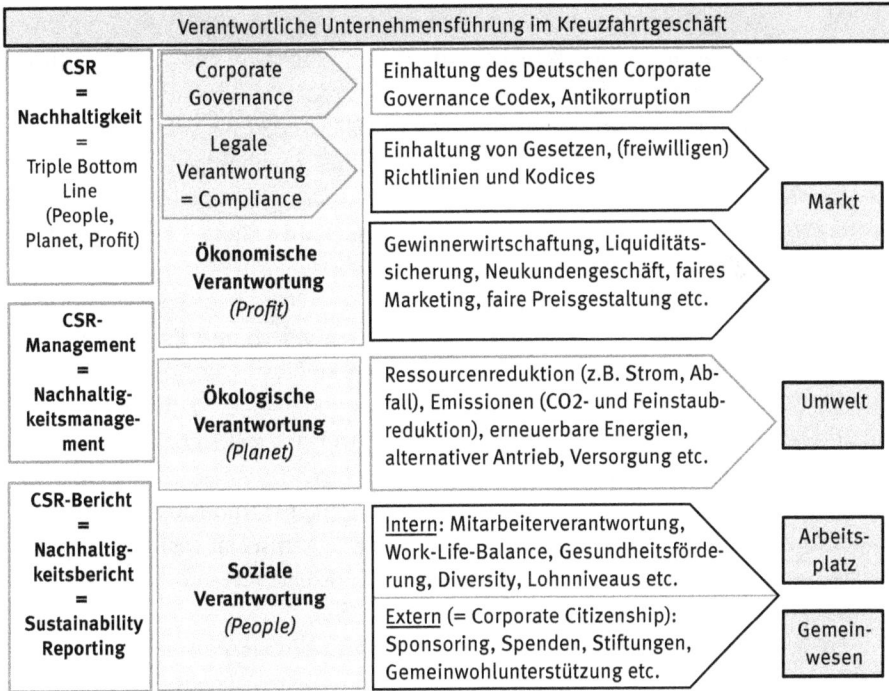

Abb. 4.1: CSR und Nachhaltigkeit (Quelle: Fabisch 2017, S. 5).

bezogene Überlegungen in ihre Entscheidungsfindung einzubeziehen und Rechen-schaft über die Auswirkungen ihrer Entscheidungen und Aktivitäten auf Gesellschaft und Umwelt abzulegen." Organisationen sollen hierbei transparentes und ethisches Verhalten zeigen, das „sustainable development, including health and the welfare of society" befördert, die Erwartungen der Stakeholder berücksichtigt, im Einklang mit geltenden Gesetzen und „international norms of behaviour" steht und sowohl inner-halb der Organisation wie auch in sämtlichen Geschäftsbeziehungen praktiziert wird (ISO/OECD 2017, S. 9).

In der Definition aus dem Jahr 2011 der EU-Kommission wird unter CSR „die Ver-antwortung von Unternehmen für ihre Auswirkungen auf die Gesellschaft" verstan-den. „Nur wenn die geltenden Rechtsvorschriften und die zwischen Sozialpartnern bestehenden Tarifverträge eingehalten werden, kann diese Verantwortung wahrge-nommen werden." (EU Kommission 2011, S. 7) „Damit die Unternehmen ihrer [...] [ge-sellschaftlichen] Verantwortung in vollem Umfang gerecht werden, sollten sie auf ein Verfahren zurückgreifen können, mit dem soziale, ökologische, ethische Menschen-rechts- und Verbraucherbelange in enger Zusammenarbeit mit den Stakeholdern in die Betriebsführung und in ihre Kernstrategie integriert werden." (EU Kommission 2011, S. 7)

Diese beiden Definitionen zur CSR kommen einem aktuellen Verständnis von Nachhaltigkeit (*Sustainability*) sehr nahe und werden mittlerweile vor allem in Politik und Unternehmenspraxis weitgehend deckungsgleich verwendet. So definiert das Bundesministerium für Arbeit und Soziales (BMAS) CSR als „die gesellschaftliche Verantwortung von Unternehmen im Sinne eines nachhaltigen Wirtschaftens" (BMAS 2020a, o. S.) und der von der deutschen Bundesregierung berufene Rat für nachhaltige Entwicklung formuliert: „Nachhaltige Entwicklung heißt, Umweltgesichtspunkte gleichberechtigt mit sozialen und wirtschaftlichen Gesichtspunkten zu berücksichtigen." (Rat für nachhaltige Entwicklung 2020, o. S.) Folglich bedeutet zukunftsfähig wirtschaften, dass „wir [...] unseren Kindern und Enkelkindern ein intaktes ökologisches, soziales und ökonomisches Gefüge hinterlassen" [müssen] (Rat für nachhaltige Entwicklung 2020, o. S.). In der angloamerikanischen Literatur wird dieser Dreiklang auch als „*Triple P*" der Verantwortung gegenüber *people*, *planet* und *profit* beziehungsweise als *Triple Bottom Line* bezeichnet (vgl. Elkington 1997). „The firm's responsibilities to development and implement policies and practices that address the three pillars of ecological, economic and social sustainability, that maximise positive outcomes for all stakeholder groups beyond requirements of law." (Carlini/Grace/Franc/Lo Iacono 2019, S. 189)

Auf nationaler Ebene lässt sich der Dreiklang in die verschiedenen unternehmensrelevanten Handlungsfelder Markt, Umwelt, Arbeitsplatz und Gemeinwesen aufteilen (vgl. BMAS 2018, S. 28).

Letzteres macht dahingehend Sinn, da die soziale Säule, *People*, interne und externe Stakeholder und Themenfelder umfasst (vgl. Abb. 4.1). Hierbei kann es sich beispielsweise um Mitarbeiter/-innen im In- und Ausland des Unternehmens handeln. Im globalen Kontext lassen sich diese Aktionsfelder um die Verantwortung innerhalb der Lieferkette oder gegenüber globalen Ressourcen ausdifferenzieren. So gehören menschenwürdige Arbeitsbedingungen und faire Löhne entlang der Lieferketten auch außerhalb der EU in den Sektor „Arbeitsplatz" und in die Verantwortung von Unternehmen, wie die Diskussion um ein Lieferkettengesetz zeigt. Weitere global relevante Themen lassen sich aus den siebzehn *Sustainable Development Goals* der Vereinten Nationen ableiten (vgl. UNSDG 2020).

Letztlich wird deutlich, dass zwischen *Sustainability Reporting*, „CSR- und Nachhaltigkeitsberichten oder CSR-Management und Nachhaltigkeitsmanagement in der Praxis kein Unterschied besteht" (Loew/Rohde 2013, S. 10).

3 Ökonomische, ökologische und soziale Verantwortung

Nachfolgend wird die ökonomische, ökologische und soziale Verantwortung der CSR im Kontext der Flusskreuzfahrt näher betrachtet.

3.1 Ökonomische Verantwortung

Unternehmen, die ihrer wirtschaftlichen Verantwortung und Sorgfaltspflicht nicht nachkommen, setzen ihr Geschäftsmodell und ihre Zukunftsfähigkeit aufs Spiel. Die Global Reporting Initiative (GRI), eine internationale unabhängige Organisation, hat eine Vielzahl möglicher Indikatoren zusammengestellt, die es Unternehmen erleichtern sollen, ihre Verantwortung im Rahmen des Reportings auch nach außen hin zu dokumentieren (vgl. GRI 2018, o. S.). „Neben den Finanzkennzahlen als geradezu klassische *Key Performance Indikatoren* (KPI) sind im Profit-Bereich auch Erhebungen zur Mitarbeiter-, Kunden- oder Lieferantenzufriedenheit denkbar, um zusammen mit Medienresonanzanalysen oder Reputationsmessungen eine erfolgreiche Performance im Bereich der ökonomischen Verantwortung zu dokumentieren." (Fabisch/Brunner/Dieckmann/Tiemann 2015, S. 20) Zusätzlich bietet GRI in diversen Einzelstandards Indikatoren an, um erhaltene Subventionszahlungen, die Qualität des Managementansatzes oder die Diversität in dieser Kategorie zu erfassen (vgl. GRI 2018, o. S.). Letztere beinhalten unter anderem transparente Vergütungssysteme, die Frauen und Männern gleiche Gehälter zahlen sowie eine generell nachvollziehbare Höhe der Managementgehälter.

DIN ISO 26000 listet als typisch ökonomische Kernthemen *Organisationsführung sowie faire Betriebs- und Geschäftspraktiken* auf. Zu einer verantwortungsvollen Unternehmensführung gehört es nach ISO 26000, die Grundsätze der Rechenschaftspflicht, ethischen Verhaltens, der Achtung der Interessen der Anspruchsgruppen sowie der Rechtsstaatlichkeit, internationaler Verhaltensstandards und der Menschenrechte in die Entscheidungsfindung einzubeziehen (vgl. BMAS 2011, S. 7). Insofern erscheint es folgerichtig, das Management nicht nur auf kurzfristige Renditeziele, sondern auf „langfristige Wertschöpfung hin auszurichten und neben den Eigentümerinteressen die legitimen Belange weiterer Stakeholder-Gruppen, wie Mitarbeiter oder Kunden einzubeziehen" (Fabisch/Brunner/Dieckmann/Tiemann 2015, S. 20).

Auch eine Beschäftigung mit den Kernprodukten oder Serviceleistungen gehört in diesen Bereich und kann beispielsweise entlang des Marketingmix ausdifferenziert werden (vgl. Abb. 4.2).

Rund um das Produkt gibt es eine Reihe geeigneter Kennziffern, die zu einer nachhaltigen, ethisch korrekten Ware gehören. Darunter fallen die Produktionsbedingungen entlang der Supply Chain mit Themen wie Arbeitssicherheit, menschenwürdiger Entlohnung, Kinder- oder Zwangsarbeit und einer Berücksichtigung der internationalen Arbeits- und Sozialstandards, wie sie die Internationale Arbeitsorganisation (ILO) festgeschrieben hat (vgl. ILO 2020, o. S.). Diese können je nach Unternehmensstruktur auch die Marketingabteilungen und den Einkauf betreffen. Hierzu gehören beispielsweise Entscheidungen rund um die Produktherstellung mit Themen wie Umweltfreundlichkeit (von der Herstellung bis zur Recyclingfähigkeit), Sicherheit und Schadstofffreiheit der Produkte. Eine faire Preisgestaltung, die Unterlassung unfairer

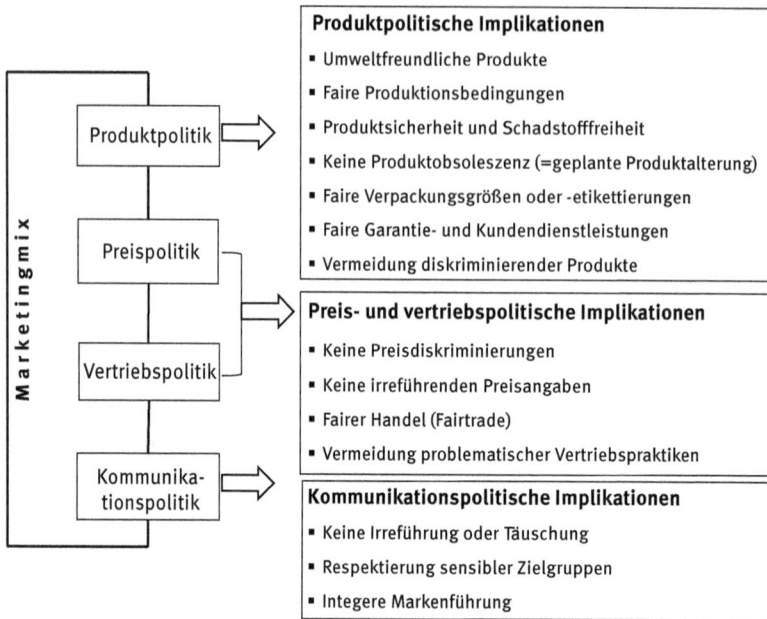

Abb. 4.2: Themenfelder nachhaltigen, ethischen Marketings im Marketingmix (Quelle: Fabisch 2017, S. 8).

Vertriebspraktiken, eine aktive Förderung des fairen Handels oder eine sensible Gestaltung von Werbebotschaften insbesondere gegenüber schützenswerten Zielgruppen wie Kindern oder alten Menschen sind ebenfalls Themenfelder, die im Kontext ethischen bzw. nachhaltigen Marketings diskutiert werden.

Darüber hinaus gehört ein aktives Eintreten für die Bekämpfung der Korruption zum verantwortungsbewussten Wirtschaften und schlägt den Bogen zur Compliance. Unter *Compliance* wird gemeinhin die Pflicht der Unternehmen verstanden, geltende Gesetze sowie unternehmensinterne Regelungen einzuhalten und etwaige Verstöße proaktiv durch geeignete und zumutbare Schutzvorkehrungen zu unterbinden (vgl. auch Fabisch 2018, S. 342).

In diesen Kontext kann das Fahren der Schiffe unter „fremder" Flagge eingeordnet werden. Wie in der Hochseekreuzfahrt fährt die überwiegende Mehrheit der Flusskreuzfahrtschiffe unter" fremder" Flagge. Zentraler Vorteil sind erhebliche Steuereinsparungen. Sowohl die Erträge des Schiffes als auch die Gehälter der Crewmitglieder werden in den Ausflaggungsländern deutlich geringer besteuert. Auch werden die Arbeitgebergesetze meist lockerer als in europäischen Staaten gehandhabt; so haben die Reedereien beispielsweise mehr Freiheiten bei der Auswahl des Personals (vgl. Euresia Consulting GmbH 2017, o. S.). Einige Länder werden auch deshalb als Firmensitz gewählt, weil dort entweder kein Mindestlohn oder ein weitaus geringerer Mindestlohn als in anderen Ländern gezahlt wird (vgl. o. V. 2020, o. S.).

3.2 Ökologische Verantwortung

Bei der *ökologischen Dimension* der CSR stehen vor allem Fragen des Umwelt- und Klimaschutzes im Mittelpunkt. GRI benennt die Kategorien Materialien, Energie, Wasser, Biodiversität, Emissionen, Abwasser und Abfall, Produkte und Dienstleistungen, Transport sowie die Einhaltung entsprechender Gesetze oder die Bewertung durch Lieferanten (vgl. GRI 2016b, S. 9).

Zur Erfolgsmessung einer ökologischen Performance bietet sich die Nutzung etablierter Umweltmanagementsysteme wie EMAS, ISO 14001 oder der *Sustainable Balanced Scorecard* an. GRI bietet auch hier eine Vielzahl an möglichen Kennzahlen (vgl. GRI 2016a, o. S.).

Innerhalb der ökologischen Verantwortungsdimension können sowohl interne Einsparungspotenziale genutzt werden als auch externe Chancen für die Imageverbesserung. So lassen sich durch Sparmaßnahmen in den Bereichen Papier, Wasser, Abfall oder Strom der gesamte Ressourcenverbrauch reduzieren und damit aktiv Kosten senken. Darüber hinaus kann sich ein Unternehmen durch den Einsatz von Landstrom oder die Nutzung von regenerativen Energien als „grünes" Unternehmen positionieren.

Unternehmen, die nachhaltig handeln, investieren in ihre eigene Zukunftsfähigkeit und übernehmen gesellschaftliche Verantwortung für den Erhalt der Umwelt. Durch das Einsparen von Ressourcen bleiben diese bestehen; die eigene Wettbewerbsfähigkeit wird gesichert. Gleichzeitig können die Reduktion des Energie- und Rohstoffverbrauchs in Produktion und Verwaltung Kosten einsparen und durch energieeffiziente Technologien die Produktivität erhöhen (vgl. BMAS 2020b, o. S.). Messungen der Universität Wuppertal haben ergeben, dass sich kaum ein Schiff der Flusskreuzfahrtbranche an die Grenzwerte des Stickstoffausstoßes hält. Die Feinstaubbelastung entlang des Rheins entspricht laut NABU ungefähr den Werten entlang einer Autobahn, die durch eine Stadt verläuft (vgl. Sahdeva 2017, o. S.). Der Anteil, den Binnenschiffe zu der gesamten Emissionsmenge am Rhein beitragen, liegt in Köln bei 20 % und in Düsseldorf bei 30 % (vgl. Illinger 2019, o. S.). Die Vielzahl der Schiffe fährt mit ähnlichen, aber viel stärkeren Dieselmotoren als beispielsweise Lastfahrzeuge, jedoch besitzen diese keine Partikelfilter und keine Katalysatoren (vgl. Sahdeva 2017, o. S.). Dieselmotoren produzieren insgesamt sieben verschiedene Schadstoffe. Dazu zählen u. a. Schwefeloxide, Stickoxide, Feinstaub wie auch Ultrafeinstaub (vgl. Illinger 2019, o. S.). Seit 2011 darf Treibstoff kaum mehr Schwefel enthalten. Dies führt dazu, dass die Schiffe mit Straßendiesel fahren. Eine Möglichkeit, um die Abgase zu reinigen, sind Partikelfilter, deren Nachrüstung jedoch mit hohen Investitionen verbunden ist. Bei den meisten kleineren Schifffahrtsunternehmen besteht wenig Spielraum für solche Investitionen. Zudem sind viele ältere Motoren nicht für eine Umrüstung ausgelegt. Auch ist der Platz für die (großen) Abgasreinigungsanlagen auf den meisten Flusskreuzfahrtschiffen unzureichend. Flussabwärts fahren die meisten Schiffe mit einem Bruchteil ihrer Leistung, was dazu führt, dass die Abgase nicht warm genug sind, um gründlich gereinigt werden zu können (vgl. Weiss 2017, o. S.). Bezüglich der hohen Emissionen muss die Flusskreuzfahrtbranche Maßnahmen ergreifen, wenn Flussreisen weiterhin erlaubt sein sollen (vgl. Nicolai 2020, o. S.), denn laut Illinger (2019, o. S.) besaßen im Jahr 2019 lediglich zwei der insgesamt 58 in deutschen Binnenschifffahrtsregistern eingetragenen Kabinenschiffe ein Abgasnachbehandlungssystem. Anstelle von fossilen Brennstoffen bieten sich Wasserstoffbrennstoffzellen als eine umweltfreundliche Lösung an; auch neuartige Biotreibstoffe sind im Gespräch (vgl. Nicolai 2020, o. S.).

Die Fahrt gegen den Strom erfordert eine zu große Motorkraft für vollständig mit Batterie betriebene Schiffe und damit auch einen zu hohen Energieeinsatz. Auch das zusätzliche Gewicht der Batterieanlage von circa 30 Tonnen muss berücksichtigt werden, da diese auf den Schiffen untergebracht werden müssen. In Norwegen stehen bereits Elektroschiffe als Fähren im Dienst (vgl. Nicolai 2020, o. S.). Auf dem Yangtze wurde ein „battery-electric cargo ship" mit einer Ladekapazität von 1.000 Tonnen erfolgreich getestet. Mithilfe eines Lithium-Ionen-Batteriesystems sowie Superkondensatoren legte die „Zhongtiandianyun 001" nach einer Ladezeit von 2,5 Stunden etwa 50 Kilometer zurück (vgl. Green Car Congress 2020, o. S.).

Für die Flusskreuzfahrtunternehmen ist es ökonomisch relevant, umweltverträglich(er) zu agieren, da der Klimawandel und damit die Veränderung der Umwelt spürbar werden. So kommt es in den Sommermonaten beispielsweise immer wieder zu Niedrigwasserständen, die zur Einstellung des Fahrbetriebes führen, für Zwischenstopps sorgen und Fahrpläne verändern, welches letztlich hohe Kosten zur Folge hat (vgl. Nicolai 2020, o. S.).

Für Passagiere, die einen Ausgleich für die Umwelt leisten wollen, bieten sich Anbieter wie *atmosfair* (www.atmosfair.de) oder *myclimate* (www.myclimate.org/de) zur Kompensation des eigenen Fußabdrucks an.

Durch Schulungen lassen sich das Umweltbewusstsein der eigenen Mitarbeiter/-innen verbessern und die Thematik ganzheitlich in die Unternehmenskultur integrieren. Aber auch Maßnahmen wie beispielsweise die Verwendung von abschaltbaren Steckdosenleisten oder Geräten mit Energiesparmodi leisten zumindest einen kleinen Beitrag (vgl. BMAS 2020b, o. S.).

Die Analyse der CSR-Aktivitäten der ausgewählten Unternehmen macht deutlich, dass die ökologische Dimension aktuell die meiste Beachtung in der Flusskreuzfahrt findet.

Das neue, von **A-ROSA** in Auftrag gegebene E-Motion-Ship für das Jahr 2021 ist mit Batterieantrieb ausgestattet und soll mithilfe der Damen Air Cavity System (DACS)-Luftblasentechnik den Treibstoffverbrauch reduzieren (vgl. Seereisedienst o. J., o. S.; Damen Shipyards Group o. J., S. 25). Es fährt mit einem dieselelektronischen Antrieb. Hier werden große Batterien mit Generatoren in einem Netz gekoppelt und versorgen damit Antrieb und Bordnetz. Beim Einlaufen in die Hafenstädte ist es durch das Umschalten auf den Elektromotor möglich, diese gänzlich treibstoff- und emissionsfrei anzufahren (vgl. EuBuCo Verlag GmbH 2019, o. S.).

Alle Schiffe der A-ROSA-Flotte sind mit Landstromanschlüssen ausgestattet und werden auch laut A-ROSA (o. J.a, o. S.) so weit wie möglich genutzt. Die Schiffe können über Nacht aufgeladen werden, was ein schadstofffreies Verlassen der Städte ermöglicht (vgl. Seereisedienst o. J., o. S.). Zudem fahren die Schiffe mit Gasöl; dieses erfüllt mit 0.001 % Schwefelanteil die EU-Vorschriften in europäischen Häfen und enthält kein Schweröl.

Weitere Aspekte, um an Bord Energie zu sparen, sind die Wärmekopplung und Abwärmenutzung, die intelligente Beleuchtungssteuerung oder auch die effiziente Klima- und Lüftungsanlage. Auf den Schiffen wird die Klimaanlage beim Öffnen der Balkontür automatisch ausgeschaltet (vgl. A-ROSA o. J.b, o. S.). Zudem werden neben der Landstromversorgung Rußpartikelfilter und kraftstoffsparende Motoren eingesetzt (vgl. Seereisedienst o. J., o. S.).

Eine Maßnahme, um Ressourcen einzusparen, ist ein optimiertes Abfallmanagement. Dies umfasst die Trennung von Abfällen, die Sicherstellung einer fachgerechten Entsorgung an Land, die Wiederverwertung von Abfällen und deren Vermeidung (vgl. Seereisedienst o. J., o. S.; A-ROSA o. J.a, o. S.). In Zusammenarbeit mit dem Verein „United Against Waste", wurde ein Konzept zur Vermeidung von Lebensmittelabfällen erstellt. Auf den Schiffen wurden Papierhandtücher entfernt, in den sanitären Anlagen auffüllbare Spender installiert und Portionsware vom Buffet beseitigt. Die neuen Schiffe sind bereits mit Wasserspendern ausgestattet, die älteren werden sukzessive nachgerüstet. Das Abwasser wird an Bord der Schiffe gereinigt. Der dadurch entstehende Klärschlamm wird an den Häfen durch spezielle Firmen entsorgt. Das Unternehmen arbeitet sowohl bei dem Angebot an Ausflügen als auch bei dem kulinarischen Angebot an Bord mit regionalen Partnern zusammen (vgl. A-ROSA o. J.a, o. S.).

Phoenix Reisen informiert auf seiner Internetseite darüber, was jede einzelne Person zum Umweltschutz an Bord beitragen kann. Die einzige aufgelistete Maßnahme ist das mehrmalige Verwenden von Handtüchern (vgl. Phoenix Reisen o. J.a, o. S.).

Bei **Nicko Cruises** verhält es sich ähnlich. Die einzige CSR-relevante Information ist, dass die Expeditionsschiffe von Nicko Cruises mit umweltschonender diesel-elektrischer Hybrid-Technologie betrieben werden (vgl. Seereisedienst o. J., o. S.).

Bei **Amadeus Flusskreuzfahrten** finden sich sehr allgemein gehaltene Informationen zu Wasser- und Energiesparmaßnahmen, der umweltschonenden Fahrweise, der konsequenten Abfallvermeidung und der Präferenz für regionale und saisonale Lebensmittel. Seit dem Jahr 2011 haben die Kund/-innen des Unternehmens die Möglichkeit, einen Beitrag an *atmosfair* und damit zum Klimaschutz zu leisten. Das Unternehmen unterstützt dies mit einer zusätzlichen Spende von 25 % des Betrages. Am Ende einer Kreuzfahrt können die Passagiere zudem entscheiden, ob ein weiterer Klimaschutzbeitrag von zwei Euro pro Kabine gezahlt werden soll; dieser kommt UNO-zertifizierten Umweltprojekten zugute (vgl. Amadeus Flusskreuzfahrten o. J., o. S.).

Viking River Cruises setzt auf die Verwendung von lokal angebauten Zutaten, saisonalen Lebensmitteln und regionalen Weinen in den Onboard-Restaurants (vgl.

Viking River Cruises o. J.a, o. S.). Die Schiffe, die Europas Flüsse befahren, sind mit Sonnenkollektoren, einem Kräutergarten und energieeffizienten Hybrid-Motoren ausgestattet (vgl. Viking River Cruises o. J.b, o. S.).

Die an Bord der **Uniworld River Cruises-Schiffe** verwendeten Lebensmittel stammen aus lokalem Anbau (vgl. Uniworld o. J.a, o. S.). Das Unternehmen bietet den Gästen eine papierlose Kommunikation; so sind das Tagesprogramm und wichtige Informationen per WhatsApp erhältlich. Speisen- und Getränkekarten werden auf Bildschirmen im Restaurant angezeigt, die Reiseunterlagen per E-Mail zugesandt (vgl. Poth 2019, o. S.). Zusätzlich wird für jedes papierlos verschickte Vorab-Dokument einer Kreuzfahrt ein Baum gepflanzt (vgl. Uniworld o. J.b, o. S.).

Bis 2022 möchte das Unternehmen den Einsatz bzw. die Verwendung von mehr als 60 verschiedenen Arten von Einwegplastik verbieten. Dies schließt Strohhalme, Wasserflaschen und Tüten ein (vgl. Uniworld o. J.b, o. S.).

Uniworld River Cruises unterstützt zudem Familienunternehmen und umweltbewusste Unternehmen in den Destinationen vor Ort; in welcher Form dies geschieht, ist nicht bekannt.

Auch werden verschiedene Möglichkeiten der Kompensation des eigenen CO_2-Fußabdruckes wie zum Beispiel *myclimate*, *The Nature Conservancy* oder *Forest Credits* angeboten (vgl. Uniworld o. J.b, o. S.).

Zudem haben sich Uniworld, *The TreadRight Foundation* und *WE Charity* zusammengeschlossen, um eine Gemeinde in Ecuador bei der Versorgung mit Trinkwasser zu unterstützen. Bislang wurden durch die *TreadRight Foundation* mehr als 40 Umwelt- und Kulturprojekte gefördert (vgl. Uniworld o. J.b, o. S.).

Neben dem Programm zum Erhalt von Flüssen und Flussläufen hat das Unternehmen in Zusammenarbeit mit der *TreadRight Foundation* das „Make Travel Matter Pledge" ins Leben gerufen, in dem es um den Schutz von Mensch, Tier und Planet geht. Auf der Internetseite von Uniworld finden sich einige Videos, die zeigen, wie Mitarbeiter/-innen von Uniworld zusammen mit 10.000 anderen dieses Versprechen abgegeben haben (vgl. Uniworld o. J.b, o. S.). Im Jahr 2019 gewann das Unternehmen den Travel Daily Sustainability Award für „Best sustainable travel or tourism initiative" (vgl. Uniworld o. J.c, o. S.).

Auf der Internetseite von **Göta Kanal Cruises** wird mit dem Logo des World Wide Fund For Nature (WWF) geworben. So hält sich das Unternehmen bei der Auswahl von Fisch und Fleisch an die Vorgaben des WWF. Zudem achtet das Unternehmen seit 2019 stärker auf Bio-Produkte (vgl. Cruise Ship Portal 2019, o. S.).

Bei **Plantours Kreuzfahrten** beziehen sich alle Angaben zu Umweltaspekten auf die MS Hamburg, nicht aber auf die anderen Schiffe der Flotte.

Laut Unternehmen werden die gesetzlichen Vorgaben „übererfüllt". Seit Beginn des Jahres verzichtet das Schiff auf Schweröl, stattdessen wird schwefelarmes Marine-Gasöl verwendet. Durch das unter der möglichen Höchstgeschwindigkeit angesetzte Fahren wird laut Aussage des Unternehmens eine ökologische Fahrweise ermöglicht, die mehr als ein Drittel des Treibstoffes einspart. Durch Tributylzinn (TBT)- und biozidfreie Beschichtung des Schiffskörpers wird die Ansiedlung von Meeresorganismen verhindert und somit der Treibstoffverbrauch gesenkt (vgl. Plantours Kreuzfahrten o. J., o. S.; Germer 2002, S. 133).

Die MS Hamburg verfügt über eine Osmoseanlage und kann damit Salzwasser filtern und an Bord verwenden (vgl. Plantours Kreuzfahrten o. J., o. S.).

Auf dem Schiff wird der Abfall getrennt. Soweit wie möglich werden Papier- und pappähnliche Materialien genutzt. Zudem werden an Bord nur biologisch abbaubare Reinigungs- und Pflegeprodukte eingesetzt (vgl. Plantours Kreuzfahrten o. J., o. S.).

3.3 Soziale Verantwortung

Der soziale Verantwortungsbereich hat es im Unternehmen seit jeher am schwersten. Vertrauensaufbau, Beziehungspflege, Kreativität oder Mitarbeiterzufriedenheit galten lange als schwer messbar und zahlreiche Maßnahmen, die bei der Förderung dieser „soften" Ziele ansetzten, waren ständig von Streichung bedroht.

Mittlerweile ist man sich jedoch weitgehend einig, dass die Übernahme sozialer Verantwortung nicht nur moralisch geboten ist, sondern sich nach Meinung vieler betriebswirtschaftlicher Betrachter lohnt, da sich die meisten Effekte sogar sehr gut in Zahlen ausdrücken lassen. So finden sich Termini wie „Vertrauen", „guter" Arbeitgeber oder „fairer" Partner bereits seit Längerem in der modernen Reputationsmessung (vgl. Fombrun 2001, S. 24) und dienen als Bewertungsbasis internationaler Imagestudien wie dem jährlich erhobenen globalen „RepTrak" des Reputation Instituts (vgl. RepTrak 2020).

Die Global Reporting Initiative hat ihrerseits eine ganze Reihe von zentralen Messkennzahlen entwickelt und unterteilt den sozialen Handlungsbereich in die vier Unterkategorien „Arbeitsbedingungen und menschwürdige Arbeit", „Menschenrechte", „Gesellschaft" und „Produktverantwortung" (vgl. GRI 2016b, S. 9). Hierbei können in einen internen Verantwortungsbereich als Arbeitgeber/-innen und eine externe Dimension gegenüber Kund/-innen und Gesellschaft unterschieden werden.

Zahlreiche der seitens der GRI gelisteten Reporting- und Messoptionen für Arbeitnehmer/-innen sind in Deutschland durch den Gesetzgeber in staatlichen Verordnungen reguliert und sozial ausgestaltet. Aufgrund dessen, dass die meisten Reedereien unter „fremder" Flagge fahren, gelten diese Verordnungen nicht oder nur in eingeschränktem Maße für diese. Themen wie Arbeits- und Ruhezeiten, Ausbildungspflichten, Entgeltregelungen, Mutterschutz sowie der Umgang mit speziellen Mitarbeitergruppen wie beispielsweise ausländischen Mitbürgern sind in anderen Ländern unter juristischen Aspekten deutlich lockerer geregelt. In Deutschland kommen beispielsweise das Sozialgesetzbuch (SGB), das Arbeitsschutz- bzw. Arbeitssicherheitsgesetz (ArbSchG und ASiG) oder das Allgemeine Gleichbehandlungsgesetz (AGG) zum Tragen. Auch für Sozialversicherungsfragen, den Schutz der Persönlichkeit (z. B. vor Diskriminierungen oder Datenmissbrauch), betriebliche Mitbestimmung oder den Umgang mit altersbedingtem Ausscheiden gibt es Gesetzestexte wie das Bundesdaten-schutzgesetz (BDSG) oder das Betriebsverfassungsgesetz (BetrVG) (vgl. Fabisch 2018, S. 348).

Darüber hinaus existiert allerdings noch eine Reihe von kreativen Handlungs-möglichkeiten, die noch nicht juristisch geregelt sind und über gesetzliche Fürsor-gepflichten hinausgehen. Diese können im Rahmen einer Positionierung als „guter" Arbeitgeber, dem Employer Branding, genutzt werden. Zu diesen freiwilligen CSR-Maßnahmen, die Mitarbeiter/-innen zugutekommen, zählen unter anderem innova-tive Angebote zur Gesundheitsförderung und -erhaltung, die aktive Förderung von Fort- und Weiterbildungsmaßnahmen, Gleichstellungsprogramme zur Erhöhung des Anteils weiblicher Führungskräfte *(z. B. Top- oder Jobsharing)*, familienfreundliche Ar-beitszeitmodelle oder Programme zum Wiedereinstieg nach dem Erziehungsurlaub. Diese Maßnahmen haben einen hohen motivationalen Faktor für qualifizierte Mit-arbeiter/-innen, die für Unternehmen die bedeutendste Ressource sind (vgl. BMAS 2020b, o. S.). Folglich ist es wichtig, diese für das Unternehmen zu gewinnen, zu för-dern und an das Unternehmen zu binden. Es handelt sich hierbei um einen wichtigen Wettbewerbsfaktor (vgl. BMAS 2020c, o. S.).

Eine aktive Betätigung in diesem Kontext macht sich nicht nur durch eine höhere Motivation der Mitarbeiter/-innen bezahlt (vgl. Loew/Clausen 2010, S. 9), sondern un-terstützt auch die Suche und Bindung von Arbeitskräften der jungen Generationen Y, Z oder Alpha. So steht laut Porth (zit. in Kaufmann 2015, o. S.) bei der Generation X[1] die Frage nach den Verdienstmöglichkeiten im Vordergrund, wohingegen die Generation Y Wert auf die Ausgewogenheit von Privat- und Berufsleben legen. Die Generation Z fokussiert v. a. „auf geregelte Arbeitszeiten, unbefristete Verträge und klar definierte Strukturen im Job" (Scholz zit. in Bedürftig 2016, o. S.). Die Herausforderung der Per-sonaler wird es sein, diese unterschiedlichen Erwartungshaltungen der Generationen am gleichen Arbeitsplatz in Einklang zu bringen.

Die externe Dimension des sozialen Engagements umfasst auf nationaler Ebene die Charity-nahen Betätigungsfelder im Gemeinwesen. Kreative soziale Aktivitäten ge-hen dabei allerdings deutlich über einzelne Projekte wie Spendenaktionen an Bedürf-tige oder die Einrichtung einer steuerlich attraktiven Stiftung hinaus.

Arbeitsbedingungen, menschenwürdige Arbeit und Menschenrechte wiederum sind Themenfelder, die international unverändert bedeutsam sind und auch zukünf-tig über die neuen nachhaltigen Entwicklungsziele der Vereinten Nationen im Fokus bleiben werden.

---

1 Zur Generation X zählen gemeinhin die zwischen 1966 und 1980 Geborenen, unter Generation Y, auch Millenials oder Nexters genannt, werden die Jahrgänge 1981 bis 1995 verstanden, als Generation Z werden die nach 1996 bis 2009 geborenen, zumeist also zukünftigen Arbeitnehmer verstanden. Als Generation Alpha schließen die nach 2010 Geborenen an das Generationen-Alphabet an (vgl. Spiegel-Media 2019, o. S.).

Dass es in diesem Kontext auch in der Flusskreuzfahrt Handlungsbedarf gibt, zeigt die im Jahr 2017 durch das bayerische Landeskriminalamt auf 63 Schiffen mit 1.000 Angestellten durchgeführte Überprüfung. Die Beschäftigungsverhältnisse an Bord dieser Flusskreuzfahrtschiffe wurden als „illegal oder rechtlich fragwürdig" eingestuft (vgl. Sahdeva 2017, o. S.). Die Anzahl an erfahrenen Schiffsführern, die benötigt wird, übersteigt die Anzahl der zur Verfügung stehenden Kapitäne, was Unterbemannung zur Folge hat. Schiffskontrollen werden nur unregelmäßig durchgeführt, auch wird Unterbemannung lediglich als Ordnungswidrigkeit angesehen. Zu eng getaktete Fahrpläne setzen das Personal oftmals unter Druck.

Mit Blick auf die Lieferketten ergeben sich für viele Unternehmen weitere Handlungsfelder, mit denen sie sich über nationale Projekte hinaus als international verantwortungsbewusste Akteure positionieren können. Dass der Fokus sich zunehmend auf diese Themen erstreckt, zeigt die aktuelle Diskussion um ein Lieferkettengesetz auch für Deutschland.

In der Analyse der untersuchten Unternehmen wird deutlich, dass der sozialen Dimension der CSR-Aktivitäten derzeit nur eine geringe bis gar keine Beachtung geschenkt wird bzw. in der medialen Darstellung vernachlässigt wird. Bei A-Rosa, Nicko Tours, Amadeus Flusskreuzfahrten, Viking River Cruises, Uniworld River Cruises, Göta Kanal Cruises sowie Plantours Kreuzfahrten GmbH konnten keinerlei soziale Hinweise zu Maßnahmen auf den Webseiten ermittelt werden.

Phoenix Reisen spendete innerhalb der letzten zehn Jahre über 10 Millionen Euro für soziale Projekte. Zudem engagiert sich Phoenix Reisen seit über 40 Jahren für gemeinnützige Projekte. Die Spenden in Höhe von 1,6 Millionen Euro (2018) gehen u. a. an das kirchliche Hilfswerk Misereor oder auch an Brot für die Welt. Im Jahr 2019 wurde zudem ein Betrag in Höhe von 1 Million Euro bei der ZDF-Gala von Phoenix Reisen gespendet (vgl. Phoenix Reisen o. J.b, o. S.).

Im Jahr 2019 erhielt Phoenix Reisen für die MS Viola den Kreuzfahrt Guide Award Sonderpreis für soziales Engagement. Die Entscheidung für Phoenix Reisen wurde folgendermaßen begründet: „Wer lieber für wohltätige Zwecke spendet[,] anstatt einen Werbeetat zu vergrößern, der kann sein Herz nur am rechten Fleck haben." (o. V. 2019, o. S.)

Viking River Cruises verpflichtet sich dazu, sicherzustellen, dass weder Sklaverei noch Menschenhandel ein Teil des Unternehmens oder der Wertschöpfungskette sind. Im Zuge dessen hat das Unternehmen seine 50 wichtigsten Lieferanten befragt, um sicherzugehen, dass diese in Einklang mit der Firmenpolitik handeln (vgl. Atkin-Smith o. J., o. S.). Viking River Cruises legt zudem großen Wert auf die Mitarbeiter/-innenbindung. So finanziert das Unternehmen u. a. in die medizinische Versorgung, bietet Reise- und Kreuzfahrtprämien an und erstattet Transportkosten (vgl. Viking River Cruises o. J.c, o. S.). Auch unterstützt das Unternehmen sowohl Alzheimer's Research UK als auch Mind – for better mental health durch Spenden (vgl. Viking River Cruises o. J.d, o. S.).

In den Kontext sozialer CSR-Maßnahmen lässt sich die Unterstützung der Schulte-Schmelter Stiftung durch **1AVista Reisen** einordnen. Die Stiftung wurde von Hubert Schulte-Schmelter, dem Firmengründer von 1AVista Reisen, ins Leben gerufen. Sie unterstützt die Unterbringung traumatisierter Kinder in anderweitigen familienanalogen Wohngruppen. 1AVista Reisen ist Sponsor der Stiftung (vgl. 1AVista Reisen o. J., o. S.).

4 Wettbewerbsvorteile für die Flusskreuzfahrt durch CSR

Zusammenfassend lässt sich festhalten, dass CSR deutlich mehr ist als eine Frage des guten Gewissens oder eines zähneknirschend durchgeführten „Ablasshandels" (vgl. Fabisch 2017, S. 13). Moderne CSR ist nicht nur eine Frage der Haltung (oder des „Purpose" wie das aktuelle Marketing-Buzzwort lautet), sondern kann auch eine Reihe von Wettbewerbsvorteilen bieten. Sofern es sich bei den CSR-Maßnahmen um ernst gemeinte Aktivitäten handelt, die strategisch, also längerfristig angelegt sind und keine Greenwashing-Aktionen der PR-Abteilung, lassen sich für verschiedene Unternehmensziele deutliche Unterstützungspotenziale von CSR-Aktivitäten nachweisen (vgl. Abb. 4.3).

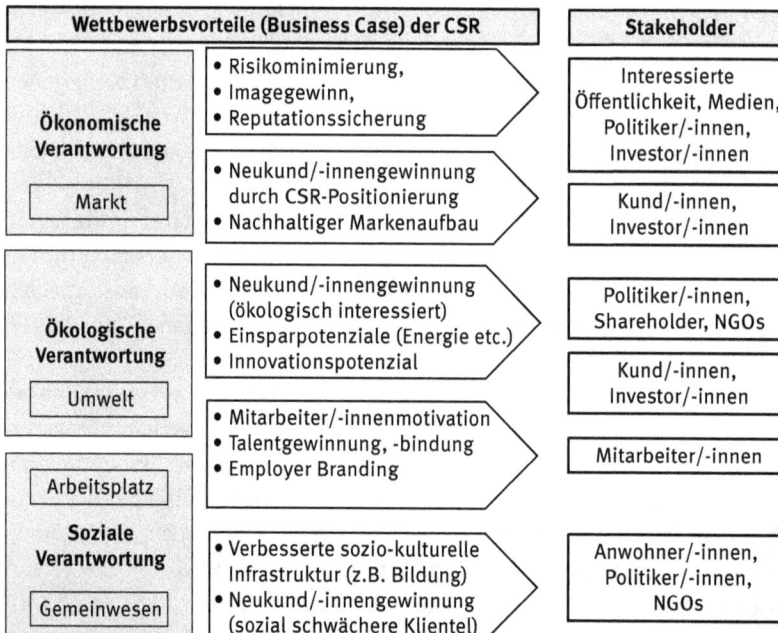

Abb. 4.3: Business Case für CSR (Quelle: Fabisch 2017, S. 13).

„Durch CSR stärken Unternehmen ihre langfristige Existenzsicherung. Wichtig ist dafür ein ganzheitlicher Ansatz, der die Werte des Unternehmens im Kerngeschäft klar erkennen lässt und seine Aktivitäten in eine verständliche Geschichte einbindet. Einzelne Projekte wie Spendenaktionen für Bedürftige, Gesundheitstage für Mitarbeiter oder eine umweltfreundliche Produktlinie sind ein gutgemeinter Anfang. Doch die Wirkung solch verstreuter Maßnahmen versickert [meist]." (BMAS 2020d, o. S.)"

Die meisten der Vorteile wurden in den vorangegangenen Kapiteln zu den jeweiligen Handlungsfeldern bereits erwähnt. Eine aktive Berücksichtigung ökologischer und sozialer Belange in der Flusskreuzfahrt reduziert nachvollziehbar das Risiko, einen Imageschaden zu erleiden. Die jährliche Vertrauensstudie der Communications Marketing Agentur Edelman erfasst u. a. inwieweit die Bevölkerung den Unternehmen vertraut. Hierbei spielt deren aktive Bereitschaft zur Lösung gesellschaftlicher Probleme ebenso eine Rolle wie Skandale, die einseitige Fokussierung auf kurzfristige Kapitalgewinne oder ein unzureichend empfundener Einsatz der Führungskräfte bei der Lösung gesellschaftlicher Probleme (vgl. Edelman 2020). Auf die Bedeutung einer moralisch korrekten Haltung als fairer Arbeitgeber, Geschäftspartner und Unternehmenslenker wurde im Kontext der modernen Reputationsmessung hingewiesen (vgl. RepTrak 2020).

Die positive Wirkung von CSR-Maßnahmen auf Mitarbeiter/-innen erscheint ebenfalls augenscheinlich. So suchen die Menschen zunehmend Sinn sowohl in der Arbeitswelt als auch in der Freizeit. Die Einnahme verschiedener Rollen mit unterschiedlichen Wertesystemen, bei denen man die Moral am Firmeneingang abgeben muss, ist nicht mehr zeitgemäß. Arbeitnehmer/-innen ist es zunehmend wichtig, mit ihrer Arbeit und ihrem Team etwas zu bewegen, die Welt zu verbessern und „eine lebenswerte Zukunft zu gestalten" (GoodJobs GmbH 2020, o. S.).

Folglich sind Unternehmen gut beraten, Mitarbeiter/-innen auch in traditionellen Arbeitsumfeldern das Gefühl zu geben, wertvolle Teampartner/-innen zu sein, für die sich das Unternehmen einsetzt und möglichst individuelle Lösungen findet. „Erfolg braucht heute eine Kultur, die sich ganz auf die Potenziale der Mitarbeitenden einlässt und sie fördert und fordert." (GPTW 2020, o. S.) Ein *Great Place to work* (vgl. GPTW 2020) mit einer wertschätzenden Unternehmenskultur zu sein, sollte als Ziel jedes zukunftsfähigen Unternehmens festgeschrieben werden. Die Verantwortung für Mitarbeiter/-innen zu übernehmen, die die wichtigste Ressource des Unternehmens sind und sich mit Einfühlungsvermögen um deren Probleme oder individuellen Lebensphasen zu kümmern, sollte unter CSR-Gesichtspunkten naheliegen.

Generell haben Vorstände und Führungskräfte nicht nur die moralische Verantwortung menschlich und einfühlsam im Umgang mit Menschen zu sein, sondern dienen Mitarbeiter/-innen auch als Vorbilder (vgl. Abb. 4.4).

Das sogenannte *CEO-Commitment*, also das Bekenntnis zur Nachhaltigkeit durch die Führungskräfte, ist essenziell (vgl. Edelman 2020, S. 27). CSR-Engagement ist folglich immer auch ein Führungsthema, das in der Unternehmensleitung glaubhaft

| Ganzheitlicher konsistenter CSR-Prozess | → Zeit (Kontinuität) |

Initiierung

Implementierung

Planung

Durchführung

Erfolgsmessung + Auditierung

Reporting (Kommunikation)

| CEO-Commitment (Codes of conduct) | CSR-SWOT-Analyse | Koordination und Etablierung von Ethik-Offices | Umsetzung operativer Maßnahmen | Messung anhand von Erfolgs-indikatoren (Zertifizierung) | Stakeholder-Dialog (Kooperation) |

Interne (faire) Kommunikation
♦ Sensibilisie-rung der Mit-arbeiter*innen
♦ Codes of ethics
♦ Informationen über CSR/Ethik

Leitbild auch für das Marketing

Managementsysteme (Anreize) EMAS, ISO14001, ISO 26.000

Teambildung und -training

Festlegung des Soll-Zustandes

Transparenz/Dialog

Feedback

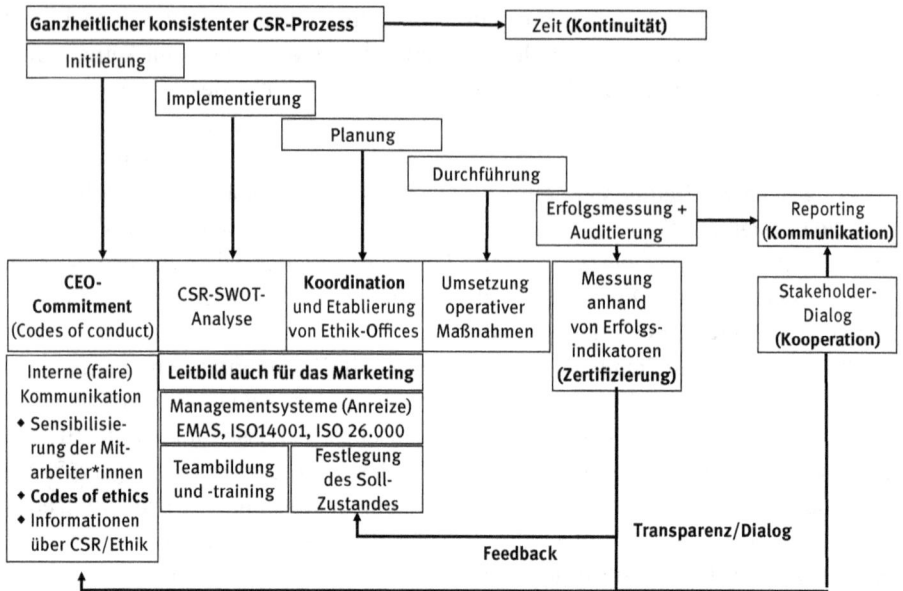

Abb. 4.4: Ganzheitlicher CSR-Prozess (Quelle: Fabisch 2017, S. 15).

gelebt werden muss. Darüber hinaus gilt es, die Mitarbeiter/-innen abzuholen und für die geplanten Themen und Projekte zu sensibilisieren, damit kein Widerstand durch Überrumpelung oder Top-Down-Zwänge entsteht. Nachfolgend bedarf es eines Soll-Ist-Abgleiches der bereits bestehenden Aktivitäten und einer kritischen Analyse, ob und inwieweit die Maßnahmen (noch) adäquat sind. Parallel gilt es die eventu-ell notwendigen Strukturanpassungen vorzunehmen, die von der Modifikation des bestehenden Leitbildes über die Integration der als relevant ermittelten Indikatoren in bestehende Managementsysteme bis hin zur Zusammenstellung funktionenüber-greifender Planungsteams reichen können. Zu den Aufgaben der verantwortlichen Mitarbeiter/-innen gehört es, neben der Umsetzung der operativen Maßnahmen vor allem auch die Messung des Erfolges des CSR-Managements sicher zu stellen. „Nur so ist es möglich, die Erreichung von Meilensteinen als Erfolge ausweisen oder nicht erfolgreiche Zielvereinbarungen anpassen zu können. Die Publikation der jeweiligen Zwischenziele im Rahmen von CSR-Reports schließt diesen idealtypischen Prozess-verlauf ab." (Fabisch 2017, S. 15)

5 Fazit

Im Beitrag wird deutlich, dass CSR bzw. Nachhaltigkeit in der Flusskreuzfahrtbranche aktuell kaum eine Rolle spielt.

Nur durch eine gezielte Suche ließen sich bei einigen Reedereien einige wenige Informationen finden. Auffallend ist, dass fast alle analysierten Unternehmen die eine oder andere ökologische Maßnahme vorweisen, zu sozialen Aktivitäten finden sich hingegen fast keine Informationen. Prinzipiell können einzelne Projekte ein gut gemeinter Anfang sein; allerdings versickert die Wirkung solcher vereinzelter Maßnahmen zumeist.

Viele Flusskreuzfahrtunternehmen begreifen CSR (noch) nicht als Chance, neue nachhaltige Produkte oder Dienstleistungen zu entwickeln, Mitarbeiter/-innen zu motivieren oder Ressourcen einzusparen. Dabei gehen zahlreiche Managementtheorien inzwischen davon aus, dass Unternehmen, die nachhaltig wirtschaften, langfristig erfolgreicher sind, da sie beispielsweise Risiken minimieren und Mitarbeiter/-innen nachhaltiger binden können. CSR unterstützt langfristig die Existenzsicherung eines Unternehmens. Besonders wichtig ist hierbei allerdings ein ganzheitlicher Ansatz, der die Werte des Unternehmens deutlich erkennen lässt.

Unternehmen, die nachhaltig handeln, investieren in ihre eigene Zukunftsfähigkeit und übernehmen gesellschaftliche Verantwortung für den Erhalt der Umwelt. Durch das Einsparen von Ressourcen bleiben diese bestehen und die eigene Wettbewerbsfähigkeit wird gesichert. Gleichzeitig können die Reduktion des Energie- und Rohstoffverbrauches Kosten einsparen und sich durch energieeffiziente Technologien die Produktivität erhöhen.

Im Rahmen der Nachhaltigkeitsdebatte wird von Unternehmen zunehmend das Offenlegen der Auswirkungen ihres Handelns auf Mensch und Umwelt erwartet. Dieses Handeln wird kontrovers diskutiert. Dabei verbreiten sich sowohl positive als auch v. a. aber die negativen Aspekte insbesondere durch die (sozialen) Medien oder auch über Bewertungsplattformen schneller als je zuvor. Transparenz und ehrliche Kommunikation sind der einzige Weg, um die Verbreitung dieser negativen Aspekte zu vermeiden. Darüber hinaus wirkt sich die Offenlegung von wichtigen Kennzahlen zu ökologischen und sozialen Aspekten positiv auf das Image aus.

Inwieweit die Flusskreuzfahrt weiterhin im Schatten der Hochseekreuzfahrt schwimmen kann und unter dem medialen Radar fliegt, bleibt abzuwarten.

Literatur

1AVista Reisen GmbH (o. J.). *Partner*. Verfügbar unter: https://www.1avista.de/partner.html [Abgerufen am 12.07.2020].

Amadeus Flusskreuzfahrten (o. J.). *Nachhaltig Reisen mit Euopas grünster Fluss-Reederei*. Verfügbar unter: https://www.amadeus-flusskreuzfahrten.de/unternehmen/nachhaltiges-reisen.html [Abgerufen am 13.07.2020].

A-ROSA (o. J.a). *A-Rosa is green*. Verfügbar unter: https://www.a-rosa.de/flusskreuzfahrten/unternehmen/umwelt.html [Abgerufen am 14.07.2020].

A-ROSA (o. J.b). *Bord-ABC*. Verfügbar unter: https://www.a-rosa.de/flusskreuzfahrten/mein-a-rosa/bord-abc.html [Abgerufen am 14.07.2020].

Atkin-Smith, W. (o. J.). *ModernSlaveryTransparency Statement*. Verfügbar unter: https://docs.
vikingcruises.com/uk/UK_CORP_ModernSlaveryTransparency.pdf [Abgerufen am 15.07.2020].

Bedürftig, D. (2016). Was Generation Z vom Berufsleben erwartet. In: *Die Welt*. Verfügbar unter:
http://www.welt.de/wirtschaft/karriere/bildung/article152993066/Was-Generation-Z-vom-
Berufsleben-erwartet.html [Abgerufen am 07.04.2020].

BMAS (2020a). *Nachhaltigkeit und CSR*. Verfügbar unter: https://www.csr-in-deutschland.de/
DE/Was-ist-CSR/Grundlagen/Nachhaltigkeit-und-CSR/csr-grundlagen.html;jsessionid=
AD5BD66466D268082BE71B1CED03B5D7 [Abgerufen am 10.09.2020].

BMAS (2020b). *Umweltschutz ist Zukunftssicherung*. Verfügbar unter: https://www.csr-
in-deutschland.de/DE/Unternehmen/Unternehmensbereiche/Umweltmanagement/
umweltschutz-ist-zukunftssicherung.html [Abgerufen am 20.07.2020].

BMAS (2020c). *Zufriedene Mitarbeiter als Fundament für den Unternehmenserfolg*. Verfügbar unter:
https://www.csr-in-deutschland.de/DE/Unternehmen/Unternehmensbereiche/Personal/
zufriedene-mitarbeiter-als-fundament-fuer-den-unternehmenserfolg.html [Abgerufen am
20.07.2020].

BMAS (2020d). *CSR als Querschnittsaufgabe*. Verfügbar unter: https://www.csr-in-deutschland.
de/DE/Unternehmen/CSR-Management/CSR-als-Querschnittsaufgabe/csr-als-
querschnittsfunktion-im-unternehmen.html [Abgerufen am 20.07.2020].

BMAS (2018). *CSR-Preisträger 2013 – 2017. CSR-Trends. Eine Analyse am Beispiel des CSR Prei-
ses der Bundesregierung*. Verfügbar unter: https://www.imug.de/fileadmin/user_upload/
Downloads/imug_allg/BMAS_CSR_Preis_Trendanalyse_Booklet_2018.pdf [Abgerufen am
18.09.2020].

BMAS (2011). *Die DIN ISO 26000 Leitfaden zur gesellschaftlichen Verantwortung von Organisationen. Ein Überblick*. Verfügbar unter: https://www.bmas.de/SharedDocs/Downloads/DE/
PDF-Publikationen/a395-csr-din-26000.pdf%3F__blob%3DpublicationFile [Abgerufen am
18.08.2020].

Carlini, J.; Grace, D.; France, C.; Iacono, Lo; J. (2019). The corporate social responsibility (CSR) employer brand process: integrative review and comprehensive model. In: *Journal of Marketing
Management*, 35(1–2), S. 182–205.

Caroll, A. B. (1991). The pyramid of corporate social responsibility: Toward the moral management of
organizational stakeholders. In: *Business Horizons*, 34(Issue 4, July–August), S. 39–48.

Cruise Ship Portal (2019). *150 JAHRE REDERIAKTIEBOLAGET GÖTA KANAL*. Verfügbar unter: https://
www.cruiseshipportal.com/news/cruise-news-maritime-news/150-jahre-rederiaktiebolaget-
goeta-kanal-am-27-februar-1869-unter-dem-namen-aangfartygsaktiebolaget/ [Abgerufen am
12.07.2020].

Damen Shipyards Group (o. J.). Sustainability in the cruise industry. In: *Damen sustainability special*. Verfügbar unter: https://www.damen.com/-/media/New-Corporate-Damen/Documents/
Damen_Year_Book_no7.pdf [Abgerufen am 07.08.2020].

Internationale Organisation für Normung (2011). *DIN ISO 26000:2010: Leitfaden zur gesellschaftlichen Verantwortung*. Berlin.

Edelman (2020). *Trust Barometer 2020*. Verfügbar unter: https://www.edelman.com/sites/g/files/
aatuss191/files/2020-01/2020%20Edelman%20Trust%20Barometer%20Global%20Report.
pdf [Abgerufen am 10.09.2020].

Elkington, J. (1997). *Cannibals with Forks: the Triple Bottom Line of 21st Century Business*. Capstone.

EU Kommission (2016). *Richtlinie 2014/95/EU des europäischen Parlaments und des Rates zur Offenlegung nichtfinanzieller Informationen*. Verfügbar unter: http://ec.europa.eu/finance/
company-reporting/non-financial_reporting/index_de.htm [Abgerufen am 07.04.2020].

EU Kommission (2011). *Mitteilung „Eine neue EU-Strategie (2011–14) für die soziale Verantwortung der Unternehmen (CSR)", KOM(2011) 681 endgültig*. Verfügbar unter: http://ec.europa.

eu/enterprise/policies/sustainable-business/corporate-social-responsibility/public-consultation/index_de.htm [Abgerufen am 12.01.2020].

EuBuCo Verlag GmbH (2019). *Nachhaltige Location: A-ROSA bringt Batterieantrieb auf den Fluss.* Verfügbar unter: https://www.cimunity.com/news/anbieter/artikel/nachhaltige-location-a-rosa-bringt-batterieantrieb-auf-den-fluss/ [Abgerufen am 18.07.2020].

Euresia ConsultingGmbH (2017). *Farbenfrohes Flaggenchaos: Warum es keine „deutschen" Kreuzfahrtschiffe gibt.* Verfügbar unter: https://www.mein-schiffsexperte.de/neuigkeiten/farbenfrohes-flaggenchaos-warum-es-keine-deutschen-kreuzfahrtschiffe-gibt. [Abgerufen am 12.07.2020].

Fabisch, N.; Brunner, M.; Dieckmann, N.; Tiemann, V. (2015). Handlungsfelder der CSR. In: *Bank & Markt*, 44(4), S. 19–24.

Fabisch, N. (2018). Compliance und Corporate Social Responsibility. In: Behringer, S. (Hrsg.), *Compliance kompakt. Best Practice im Compliance-Management*, S. 341–361, 4. Auflage. Berlin: Erich Schmidt Verlag.

Fabisch, N. (2017). CSR 4.0 und neue Arbeitswelten – (auch) eine Frage der Haltung. In: Spieß, B.; Fabisch, N. (Hrsg.), *CSR und neue Arbeitswelten – Perspektivwechsel in Zeiten von Nachhaltigkeit, Digitalisierung und Industrie 4.0*, S. 3–26. Berlin: Springer Gabler Verlag.

Fabisch, N. (2004). *Soziales Engagement von Banken. Entwicklung eines adaptiven und innovativen Konzeptansatzes im Sinne des Corporate Citizenship von Banken in Deutschland.* München. Diss.

Fombrun, C. (2001). Corporate Reputation – Its Measurement and Management. In: *Thexis*, 4, S. 23–26.

Germer, W. (2002). *Antifouling (TBT-Alternativen).* Verfügbar unter: https://izw.baw.de/publikationen/mitteilungsblaetter/0/germer.pdf [Abgerufen am 07.08.2020].

Glavas, A.; Kelley, K. (2014). The Effects of Perceived Corporate Social Responsibility on Employee Attitudes. In: *Business Ethics Quarterly*, 4, S. 165–202.

GoodJobs GmbH (2020). *Ziele und Kriterien für einen GoodJob.* Verfügbar unter: https://goodjobs.eu/de/catalog [Abgerufen am 03.09.2020].

GPTW (2020). *Great Place to Work® – Was wir machen.* Verfügbar unter: https://www.greatplacetowork.de/ueber-uns/was-wir-machen/ [Abgerufen am 10.09.2020].

Green Car Congress (2020). *Electric cargo ship in trials on Yangtze River.* Verfügbar unter: https://www.greencarcongress.com/2020/05/20200510-ship.html, [Abgerufen am 10.09.2020].

GRI (2018). *GRI Standards Download Center – Deutsche Übersetzungen.* Verfügbar unter: https://www.globalreporting.org/standards/gri-standards-translations/gri-standards-german-translations-download-center/ [Abgerufen am 18.09.2020].

Illinger, S. (2019). *Traumschiff oder Dreckschleuder – Wie umweltschädlich ist die Binnenschifffahrt?-.* Verfügbar unter: https://www.br.de/br-fernsehen/sendungen/dokthema/schifffahrt-inland-umweltschaedlich-100.html [Abgerufen am 07.08.2020].

ILO (2020). *ILO-Arbeits- und Sozialstandards.* Verfügbar unter: http://www.ilo.org/berlin/arbeits-und-standards/lang--de/index.htm [Abgerufen am 20.06.2020].

ISO and OECD (2017). *ISO 26000 and OECD Guidelines – Practical overview of the linkages.* Verfügbar unter: https://www.iso.org/files/live/sites/isoorg/files/store/en/PUB100418.pdf. [Abgerufen am 9.9.2020].

Jones, P.; Comfort, D.; Hillier, D. (2016). European River Cruising and Sustainability. Retailing and Marketing. In: *International Journal of Sales*, 5(1), S. 61–71.

Kasszian, N. (2013). Ebbe im Flussgeschäft. In: *fvw*, 47(19), S. 36–38.

Kaufmann, M. (2015). *Junge Kollegen bei Daimler. Interview von Matthias Kaufmann mit Daimler Personalvorstand Wilfried Porth vom 18.06.2015.* Verfügbar unter: http://www.spiegel.de/karriere/

berufsstart/generation-z-wie-daimler-sich-auf-junge-mitarbeiter-vorbereitet-a-1039136.html [Abgerufen am 30.03.2020].

Loew, T.; Rohde, F. (2013). *CSR und Nachhaltigkeitsmanagement. Definitionen, Ansätze und organi-satorische Umsetzung im Unternehmen.* Berlin.

Loew, T.; Braun, S. (2009). *CSR – Handlungsfelder – Die Vielfalt verstehen. Ein Vergleich aus der Perspektive von Unternehmen, Politik, GRI und ISO 26000.* Berlin, München.

Loew, T.; Ankele, K.; Braun, S.; Clausen, J. (2004). *Bedeutung der internationalen CSR-Diskussion für Nachhaltigkeit und die sich daraus ergebenden Anforderungen an Unternehmen mit Fokus Berichterstattung. Endbericht.* Münster und Berlin.

NABU-Bundesverband (2020). *Vision: Klima- und umweltverträgliche Kreuzfahrt 2050 – Anforde-rungen an eine Branche im Umbruch.* Verfügbar unter: https://www.nabu.de/umwelt-und-ressourcen/verkehr/schifffahrt/kreuzschifffahrt/28648.html [Abgerufen am 12.09.2020].

Nicolai, B. (2020). Warum es wohl nie ein reines Batterieschiff geben wird. In: *Welt online.* Verfüg-bar unter https://www.welt.de/wirtschaft/article205857075/Kreuzfahrten-Arosa-kommt-mit-neuem-Batterieschiff.html [Abgerufen am 20.07.2020].

o. V (2020). *Gesetzliche Mindestlöhne in anderen Staaten.* Verfügbar unter: https://www.lohn-info.de/mindestlohn_andere_laender.html [Abgerufen am 01.08.2020].

o. V (2019). Phoenix Reisen ist doppelter Sieger bei „Kreuzfahrt Guide Award" 2019. In: *Schiffe und Kreuzfahrten.* Verfügbar unter: https://www.schiffe-und-kreuzfahrten.de/news/phoenix-reisen-ist-doppelter-sieger-beim-kreuzfahrt-guide-award-2019/192821/ [Abgerufen am 19. 07 2020].

Pfaff, F. (2020). Grüne wollen Wechsel in Kreuzschifffahrt. In: *Nordwest Zeitung.* Verfügbar un-ter: https://www.nwzonline.de/wirtschaft/schwerin-touristik-gruene-wollen-wechsel-in-kreuzschifffahrt_a_50,9,324626591.html [Abgerufen am 19.07.2020].

Paskova, M.; Zelenka, J. (2019). How crucial is the social responsibility for tourism sustainability? In: *Social Responsibility Journal*, 15(4), S. 534–552.

Phoenix Reisen (o. J.a) *Gut zu wissen von A-Z Kreuzfahrten.* Verfügbar unter: https://www.phoenixreisen.com/gut-zu-wissen-von-a-z.html#Waschsalon [Abgerufen am 14.07.2020].

Phoenix Reisen (o. J.b). *Phoenix Reisen und MISEREOR.* Verfügbar unter: https://www.phoenixreisen.com/misereor.html [Abgerufen am 14.07.2020].

Plantours Kreuzfahrten (o. J.). *MS Hamburg – Der Umwelt zuliebe.* Verfügbar unter: https://www.plantours-partner.de/ms-hamburg-der-umwelt-zu-liebe.html [Abgerufen am 12.07.2020].

Poth, F. (2019). *Platikfrei und umweltbewusster auf Kreuzfahrt gehen.* Verfügbar unter: https://www.cruisestart.de/1avista-reisen/plastikfrei-und-umweltbewusster-auf-kreuzfahrt-gehen/26552 [Abgerufen am 14.07.2020].

Rat für nachhaltige Entwicklung (2020). *Nachhaltige Entwicklung.* Verfügbar unter: https://www.nachhaltigkeitsrat.de/nachhaltige-entwicklung/#:~:text=Nachhaltige%20Entwicklung%20hei%C3%9Ft%2C%20Umweltgesichtspunkte%20gleichberechtigt,soziales%20und%20%C3%B6konomisches%20Gef%C3%BCge%20hinterlassen [Abgerufen am 09.09.2020].

Reiser, D.; Lund-Durlacher, D. Fifka; M. (2017). *CSR und Tourismus – Handlungs- und branchenspezi-fische Felder.* Wiesbaden.

RepTrak (2020). *2020 Global Trends in Reputation.* Verfügbar unter: https://assets.ctfassets.net/az51l532ei6u/5cRoMMpsdb8LJK3fPZ9aC3/dfd95eebfe850d3af72ef1b22da3f4b6/2020_Global_Trends_Report_RepTrak.pdf [Abgerufen am 10.09.2020].

Sahdeva, N. (2017). *Flusskreuzfahrt: Punkto Arbeitsbedingungen und Umweltschutz weit ab vom Kurs.* Verfügbar unter https://www.fairunterwegs.org/news-medien/news/detail/flusskreuzfahrt-punkto-arbeitsbedingungen-und-umweltschutz-weit-ab-vom-kurs/ [Abgerufen am 04.07.2020].

Scheidewind, U. (2016). *Die Welt im Umbruch. CSR und soziale Kooperationen neu denken? Vortrag auf der Jahrestagung des UPJ-Netzwerks*. Verfügbar unter: https://www.upj.de/fileadmin/user_upload/MAIN-bilder/Aktuelles/Veranstaltungen/vortrag_upj16_schneidewind.pdf [Abgerufen am 04.05.2020].

Spiegel-Media (2019). *Das Generationenkonzept*. Verfügbar unter: https://spiegel.media/news-daten-und-fakten/das-generationen-konzept [Abgerufen am 18.09.2020].

The Travel Foundation (2013). *Environmental Sustainibility for River Cruising*. Verfügbar unter: https://s3-eu-west-1.amazonaws.com/travelfoundation/wp-content/uploads/2018/03/12153327/Environmental_Sustainablity_for_River_Cruising_v1.0.pdf [Abgerufen am 04.09.2020].

Seereisedienst (o. J.). *Nachhaltigkeit in der Kreuzfahrtbranche*. Verfügbar unter: https://www.seereisedienst.de/kreuzfahrten/nachhaltigkeit/ [Abgerufen am 04.07.2020].

Uniworld (o. J.a). *Culinary Excellence*. Verfügbar unter: https://www.uniworld.com/eu/why-uniworld/culinary-excellence/ [Abgerufen am 13.07.2020].

Uniworld (o. J.b). *The world's been good to us*. Verfügbar unter: https://www.uniworld.com/eu/why-uniworld/uniworld-cares/ [Abgerufen am 13.07.2020].

Uniworld (o. J.c). *Awards of distinction*. Verfügbar unter: https://www.uniworld.com/eu/why-uniworld/awards-of-distinction/ [Abgerufen am 10.07.2020].

UNSDG (2020). *About the Sustainable Development Goals*. Verfügbar unter: http://www.un.org/sustainabledevelopment/sustainable-development-goals/# [Abgerufen am 20.06.2020].

Viking River Cruises (o. J.a). *Zielorientiertes Essen*. Verfügbar unter: https://www.vikingrivercruises.co.uk/why-viking/viking-difference/destination-focused-dining.html [Abgerufen am 13.07.2020].

Viking River Cruises (o. J.b). *Geschichte*. Verfügbar unter: https://www.vikingcruises.co.uk/about-us/history.html?_ga=2.137897586.314297370.1594323991-728506036.1588405726 [Abgerufen am 13.07.2020].

Viking River Cruises (o. J.c). *Setzen Sie Segel für Ihre Karriere mit Viking*. Verfügbar unter: https://www.vikingcruises.co.uk/about-us/careers-landing-page.html?_ga=2.168285797.55724221.1594585960-728506036.1588405726 [Abgerufen am 13.07.2020].

Viking River Cruises (o. J.d). *Wikinger-Wohltätigkeit*. Verfügbar unter: https://www.vikingrivercruises.co.uk/why-viking/community/index.html [Abgerufen am 13.07.2020].

Weiss, M. (2017). Die übelsten Dreckschleudern fahren auf dem Wasser. In: *Tages-Anzeiger*. Verfügbar unter: https://www.tagesanzeiger.ch/wissen/technik/dicke-luft-ueber-dem-wasser/story/20739377 [Abgerufen am 04.07.2020].

Nicole Fabisch und Antje Wolf

5 Potenziale der Nachhaltigkeit zur Positionierung von Flusskreuzfahrten

1 Einleitung

„Wer umweltbewusst verreisen will, sollte auf eine Kreuzfahrt verzichten", lautet der erste Satz eines Artikels in der „Zeit online" vom 21. August 2018 (Geil 2018, o. S.). Der Grund für diese Empfehlung liegt in der Tatsache begründet, dass nahezu alle Kreuzfahrtanbieter auf das umweltfeindliche Schweröl setzen, „dem Dreckigsten, was an Treibstoff auf dem Markt ist, einem Abfallprodukt der Raffinerien" (Hanssen 2019, o. S.). Wer eine Woche auf einem Schiff unterwegs ist, hat mit 1.500 Kilogramm Kohlendioxid in etwa so viel CO_2-Emissionen produziert „wie ein Mittelklassewagen auf einer Strecke von 9.000 Kilometern", wobei das „klimaverträgliche Jahresbudget" bei 2.300 Kilogramm CO_2-Emissionen pro Kopf liegt. „Da bleibt nach einer Kreuzfahrt für die restlichen 51 Wochen nicht mehr viel übrig." (Hanssen 2019, o. S.) Nun beziehen sich der Artikel und die zugrunde liegenden Zahlen ebenso wie die Studie des Naturschutzbundes Deutschland (NABU) nicht auf Flusskreuzfahrten, sondern auf die klassische Hochseekreuzfahrt, dennoch kann von einer gewissen Attributdominanz (vgl. Günther 2001, S. 16) ausgegangen werden, welche die gesamte Branche mit einem Makel behaftet. Da fast 90 % der Reisenden das Internet zu Recherchezwecken nutzen (vgl. Google Ireland Ltd. 2016, S. 3), werden diese bei ihrer Suche zum Schlagwort „Kreuzfahrt" schnell mit der Umweltthematik konfrontiert. Hinzu kommt, dass aus der „Fridays for Future"-Bewegung das „Bündnis gegen Kreuzfahrt" hervorgegangen ist und somit explizit gegen die Kreuzfahrtbranche mobil gemacht wird.

Dies scheint der Begeisterung der deutschen Reisenden bislang noch wenig Abbruch zu tun. Der Kreuzfahrtmarkt zählt weltweit und in Deutschland zu den Wachstumsmärkten im Tourismus und weist bedingt durch seine konstante Marktentwicklung seit fast zwei Jahrzehnten ein jährliches Wachstum von circa 6 % auf. Laut Branchenverband CLIA werden für das Jahr 2020 weltweit 32 Millionen Passagiere erwartet, im Jahr 2007 waren es lediglich 15,8 Millionen Passagiere (vgl. CLIA 2019a, S. 12; CLIA 2018a, S. 18). Im Jahr 2007 unternahmen in Deutschland 763.000 Passagiere eine Kreuzfahrt, 2018 bereits 2,23 Millionen (vgl. CLIA 2019b, o. S.; CLIA 2018a, S. 18). Flusskreuzfahrten machen derzeit nur einen kleinen Anteil am gesamten Kreuzfahrtmarkt aus, gelten aber als Wachstumsmarkt (vgl. Lowther 2018, o. S.). So steigt die Anzahl der Flusskreuzfahrtpassagiere stetig – in Deutschland von 334.000 im Jahr 2007 auf 541.133 Passagiere im Jahr 2019. In diesem Kontext ist auch die Zunahme der 18 Neubauten im Jahr 2019 zu sehen (vgl. Schulz 2018, o. S.; IG River/DRV 2019, S. 2 ff.; IG River 2020, S. 11).

https://doi.org/10.1515/9783110696165-005

Das „Langweiler-Image" (Kirstges zit. in Blinda 2013, o. S.), fehlende Produktinnovationen bzw. -modifikationen, der demografische Wandel sowie die Nachhaltigkeit sind nur vier von mehreren Herausforderungen, denen sich die Flusskreuzfahrtindustrie in Deutschland zukünftig stellen muss. Laut Eichler (zit. in Kasszian 2013, S. 38) sind „die Flusskreuzfahrten schon immer im Schatten der Hochseebranche mitgeschwommen". Sie haben sich selbst nie ein klares Profil gegeben. Da das Thema der Nachhaltigkeit in der Hochseekreuzfahrt aktuell die Medien beherrscht, wobei die Flusskreuzfahrten weitestgehend außen vor gelassen werden, liegt hier eine ungenutzte Chance. Eine Positionierung als „saubere" Alternative bringt gleich mehrere Vorteile mit sich: Die Flusskreuzfahrtanbieter könnten aus dem Schatten der Hochseebranche heraustreten, das Thema proaktiv bespielen und damit gezielt die umweltbewusstere junge Zielgruppe ansprechen. Hierdurch ließen sich neben einem Imageaufbau als verantwortungsbewusstem Unternehmen auch ökonomische Ziele erreichen wie Umsatzzuwächse oder die Erhöhung des Marktanteils. Dies gelingt aber nur, wenn die Unternehmen das Umweltthema sowie relevante soziale Komponenten des Nachhaltigkeitsparadigmas proaktiv in das strategische Management der Flusskreuzfahrten aufnehmen. Der Dreiklang aus sozialer (People), ökologischer (Planet) und ökonomischer Verantwortung (Profit) zahlt auf die Reputation als faires, engagiertes Unternehmen ein und schafft langfristig Vertrauen sowohl bei Kund/-innen wie auch Mitarbeiter/-innen oder Geschäftspartner/-innen. Vertrauen wiederum ist gerade im Dienstleistungssektor ein unverzichtbarer immaterieller Vermögenswert und beeinflusst zunehmend die Kaufentscheidung (vgl. Edelman 2019; Artigas/Yrigoyen/Moraga/Villalón 2008, S. 327). Nur mit einer glaubwürdigen Positionierung als vertrauenswürdigem nachhaltigem Player kann es gelingen, neue, vor allem jüngere Zielgruppen zu gewinnen und auch zu binden (vgl. Abb. 5.1).

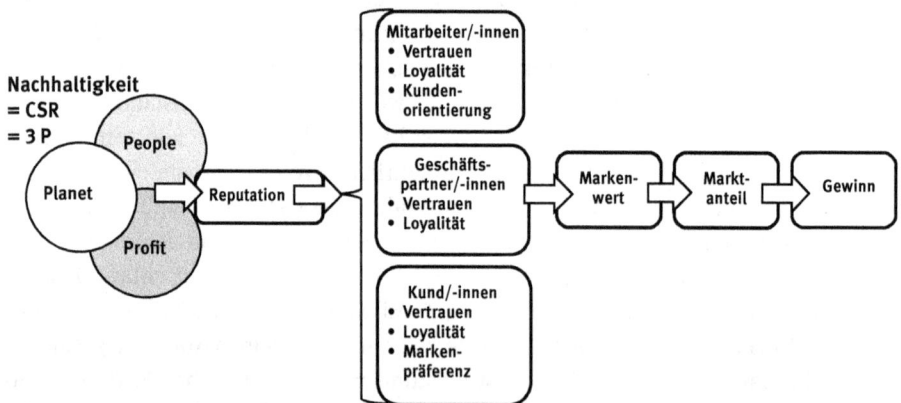

Abb. 5.1: Nachhaltigkeits-Gewinn-Modell (Quelle: in Anlehnung an Nastanski/Baglione 2014, S. 169).

2 Nachhaltigkeit als Positionierungsvorteil

Im Vergleich zur Hochseekreuzfahrt ist die Flusskreuzfahrt noch unzureichend erforscht. Es gibt aktuell nur wenig detaillierte Informationen über die Zielgruppe. Lediglich die jährlich erscheinenden Studien der CLIA und der IG RiverCruise können als Informationsquelle herangezogen werden. Laut einer Erhebung der IG RiverCruise (2020, S. 11) liegt die durchschnittliche Reisedauer bei 6,95 Nächten, wobei in der Flusskreuzfahrt v. a. das teurere Premiumsegment (47,8 %) nachgefragt wird. „The premium segment tends to offer longer cruises than the contemporary segment, with per diem rates typically above the contemporary segment and appeals to more experienced travelers/cruisers." (Cruise Industry News 2019, S. 62) Der durchschnittliche Reisepreis beträgt 1.207 Euro. Insbesondere die Donau und der Rhein mit ihren Nebenflüssen werden von 71,6 % aller Passagiere präferiert. 49,3 % der Reisenden aus dem deutschen Quellmarkt sind 66 Jahre und älter. Es folgt die Altersgruppe der 56- bis 65-jährigen mit 34,8 %. Die drittgrößte Altersgruppe sind die 41- bis 55-jährigen mit 10,3 %. Somit sind lediglich 15,9 % jünger als 56 Jahre (vgl. IG RiverCruise 2020, S. 11 ff.). Damit ging der Anteil derjenigen Reisenden, die jünger als 56 Jahre alt sind, sogar von 33,8 % im Jahr 2012 auf 15,9 % im Jahr 2019 zurück. Dies, obwohl die Branche laut Medienberichten an Angeboten für jüngere Zielgruppen arbeitet (vgl. Booth 2019, o. S.). Den Flusskreuzfahrern haftet nach wie vor das Image schwimmender Altersheime an und auch das eher geringe Freizeitangebot an Bord dürfte ein Grund für das hohe Alter der Reisenden sein. Jüngere Reisende und Familien werden als Zielgruppe im deutschen Markt bislang nur in geringem Maße angesprochen. Der Anteil der unter 26-Jährigen liegt im Jahr 2019 auf Flusskreuzfahrtschiffen bei lediglich 1,8 %, ein Rückgang im Vergleich zu 2012, in dem der Anteil bei 4,6 % lag (vgl. IG RiverCruise 2020, S. 19; Schüßler 2013, S. 15 ff.). Dennoch sind die Anbieter optimistisch, dass hier ungenutztes Potenzial schlummert. Laut Cruise Industry Consumer Outlook of 2017 bekundeten 85 % der sogenannten Millennials, die zwischen 1981 und 1998 geboren wurden, ein wachsendes Interesse an Kreuzfahrten (vgl. Generali 2019, o. S.), wobei auch Flusskreuzfahrten explizit untersucht wurden (vgl. Sachs 2019, o. S.). Millennials machen 24 % der Bevölkerung in Deutschland, Österreich und der Schweiz und 30 % der Weltbevölkerung aus (vgl. Brand Trust Studie 2019, o. S.). Allein in China sind dies beispielsweise 400 Millionen Menschen, in Deutschland rund 22 Millionen (vgl. Verbrauchs- und Medienanalyse 2019, o. S.). Dies ist aus Sicht der Anbieter aufgrund des demografischen Wandels auch dringend notwendig, um für die Zukunft wettbewerbsfähig zu bleiben. Erste deutsche Anbieter versuchen mit Zusatzbetten und Kinderklubs in den Ferienzeiten die Zielgruppe der Familien anzusprechen (vgl. A-ROSA Flussschiff GmbH 2019, o. S.). Doch für die attraktive (ferien-)unabhängige Zielgruppe junger Menschen scheinen die Flusskreuzfahrtanbieter noch kaum adäquaten Angebote geschaffen zu haben.

Neben dem demografischen Wandel oder der Individualisierung ist mittlerweile Nachhaltigkeit als Megatrend tief in den gesellschaftlichen und ökonomischen Systemen verankert (vgl. Zukunftsinstitut 2018, o. S.). Während sich in Deutschland das Leitbild der nachhaltigen Entwicklung vor allem aus dem Umweltschutzgedanken heraus entwickelt hat, wird mittlerweile unter Nachhaltigkeit in Politik und Wirtschaft gemeinhin der Dreiklang aus Umwelt, Wirtschaft und Sozialem verstanden, „wobei die Erhaltung der natürlichen Lebensgrundlagen in globaler Perspektive und ein Leben in Würde für alle eine gleichermaßen geltende Grenze darstellt" (Rat für Nachhaltige Entwicklung 2020, o. S.). Diese Auffassung deckt sich weitgehend mit dem Konzept der Corporate Social Responsibility (CSR), das ebenfalls von einer Verantwortung gegenüber Menschen (People), Umwelt (Planet) und Profitabilität ausgeht (vgl. Fabisch 2017, S. 4 ff.). Da die Nachhaltigkeitsdiskussion im Tourismus seit Jahren intensiv geführt und aktuell durch die Fridays for Future-Bewegung insbesondere in Richtung Klimawandel neu befeuert wird, sollte dies zum Anlass genommen werden, bei der Konzipierung von Produkten für die bestehende Zielgruppe, aber vor allem auch für die jüngere Generation, diesen Megatrend zu berücksichtigen. Sowohl die Millennials als auch die nachfolgende Generation Z gelten als hedonistisch, zugleich aber auch als werteorientiert. Untersuchungen zeigen, dass diese jüngeren Verbraucher beispielsweise beim Einkaufen ebenso auf „funktionale wie auf soziale und nachhaltige Qualitätsmerkmale" (Kecskes 2019, o. S.) achten und bereit sind für „Bio, natürliche Inhaltsstoffe, Fair Trade oder Tierwohl" „überproportional viel Geld auszugeben" (Kecskes 2019, o. S.). Da jedoch diese jüngeren Generationen auch ausgesprochen onlineaffin sind, muss die Positionierung einer Marke als nachhaltig, fair und/oder umweltbewusst in sich stimmig und glaubwürdig sein. Ein grüner Anstrich einer ansonsten eher konventionellen Marke würde durch die vielfältigen Bewertungs- und sozialen Austauschprogramme innerhalb kürzester Zeit als Greenwashing entlarvt und in den Medien der Kritik ausgesetzt sein. Dies bedeutet für die Flusskreuzfahrtunternehmen Herausforderung und Chance zugleich. Eine Marke kann nicht über Nacht auf „öko-fair" geschaltet werden und auch nicht mit zwei parallelen und gegebenenfalls diametral gegensätzlichen Angeboten im Markt sein. Hier gilt es einen ganzheitlichen Branding-Prozess in Richtung Nachhaltigkeit anzustoßen, nach dessen erfolgreichem Abschluss die eigene Marke sich deutlich von den Angeboten der Wettbewerber abheben kann. Die zeitlichen und finanziellen Investitionen in diesen Positionierungsprozess sollten nicht abschrecken. Es existiert mittlerweile eine Reihe von Studien, die eine positive Korrelation zwischen Nachhaltigkeit und Markenwert belegen (vgl. Nastanski/Baglione 2014, S. 169). Darüber hinaus ist insbesondere die Reputation, also der gute Ruf eines Unternehmens von zentraler Bedeutung für die Kaufentscheidung (vgl. Bianchi/Bruno/Sarabia-Sanchez 2019, o. S.). Hier wiederum spielt erneut die Nachhaltigkeit bzw. CSR eine prägnante Rolle. Die aktive Übernahme der Verantwortung für die drei Säulen der Nachhaltigkeit/CSR, d. h. die Menschen innerhalb des Unternehmens sowie entlang der Wertschöpfungskette (People), die Umwelt (Planet) sowie für faire Geschäftspraktiken (Profit) zahlt aktiv auf den guten Ruf eines Unternehmens ein (vgl. Reputation Institute 2019, S. 39; Abb. 5.1). Diese

Kausalbeziehung ist dahingehend nachvollziehbar, als ein ganzheitlicher Nachhaltigkeitsansatz, der nicht nur die Umwelt, sondern auch Mitarbeiter/-innen und weitere Stakeholder entlang der gesamten Lieferkette einbezieht, sich mit den Wertvorstellungen der Menschen deckt.

So werden generationenübergreifend die Themen „soziale Gerechtigkeit" und „Umwelt- und Klimaschutz" als wichtigste Probleme der Gesellschaft gesehen, die es zu lösen gilt (vgl. Bundesministerium für Umwelt, Naturschutz und nukleare Sicherheit (BMU) 2019, S. 17). Die aktuelle Studie zum Umweltbewusstsein der Deutschen aus dem Jahr 2019 zeigt auf, dass insbesondere junge Menschen für das Thema sensibilisiert sind. So finden 78 % der 14- bis 19-Jährigen Umwelt- und Klimaschutz sehr wichtig, während es in der Gesamtstichprobe 64 % sind (vgl. BMU 2019, S. 17). Für die Jugendlichen ist Umwelt- und Klimaschutz sogar das Thema, dem sie die höchste Wichtigkeit beimessen. Da die Verjüngung der Zielgruppen und deren Bindung für die Zukunftsfähigkeit der Branche von zentraler Bedeutung ist, sollten Flusskreuzfahrtunternehmen im Rahmen ihrer Produktmodifikationen und -innovationen explizit das Thema Nachhaltigkeit adressieren und Unternehmenspolitik wie Produktangebote nachhaltig ausrichten.

3 Berücksichtigung der Nachhaltigkeit bei ausgewählten Reedereien

Es wurden die Websites der fünfzehn bedeutendsten auf dem deutschen Markt aktiven Reedereien in ihrem medialen Umgang mit den Themen Nachhaltigkeit bzw. CSR analysiert. Die jeweiligen Webseiten der einzelnen Anbieter wurden sowohl nach diesen beiden Termini als auch nach Begriffen wie Umwelt und Umweltschutz, Soziales sowie Korruption/Fairness untersucht. Wie nachfolgende tabellarische Übersicht zeigt, berücksichtigen die Anbieter diese Thematik in sehr unterschiedlicher Art und Weise.
  Zusammenfassend zeigt sich:
- Die Termini CSR sowie Korruption/Fairness finden sich auf keiner einzigen untersuchten Website.
- Drei von den fünfzehn untersuchten Unternehmen (Lüftner Cruises/Amadeus; A-ROSA Flussschiff GmbH; DER Touristik Deutschland) kommunizieren den Aspekt der Nachhaltigkeit auf ihrer Website. DER Touristik Deutschland GmbH als Teil der DER Touristik hat die Nachhaltigkeit fest in ihrer Unternehmensphilosophie integriert.
- Bei sechs von fünfzehn aller untersuchten Unternehmen finden sich keine der untersuchten Schlagworte wieder.
- Bei den weiteren Unternehmen finden einzelne Aspekte zwar Erwähnung, spielen jedoch keine wesentliche Rolle und sind sehr versteckt dargestellt (u. a. Nicko Cruises: Umweltschutz; Viking River Cruises: Company Policies; Phönix: Misereo-Engagement).

Tab. 5.1: Auf dem deutschen Markt aktive Reedereien und ihre Berücksichtigung von Nachhaltig-keitsdimensionen (Quelle: eigene Darstellung 2020; Analyse der Internetseiten, Stand: Mai 2020; x = wird thematisiert).

Reederei	Nachhaltigkeit	Umwelt(schutz)	Soziales (intern, extern)
A-ROSA Flussschiff GmbH	Unter der Rubrik: Darum mit A-Rosa: Umwelt	Unter der Rubrik: Darum mit A-Rosa: Umwelt	Unter der Rubrik: Darum mit A-Rosa: Umwelt
Phoenix Reisen GmbH		Unter der Rubrik: Gut zu wissen (…): Umweltschutz: Handtuchwechsel	Unter der Rubrik: Über Phoenix Reisen: Unterstützung gemeinnütziger Projekte: u. a. Misereor und Brot für die Welt
Nicko Cruises Schiffsreisen GmbH		Unter der Rubrik: Service: Ein offenes Wort- Antarktisreisen: Umweltschutz Hinweis auf emissionsarmen Hybridantrieb	
1AVista Reisen GmbH			
Croisi Europe/Anton Götten Reisen		Unter der Rubrik: Über uns	
DER Touristik Deutschland GmbH	Unter der Rubrik: Über uns	x	x
SE-Tours GmbH			
plantours & Partner GmbH		Unter der Rubrik: Verschiedenes: Der Umwelt zuliebe	
Dr. W. Lüftner Reisen GmbH/Amadeus Flusskreuzfahrten	Unter der Rubrik: Unternehmen – Nachhaltiges Reisen	Unter der Rubrik: Unternehmen – Nachhaltiges Reisen: Zusammenarbeit mit atmosfair	Unter der Rubrik: Unternehmen – Nachhaltiges Reisen: gesellschaftliche Verantwortung
G Adventures GmbH	Unter der Rubrik: Unsere Grundwerte: Verantwortungsbe-wusstes Reisen: nachhaltig reisen	x	Unter der Rubrik: Unsere Grundwerte: Verantwortungsbe-wusstes Reisen
Köln-Düsseldorfer Deutsche Rheinschifffahrt GmbH			

Tab. 5.1: (Fortsetzung)

Reederei	Nachhaltigkeit	Umwelt(schutz)	Soziales (intern, extern)
Viva Cruises GmbH			
Tauck Inc.			
South Quay Travel & Leisure Limited/TransOcean Reisen[a]			
Viking River Cruises UK ltd.			Unter der Rubrik: Unternehmensrichtlinien: Modern Slavery Transparency Statement

[a] South Quay Travel & Leisure Limited/TransOcean Reisen stellte im Juli 2020 einen Insolvenzantrag.

4 Herausforderungen an eine nachhaltige Kreuzfahrtmarke

Wie aus obiger Analyse der Anbieter hervorgeht, bleibt das Thema der Nachhaltigkeit von der Flusskreuzfahrtbranche noch weitestgehend unberücksichtigt. Dies ist nicht nur problematisch, da das Thema in den Medien fast ausschließlich negativ behandelt wird und zum anderen Chancen gegenüber einer jüngeren Zielgruppe und im internationalen Wettbewerb vertan werden. Da die junge Generation kritisch, aufgeklärt und werteorientiert heranwächst, haben diejenigen Anbieter sehr gute Chancen, sich als verantwortungsbewusste Pioniere der Nachhaltigkeit zu positionieren, die sich der Themen proaktiv annehmen. Die Themenfelder eines ganzheitlichen Nachhaltigkeitsmanagements können entlang der drei Säulen der Nachhaltigkeit für jedes Unternehmen individuell herausgearbeitet werden (vgl. Abb. 5.2).

Die ökologischen Problemfelder wie Emissionen, Ressourcenverbrauch oder Antriebsformen dürften für Flusskreuzfahrtanbieter und die Hochseekreuzfahrt ähnlich aussehen und vor allem im Bereich der Umwelt Herausforderungen aufweisen. Im Rahmen eines glaubwürdig integrativen Ansatzes sollten in Abhängigkeit der Destination insbesondere auch die Themen Mitarbeiter/-innen an Bord oder an Land, die regionale Bevölkerung oder etwaige Charity-Überlegungen eine Rolle spielen. Wenn es um die Ansprache einer jungen Zielgruppe geht, die regelmäßig online und oftmals gut informiert ist, gilt es die neue Positionierung als Nachhaltigkeitsmarke aktiv, glaubwürdig und zielgruppenadäquat, d. h. von der Tonalität eher „cool" und ohne moralischen Zeigefinger zu vermitteln. Dass der Kommunikation ein eingehender strategischer Planungsprozess inklusive einer sukzessiven Umgestaltung der Schiffe vorausgehen muss, sollte selbstverständlich sein. Hier liegen vermutlich die größten Herausforderungen, da die Umbauten bzw. die Nachrüstung mit erheblichen Kos-

Verantwortliche Unternehmensführung im Kreuzfahrtgeschäft

CSR = **Nachhaltigkeit** = Triple Bottom Line (People, Planet, Profit)	Corporate Governance	Einhaltung des Deutschen Corporate Governance Codex, Antikorruption	
	Legale Verantwortung = Compliance	Einhaltung von Gesetzen, (freiwilligen) Richtlinien und Kodices	Markt
CSR-Management = **Nachhaltig-keitsmanage-ment**	**Ökonomische Verantwortung** (Profit)	Gewinnwirtschaftung, Liquiditäts-sicherung, Neukundengeschäft, faires Marketing, faire Preisgestaltung etc.	
	Ökologische Verantwortung (Planet)	Ressourcenreduktion (z.B. Strom, Ab-fall), Emissionen (CO_2- und Feinstaub-reduktion), erneuerbare Energien, alternativer Antrieb, Versorgung etc.	Umwelt
CSR-Bericht = **Nachhaltig-keitsbericht** = Sustainability Reporting	**Soziale Verantwortung** (People)	Intern: Mitarbeiterverantwortung, Work-Life-Balance, Gesundheitsförde-rung, Diversity, Lohnniveaus etc.	Arbeits-platz
		Extern (= Corporate Citizenship): Sponsoring, Spenden, Stiftungen, Gemeinwohlunterstützung etc.	Gemein-wesen

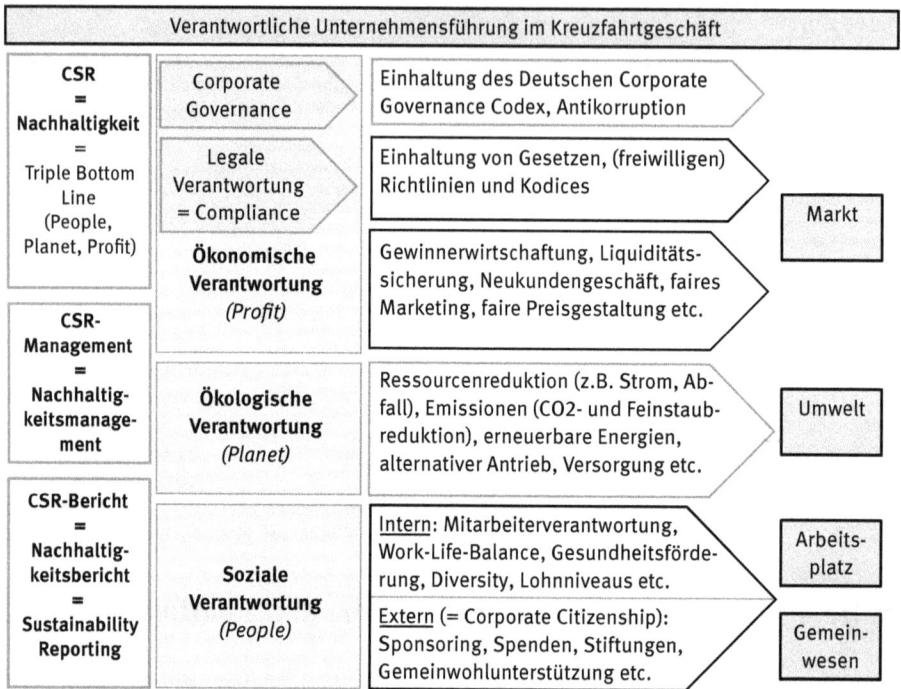

Abb. 5.2: Dimensionen der Nachhaltigkeit bzw. der CSR (Quelle: eigene Darstellung 2019).

ten verbunden sind, die Wasserfahrzeuge mit Landstromanschlüssen, modernen Mo-toren, Abfall- und Abwasservorrichtungen, Rußpartikelfiltern, LED-Beleuchtung etc. auszustatten. Es ist aber abzusehen, dass aufgrund des wachsenden gesellschaftli-chen Drucks die Gesetzgebung die Auflagen erhöhen wird. Norwegen gilt als Vor-reiter und hat sowohl Schadstoffgrenzen für Stickoxide und Schwefel deutlich ver-schärft als auch sukzessive Verbote für Schiffe erlassen, die mit Schweröl betrieben werden. Bergen beispielsweise erlaubt ab 2026 nur noch Kreuzfahrer, die mit Strom oder Wasserstoff fahren (vgl. Greife 2019, o. S.) Auch in Berlin wurde Ende 2018 „ein Pilotprojekt für die Nachrüstung von Fahrgastschiffen mit einer kombinierten Abgas-reinigung zur Reduzierung von Partikeln und Stickoxiden (Partikelfilter und Stick-oxidminderungskatalysator) gestartet" (Binnenschifffahrt 2019, o. S.). Das Vorhaben betrifft die innerstädtische Binnen- und Fahrgastschifffahrt und kostete die Reede-reien pro Schiffseinheit circa 100.000 Euro für die entsprechende umweltfreundliche Ausstattung. Auch die Bundesregierung plant eine Initiative in Brüssel, „wonach die Abnahme von Landstrom in europäischen Häfen für alle Schiffe verpflichtend wer-den soll" (Soyka 2019, S. 1). Wenngleich diese Initiativen ihren Blick vor allem auf die schwimmenden Hotels der Hochseekreuzfahrt sowie auf Anbieter in Ballungsräumen richten, werden die Flusskreuzreedereien vermutlich bald nachziehen müssen. Es ist abzusehen, dass Bund oder Kommunen entlang der Flussrouten zukünftig auch um-

Reputation ← Vertrauen ← Positionierung über Verantwortung und Nachhaltigkeit

CSR
3P
People
Planet
Profit

Wertesystem der Kunden → Kaufentscheidung bei Wertekongruenz ← Wertesystem der Marke

Marketingmix
4 P
Product | Price
Promotion | Place

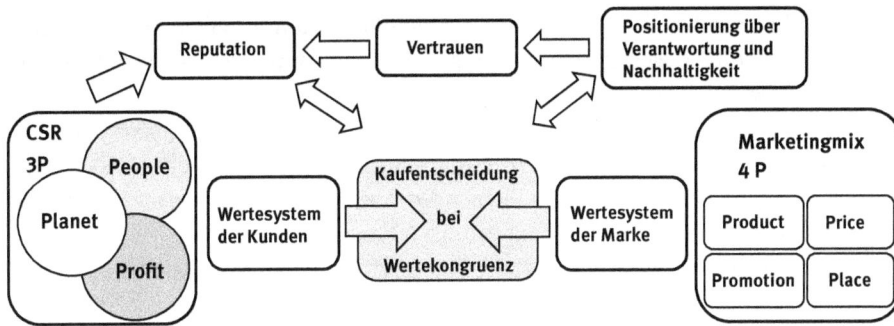

Abb. 5.3: Bezugsrahmen zwischen Nachhaltigkeit und Kaufentscheidung (Quelle: eigene Darstellung).

weltpolitische Nachbesserungen fordern werden. Folglich gilt es, sich rechtzeitig und vor allem proaktiv den aktuellen Herausforderungen zu stellen.

Nachfolgend sollen auf der operativen Ebene einige Themenfelder und Ideen entlang des klassischen Marketingmix skizziert werden, wo die 3 P der Nachhaltigkeit (People, Planet, Profit) auf die 4 P des Marketing (Product, Price, Place, Promotion) treffen. Weitere P's des Dienstleistungsmarketings wie Physical Facilities (Ausstattungsmerkmale) werden hierbei der Produktpolitik zugeordnet und „People" oder „Prozesse" dem Personalwesen bzw. der strategischen Planung zugerechnet (vgl. Abb. 5.3).

5 Gestaltung eines nachhaltigen Marketingmix

Wird die Ausstattung zum **Produkt** gerechnet, wäre die erste und dringlichste Investition in Bezug auf die Nachhaltigkeit der Blick auf die technische Ausstattung, die den gesamten Fahrbetrieb umweltfreundlicher gestaltet. Hier können politische und wirtschaftliche Diskussionen zum Green oder Sustainable Shipping der Hochseekreuzfahrt auf die Flusskreuzfahrt heruntergebrochen werden (vgl. The Sustainable Shipping Initiative 2019, o. S.). Handlungsfelder reichen von einer Sondierung der Nachrüstmöglichkeiten durch Reinigungsanlagen bis hin zu Neuanschaffungen mit Antriebsformen aus umweltfreundlichen oder erneuerbaren Energien wie Wind-Solarkombinationen oder LNG Flüssiggasantrieben. Hinzu kommen Investitionen in eine nachhaltige Ausstattung hinsichtlich der Gesamtästhetik, die von natürlichen Materialien der Innenausstattung bis hin zur Farbgebung reicht.

Hinsichtlich der konkreten inhaltlichen Angebote für eine sehr junge Zielgruppe lassen sich fünf Gründe hervorheben, die als Voraussetzungen angesehen werden, um Flusskreuzfahrten auch für junge Menschen attraktiv zu machen (vgl. DB & the Princess 2019, o. S.):

- Zunächst erwarten junge Leute ein altersadäquat unaufdringliches und reibungsloses Boarding durch eine fachkundige Crew, unterstützt von zeitgemäßen technischen Möglichkeiten (expert service).
- Des Weiteren wollen Millennials – statt Bingo-Abende oder pompöse Showprogramme an Bord – in die lokale Kultur eintauchen, was sich beispielsweise im Rahmen von Landausflügen in kleinen Gruppen oder als Einzelpersonen gut bewerkstelligen lässt (cultural immersion).
- Auch das Bedürfnis nach Authentizität lässt sich durch individualisierte Ausflüge und kleine Abenteuer auf Fahrrad, E-Roller, Kajak oder Stand-up Paddling Boards zu interessanten Sehenswürdigkeiten befriedigen, die mit zusätzlich Angeboten wie Überraschungskonzerten überzeugen können (authentic experiences).
- Auch hinsichtlich des Essenangebotes geht der Trend bei jüngeren Reisenden zu regionalen, zum Teil auch veganen und vegetarischen Angeboten von hoher Qualität (gourmet food).
- Zusätzlich wünscht sich die junge Klientel keine feste Sitzordnung an festgelegten Tischen, sondern vielmehr Möglichkeiten, neue Leute kennenzulernen ohne sich hierbei einem traditionellen (spießigen) Dresscode unterwerfen zu müssen (sophisticated yet casual).

Diese Erwartungen junger Menschen fügen sich nahezu organisch in die Nachhaltigkeitsidee ein, da sie weg von motorisierten Ausflügen, animierter Massenunterhaltung und überdimensionierter Essensverschwendung hin zu individuellen und hochwertigen Angeboten gehen. Das kalifornische Unternehmen Uniworld River Cruises hat 2018 mit U River Cruises die ersten beiden Schiffe für je 120 Passagiere gelauncht, die explizit Millennials ansprechen (vgl. U River Cruises 2019, o. S.) und auch Viking River Cruises setzt explizit auf eine jüngere Zielgruppe. Allesamt haben neben amerikanischen oder asiatischen Destinationen die attraktiven Wasserstraßen des Rheins, der Donau oder der Mosel im Programm. Ein Blick auf die Homepage von U River Cruises macht deutlich, wie gezielt Millennials angesprochen werden. Dort gehen die Onboard-Angebote von Rooftop Camping über Silent Discos bis hin zu Yoga oder Wein- und Malkursen (vgl. U River Cruises 2019, o. S.), die allesamt nichts mit dem klassischen Programm für die ältere Zielgruppe zu tun haben. Gleiches gilt für die Exkursionen, die von Kajak-Touren auf Main und Pegnitz über Street Art Walks bis hin zu Bar-Hopping-Angeboten reichen. Die diversen Unternehmensaktivitäten im Kontext der Nachhaltigkeit werden unter „We care": Treat the World you wish to be treated. auf der Homepage dargestellt.

Hier ist seitens der deutschen Flusskreuzfahrtanbieter dringender Handlungsbedarf geboten, sich im Wettbewerb zu positionieren. Nachhaltigkeit ist bei den internationalen Anbietern von Flusskreuzfahrten derzeit noch kein proaktiv adressiertes Thema, obwohl die amerikanische Futuristin Faith Popcorn Nachhaltigkeit bzw. „Ecopalypse now" bereits im Jahr 2018 als zentrales Trendthema für Unternehmen ausmachte (vgl. Popcorn 2018a, o. S.).

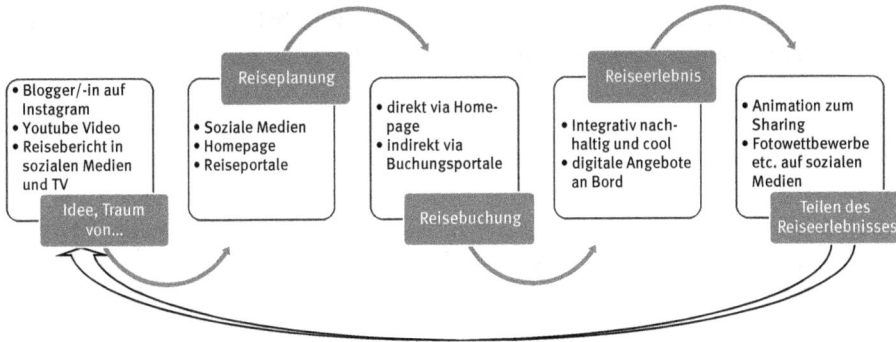

Abb. 5.4: Mediale Touchpoints entlang der Customer Journey (Quelle: eigene Darstellung).

Hinsichtlich der Preisgestaltung lässt sich ein höherer, aber noch zielgruppenadäquater **Preis** durch die passgenauen individualisierten Angebote und die nachhaltige umwelt- und klimafreundliche Art des Reisens rechtfertigen und entsprechend kommunizieren. In Großbritannien planten 2018 etwa 10 % der jungen Menschen zwischen 18 und 24 Jahren eine Kreuzfahrt, wobei die Flusskreuzfahrt das am schnellsten wachsende Segment innerhalb der gesamten britischen Kreuzfahrtindustrie ist (vgl. Lowther 2018, o. S.). Die junge Zielgruppe schließt also Kreuzfahrten keineswegs von vorneherein aus Kostengründen aus. Außerdem lassen sich neben den üblichen Formen der Kapazitätssteuerung wie Frühbucherrabatten auch regionale, saisonale oder zielgruppenspezifische Preisdifferenzierungen andenken, die auch die Zielgruppen mit geringerem Einkommen berücksichtigen können.

Hinsichtlich der **Vertriebs- und Kommunikationswege** (Place und Promotion) sind neben einer gut gemachten Homepage soziale Medien und deren Akteure wie Blogger, Vlogger oder Influencer für die Digital Natives die erste Wahl. Um Problematiken an Bord zu vermeiden, können Unternehmen bei der Buchung Restriktionen andenken, die das Alter beispielsweise zwischen 21 und 45 festlegen, um sicherzustellen, dass keine gefühlt junggebliebenen Senioren die Partystimmung verderben. U River Cruises musste allerdings nach erheblichen Protesten genau diese Altersrestriktionen wieder aufheben, wirbt aber konsequent in seinen Bildwelten nur mit jungen Menschen und macht entsprechende Angebote. Wenn im Unternehmen Einigkeit darüber herrscht, sich dem Thema Nachhaltigkeit konsequent anzunehmen und sich hier positionieren möchte, besteht die Herausforderung darin, dies konsequent, glaubwürdig und auf den relevanten Kanälen der Zielgruppe entlang deren Customer Journey zu kommunizieren (vgl. Abb. 5.4).

Gelebte Nachhaltigkeit vor, während und nach der Reise bietet genügend Potenzial für authentische Geschichten und Bildwelten, die es konsequent und konsistent zu platzieren gilt. Gerade unter kommunikativen Aspekten bietet das Thema Nachhaltigkeit ein großes Potenzial. Da die Nachhaltigkeitsnische aktuell noch relativ unbesetzt ist, wäre der erste Schritt, das Thema anzusprechen, Haltung zu zeigen und sich proaktiv zu seiner Umwelt- und Sozialverantwortung zu bekennen. Wie eine Studie von Kantar Consulting zeigt, präferieren zwei Drittel der jungen Generation Marken, die einen klaren Standpunkt haben und „stand for something" (Kantar Consulting 2018, S. 2), also Haltung zeigen. Die Herausforderung ist es hierbei, diesen Standpunkt herauszuarbeiten und kommunikativ zu transportieren. Nachhaltigkeit ist mit ihren vielfältigen sozialen und ökologischen Facetten hierbei ideal, da sie über die notwendige Emotionalität verfügt, die eine Marke braucht, um sich nachhaltig (auch im betriebswirtschaftlichen) Sinne im Gehirn zu verankern (vgl. Murray 2016, o. S.). Klares Wasser, saubere Luft oder biodiverse Flussufer mit ihrer lebhaften Flora und Fauna sind bestens dazu geeignet, positive Emotionen auszulösen, da sie evolutionär für die Menschheit Überleben und Zukunftsfähigkeit verheißen. Diese zentralen Bedürfnisse lassen sich mit emotionalen Bedürfnissen wie Liebe, Zugehörigkeit und Freude sowie sozialen Werten wie Verlässlichkeit, Vertrauen oder Ehrlichkeit kombinieren. Hier ist es die Aufgabe des entsprechenden Anbieters, seine Position geschickt auszuloten und der jüngeren wie auch der älteren Zielgruppe diese Haltung zu vermitteln, angepasst an den jeweiligen Erlebnishorizont und das entsprechende Medienumfeld. Dieser Markenaufbau mit Haltung funktioniert aber nur, wenn es sich um gelebte Unternehmenskultur handelt und kein Greenwashing ist. Im sogenannten „Purpose Driven Marketing" geht es, genau wie beim Markenaufbau üblich, darum, eine „Monopolstellung in der Psyche des Verbrauchers" zu sichern (Domizlaff 2005, S. 68), diese Einzigartigkeit aber über die Kommunikation eines plausiblen Zwecks, der sich mit dem Wertesystem der Kundschaft deckt, herauszuarbeiten. Popcorn (2018b, o. S.) empfiehlt entsprechend „brand's belief into the culture" des Unternehmens zu integrieren. „Marketers can't hide behind talk of eco-friendly this or that. The consumer wants to see dedication, innovation, and how hard you are sweating this issue." Diese Haltung und Neuausrichtung gilt es im Unternehmen zu leben. Die Mitarbeiter/-innen müssen hierbei ebenso abgeholt und weitergebildet werden wie die Kund/-innen. Wenn eine Servicekraft an Bord, die gerade knapp den Mindestlohn bekommt, strahlend die neue Nachhaltigkeitsstrategie personalisieren soll, kann es zu Glaubwürdigkeitsproblemen, Zielkonflikten und schlimmstenfalls einem medialen „Shitstorm" kommen.

6 Zusammenfassende Betrachtung

Aktuell gerät die Kreuzfahrtindustrie zunehmend unter Handlungsdruck, sich nachhaltig auszurichten. Parallel sucht die Branche nach Optionen, weitere und auch jüngere Zielgruppen für die (Fluss-)Kreuzfahrt zu gewinnen. Kaum ein Anbieter hat bislang proaktiv reagiert und diese Positionierungslücke einer nachhaltigen Flusskreuzfahrt für sich entdeckt. Diejenigen Unternehmen, die hier die Ersten sind, werden Pionierstatus erreichen und die anderen Anbieter der Branche damit nötigen, in eine Nachfolgeposition zu rücken. Diese Chance zu ergreifen, geht nicht ohne Risikobereitschaft und Investitionen. Dazu gehört die Überzeugung, das Richtige zu tun, Fairness im Umgang mit Mitarbeiter/-innen und Kund/-innen sowie der Mut, diese Position auch gegenüber Kritikern zu vertreten. Da es sich aber dabei um eine Investition in die Zukunft der Zielgruppe und des Planeten handelt, können langfristig alle nur gewinnen.

Literatur

A-ROSA Flussschiff GmbH (2019). *A-ROSA Kreuzfahrten mit Kindern*. Verfügbar unter: https://www.a-rosa.de/flusskreuzfahrten/schoene-zeit/familienreisen.html [Abgerufen am 09.08.2019].

Artigas, E. M.; Yrigoyen, C. C.; Moraga, E. T.; Villalón, C. B. (2017). Determinants of trust towards tourist destinations. In: *Journal of Destination Marketing & Management*, 6. Verfügbar unter: https://doi.org/10.1016/j.jdmm.2017.03.003 [Abgerufen am 07.08.2019].

Bianchi, E.; Bruno, J. M.; Sarabia-Sanchez, F., J. (2019). The impact of perceived CSR on corporate reputation and purchase intention. In: *European Journal of Management and Business Economics*. Verfügbar unter: https://www.emerald.com/insight/content/doi/10.1108/EJMBE-12-2017-0068/full/pdf?title=the-impact-of-perceived-csr-on-corporate-reputation-and-purchase-intention [Abgerufen am 17.08.2019].

Binnenschifffahrt (2019). *Fahrgastschiffe in Berlin sollen umweltfreundlicher werden*. Verfügbar unter: https://binnenschifffahrt-online.de/2019/07/haefen-wasserstrassen/7880/fahrgastschiffe-in-berlin-sollen-umweltfreundlicher-werden/ [Abgerufen am 07.08.2019].

Blinda, A. (2013). Das Schiff ist der Star. In: *Spiegel online*. Verfügbar unter: https://www.spiegel.de/reise/aktuell/kreuzfahrt-studie-zweistelliges-wachstum-im-schiffsreisenmarkt-a-887466.html [Abgerufen am 07.08.2019].

Booth, B. (2019). Millennials want to cruise. How Norwegian is preparing for these young travelers to hop aboard. In: *CNBC*. Verfügbar unter: https://www.cnbc.com/2019/05/29/how-norwegian-cruise-line-is-preparing-for-millennials-to-hop-aboard.html [Abgerufen am 29.05.2019].

Brand Trust Studie (2019). *Digital Luxury*. Pressemitteilung unter: https://www.presseportal.de/pm/110823/4180881 [Abgerufen am 12.06.2020].

Bundesministerium für Umwelt, Naturschutz und nukleare Sicherheit (BMU) (2019). *Umweltbewusstsein in Deutschland 2018*. Verfügbar unter: https://www.bmu.de/publikation/umweltbewusstsein-in-deutschland-2018/ [Abgerufen am 12.8.2019].

Chan, K. (2018). *Travel companies target millennials with river cruises and adventure trips*. https://www.scmp.com/magazines/style/travel-food/article/2128280/travel-companies-target-millennials-river-cruises-and [Abgerufen am 12.8.2019].

CLIA (2019a). *2020 Cruise Trends & Industry Outlook*. Verfügbar unter: https://www.cliadeutschland.de/wissenswertes/2020-CLIA-State-of-the-Cruise-Industry-Outlook.pdf?m=1579098037 [Abgerufen am 23.07.2020].

CLIA (2019b). *CLIA zieht Bilanz zum Kreuzfahrtmarkt 2018*. Verfügbar unter: https://www.cliadeutschland.de/presse/CLIA-zieht-Bilanz-zum-Kreuzfahrtmarkt-2018-146 [Abgerufen am 08.08.2019].

CLIA (2018a). *Deutscher Hochsee-Kreuzfahrtmarkt weiter auf Wachstumskurs*. Verfügbar unter: https://www.cliadeutschland.de/presse/Deutscher-Hochsee-Kreuzfahrtmarkt-weiter-auf-Wachstumskurs-121 [Abgerufen am 08.08.2019].

CLIA (2018b). *2019 Cruise Trends & Industry Outlook*. Verfügbar unter: https://cruising.org/news-and-research/-/media/CLIA/Research/CLIA%202019%20State%20of%20the%20Industry.pdf [Abgerufen am 08.08.2019].

CLIA (2017). *Deutscher Hochsee-Kreuzfahrtmarkt weiter auf Wachstumskurs.* Verfügbar unter: https://www.cliadeutschland.de/presse/Deutscher-Hochsee-Kreuzfahrtmarkt-weiter-auf-Wachstumskurs-121 [Abgerufen am 08.08.2019].

Cruise Industry News (2019). Premium Market. In: *2018–2019 Annual Report.* New York.

DB & the Princess (2019). *5 reasons millennials will love river cruising.* Verfügbar unter: https://cruiseable.com/reasons-millennials-will-love-river-cruising [Abgerufen am 10.08.2019].

Domizlaff, H. (2005). *Die Gewinnung des öffentlichen Vertrauens. Ein Lehrbuch der Markentechnik,* 7. Auflage. Hamburg.

Edelman (2019). *Edelman Trust Barometer 2019 Special Report: In Brands we trust?* Verfügbar unter: https://www.edelman.com/sites/g/files/aatuss191/files/2019-06/2019_edelman_trust_barometer_special_report_in_brands_we_trust.pdf [Abgerufen am 12.06.2020].

Fabisch, N. (2017). CSR 4.0 und neue Arbeitswelten – (auch) eine Frage der Haltung. In: Spieß, B.; Fabisch, N. (Hrsg.), *CSR und neue Arbeitswelten. Perspektivwechsel in Zeiten von Nachhaltigkeit, Digitalisierung und Industrie 4.0,* S. 3–26. Wiesbaden: Springer Gabler.

Geil, K. (2018). Selbst moderne Kreuzfahrtschiffe tanken Schweröl. In: *Zeit Online.* Verfügbar unter: https://www.zeit.de/wissen/umwelt/2018-08/nabu-kreuzfahrt-ranking-2018-kraftstoff-umweltverschmutzung-nachhaltigkeit [Abgerufen am 27.09.2018].

Generali (2019). *Cruises are the Latest Millennial Travel Trend.* Verfügbar unter: https://www.generalitravelinsurance.com/travel-resources/millennial-cruises.html [Abgerufen am 09.09.2019].

Google Ireland Ltd. (2016). *The mobile Traveller. Neue Erkenntnisse zur Customer Journey in der Reisebranche.* Verfügbar unter: https://www.thinkwithgoogle.com/intl/de-de/insights/kundeneinblicke/das-smartphone-spielt-bei-der-reiseplanung-eine-immer-wichtigere-rolle/ [Abgerufen am 04.07.2019].

Greife, L. (2019). *Kreuzfahrt-Verbot: Schiffe aus Norwegens Fjorden verbannt.* Verfügbar unter: https://www.reisereporter.de/artikel/7358-kreuzfahrt-verbot-dreckigen-schiffe-duerfen-nicht-in-norwegens-fjorde-geirangerfjord-naeroyfjord-verbannen-schweroel [Abgerufen am 04.08.2019].

Günther, S. (2002). Theoretische Modellansätze zur Erklärung des Markentransfers. In: *Wahrnehmung und Beurteilung von Markentransfers: Erfolgsfaktoren für Transferprodukte und Markenimage,* S. 15–34. Magdeburg: Springer Verlag.

Hanssen, F. (2019). *Ehrlich fährt am längsten.* Verfügbar unter: https://www.tagesspiegel.de/kultur/kreuzfahrt-und-umweltschutz-ehrlich-faehrt-am-laengsten/23834878.html [Abgerufen am 05.07.2019].

IG River (2020). *Der Fluss-Kreuzfahrtmarkt 2019.* Berlin.

IG River/DRV (2019). *Der Flusskreuzfahrtmarkt 2018.* Verfügbar unter: https://www.drv.de/securedl/163/0/0/1569326787/4395b43bee3a142513855d81da15b0af23b952cf/fileadmin/user_upload/Fachbereiche/Verkehrstraeger/Schiff/19-03-07_-_Praesentation_IG_River_Cruises_-_Der_Flusskreuzfahrtmarkt_2018_-_ITB.pdf [Abgerufen am 08.08.2019].

Kantar Consulting (2018). *Purpose 2020 – Igniting purpose-led growth.* Verfügbar unter: http://msites.tfcgateway.com/Marketing/Growth_Institute/2018/KantarConsulting-Purpose_2020.pdf [Abgerufen am 08.07.2019].

Kasszian, N. (2013). Ebbe im Flussgeschäft. In: *fvw,* 47(19), S. 36–38.

Kecskes, R. (2019). *Millennials und iBrains: Zwei Generationen verändern Märkte.* Verfügbar unter: https://www.gfk.com/de/landing-pages/landing-pages-de/millennials/millennials-und-ibrains/ [Abgerufen am 09.09.2019].

Lowther, E. (2018). *A River Cruise Targeted at Millennials Is Now A Thing.* Verfügbar unter: https://graziadaily.co.uk/life/travel/the-millennial-cruise/ [Abgerufen am 09.09.2019].

Murray, P. N. (2016). *How Emotions Influence What We Buy. The emotional core of consumer de-cision-making*. https://www.psychologytoday.com/intl/blog/inside-the-consumer-mind/201302/how-emotions-influence-what-we-buy [Abgerufen am 09.09.2019].

Nastanski, M.; Baglione, S. (2014). Sustainability: Benefits of Social Responsibility to Brand Value & Profit. In: *The Journal of International Management Studies*, 9(2), S. 164–172. Verfügbar unter: http://www.jimsjournal.org/16%20Michael%20Nastanski.pdf [Abgerufen am 19.09.2019].

Popcorn, F. (2018a). *The Year Ahead for Brands: A Futurist's Vision*. Verfügbar unter: https://www.faithpopcorn.com/press/the-year-ahead-for-brands-a-futurist-s-vision.html [Abgerufen am 19.09.2019].

Popcorn, F. (2018b). *Five Trends For Marketers To Watch In 2018*. Verfügbar unter: https://www.forbes.com/sites/onmarketing/2018/01/24/five-trends-for-marketers-to-watch-in-2018/#41f26f87751c [Abgerufen am 19.09.2019].

Rat für Nachhaltige Entwicklung (2020). *Nachhaltigkeitspolitik in Deutschland*. Verfügbar unter: https://www.nachhaltigkeitsrat.de/deutsche-nachhaltigkeitsstrategie/ [Abgerufen am 12.06.2020].

Reputation Institute (2019). *2019 Global RepTrak: The Most Reputable Companies in the World*. Verfügbar unter: https://insights.reputationinstitute.com/homepage/global-reptrak-2019 [Abgerufen am 09.09.2019].

Sachs, A. (2019). New river line hopes to redefine cruises for millennials. In: *Washington Post*. Verfügbar unter: https://gazette.com/life/new-river-line-hopes-to-redefine-cruises-for-millennials/article_053b8b98-dec3-11e8-86f7-934d16324041.html [Abgerufen am 09.09.2019].

Schulz, A. (2018). *Flusskreuzfahrten*. Verfügbar unter: https://www.tourismus-kreuzfahrten.de/de/flusskreuzfahrten [Abgerufen am 08.08.2019].

Schüßler, O. (2013). *Der Kreuzfahrtenmarkt Deutschland 2012*. Berlin.

Soyka, M. (2019). Bund fördert Landstrom. In: *Stadt Land Hafen*, 5, S. 8.

Taenzer, M. (2016). *Smarter Reisen mit digitalen Technologien:-*. Verfügbar unter: https://www.bitkom.org/Presse/Presseinformation/Smarter-Reisen-mit-digitalen-Technologien.html [Abgerufen am 27.09.2018].

The Sustainable Shipping Initiative (2019). *Membership Case Study: UMing*. Verfügbar unter: https://www.ssi2040.org/wp-content/uploads/2017/01/Uming.pdf [Abgerufen am 09.09.2019].

Umweltbundesamt (2019). *Umweltbewusstsein und Umweltverhalten*. Verfügbar unter: https://www.umweltbundesamt.de/daten/private-haushalte-konsum/umweltbewusstsein-umweltverhalten#textpart-1 [Abgerufen am 12.09.2019].

U River Cruises (2019). *A fresh approach to river cruising*. Vergügbar unter: https://www.ubyuniworld.com/uk/ [Abgerufen am 29.09.2019].

Verbrauchs- und Medienanalyse (2019). *Millennials in Deutschland*. Verfügbar unter: https://de.statista.com/statistik/daten/studie/712933/umfrage/umfrage-in-deutschland-zum-geschlecht-der-millennials/ [Abgerufen am 12.06.2020].

Zukunftsinstitut GmbH (2018). *Megatrends*. Verfügbar unter: https://www.zukunftsinstitut.de/dossier/megatrends/ [Abgerufen am 09.08.2019].

Stan Schneider

6 Alles im Fluss – Überlegungen zur Dispositivanalyse als qualitativer Kundenforschung für Flusskreuzfahrten

1 Einleitung

Für die Kreuzfahrtbranche, für die Touristik insgesamt, galt im Sommer 2020: Alles ist in Bewegung. Der Staat unterstütze die Branche mit ungewöhnlich hohen Milliardenkrediten, die Reedereien entwickelten neue Angebote, um ihre alten Zielgruppen zu halten und dennoch war der „Erfolg gering und die Verzweiflung groß" (Buchen 2020, o. S.). Bis dahin wurden angesichts des lang anhaltenden Booms in der Kreuzfahrt allgemeine Trends und Innovationen im Tourismus nicht näher erwogen (vgl. Hall/Williams 2020, o. S.). Selbst der besonders für die Flussreisen ergiebige Megatrend *Vom Tourist zum Traveller* wurde nicht umgesetzt (vgl. Wu 2019, o. S.; Boschetto Doorly 2020, o. S.; Petermann/Revermann/Scherz 2006, o. S.). Für viele Angebotsbereiche, sowohl an Bord als auch an Land, ist die sich andeutende „Re-Kultivierung" (vgl. Klein/Schmidt-Ott/Pröbstle 2017, o. S.) nicht näher erforscht worden. Doch die Marktverhältnisse waren zu dynamisch, um mit alten Methoden zu neuen Lösungen zu kommen. Ein Einwand, den Wöhler (2016, S. 110 ff.) schon früh begründete. Er bemängelte zunächst die „Swot-isierung" touristischer Angebote in den Destinationen, die zwar Stärken und Risiken benennen, aber keine Zusammenhänge erkennen. Seiner Meinung nach gibt es zu wenig differenzierte Betrachtungen, die die Perspektiven aller Akteure aufgreifen und zu wenig Beachtung der Interdependenzen zwischen den Praktiken und der Infrastruktur im touristischen Feld. Nur die genaue Erhellung solcher Wirklichkeiten lässt zum einen die Komplexität durchschauen und zum anderen Problemlösungsstrategien zum Erhalt der Wettbewerbsfähigkeit erarbeiten. Dafür empfahl er einen dispositiven Blick auf den Tourismus zu werfen und bezog sich dabei ausdrücklich auf die Fortführung des Foucault'schen Ansatzes von Bührmann/Schneider (2012, o. S.). Diesem Vorschlag für eine methodologisch ausgearbeitete qualitative Kundenforschung soll in diesem Beitrag näher nachgegangen werden.

2 Qualitative Wende in der Kreuzfahrt?

Der Reedereiverband CLIA hat in seinem aktuellen Jahresbericht (vgl. CLIA 2020, S. 10) zur Entwicklung in der Kreuzfahrt einige wichtige Trends beschrieben, die sowohl für die Hochsee- als auch für die Flussreise Geltung haben sollen. Dazu gehört vor allem

https://doi.org/10.1515/9783110696165-006

die weitere Diversifizierung der Zielgruppen mit einer immer feineren Segmentierung. Bei diesen künftigen Kreuzfahrtgästen käme es darauf an, sehr zielgenau die Interessen und Bedürfnisse nach dem angestrebten Schiffsreise-Erlebnis zu erfassen und umzusetzen. Seit geraumer Zeit wird dies bei den Neubauten (Hardware) bedacht und die Schiffsflotten werden qualitativ angepasst (vgl. von Pilar 2020, o. S.). Die Möglichkeiten dafür sind bei den Flussschiffen durch engere technische Vorgaben bezüglich Länge, Breite und Höhe der Schiffe quantitativ beschränkt. Lediglich am „Innenleben" und der „Software" eines Flussreiseangebotes sind Veränderung gut umzusetzen und bedeuten schon von daher einen qualitativen Wechsel (vgl. Wu 2019, o. S.; Saunders 2020, o. S.). Für die Infrastruktur der Abläufe und Services an Bord als Innenleben gilt deutlich mehr Modernisierung und Diversifizierung (vgl. Adrian 2015, o. S.). Vor allem sind die auch kurzfristig steuerbaren Bereiche der Borderlebnisse, Ausflüge und insgesamt des Stils als „Software" betroffen (vgl. Williamson 2019, o. S.). Der erzwungene Stillstand des Betriebes hat das Umdenken beschleunigt. Wenn die Kreuzfahrtbranche ihren Ruf retten möchte, so Gilchrist (2020, o. S.), wird sich das Kreuzfahren insgesamt ändern müssen. Zunächst wurde versucht, die alten Reiseangebote lediglich anzupassen. Zum Beispiel mit „Blauen Reisen", bei denen in den Reisezielen keine Landgänge angeboten wurden (vgl. Laßmann 2020a, o. S.). Dort, wo die bestehenden Bordangebote wegen behördlicher Hygiene-Auflagen reduziert werden mussten, wurden andere Programmpunkte erweitert (vgl. Behling 2020, o. S.). Für die Flussreisen stellten sich ähnliche Vorgaben, jedoch begrenzt das Platzangebot an Bord solche Optionen (vgl. Flechsig 2020, o. S.). Eine exaktere Erfassung der Kundenwünsche war (und ist) unumgänglich. Veränderungen der Nachfrage bedingen aber stets auch solche beim Marketing und den Werbekonzepten. Wer jetzt nicht bereit ist, antizyklisch zu reagieren und hofft, am Ende der Pandemie werde alles wie vor der Krise sein, handelt riskant (vgl. Achilles 2020, o. S.). Die Erfolge der ersten Programmumstellungen waren überschaubar (vgl. Cheer 2020, o. S.), obwohl für den Verkauf solcher Reisen die Tagespreise gesenkt, die Anzahl der bestehenden Kundenkontakte erhöht und die Einbindung der Reisebüros als Vermittler wieder verstärkt wurden. Nur dort, wo ein neuer Marketing-Ansatz (Events, viral) mit neuen Zielgruppen (junge Familien, Alleinreisende) und neuen Angeboten wie den „Mikroabenteuern" (vgl. Förster 2020, o. S.) im Zentrum stand, konnte annähernd kostendeckend agiert werden (vgl. Neumeier 2020, o. S.). Hierbei hat die Flusskreuzfahrtbranche vor der sonst als Trendsetter agierenden Hochseekreuzfahrt einen erfolgreichen Neustart nach dem ersten Lockdown erreichen können. Dies sei einem sehr genauen Blick auf die Interessen und Motive der Kund/-innen und den daraufhin angepassten Reiseangeboten zu verdanken, schrieb einvernehmlich die Fachpresse (vgl. Eichenberger 2020, o. S.; Neumeier 2020, o. S.; Laßmann 2020, o. S.). Innerhalb des Tourismusmarketing und der Kundenforschung wurde daher die Notwendigkeit eines generellen Richtungswechsels zum Konsens. Zukünftige Trends und die Einschätzung kommender Veränderungen sind zur Schlüsselkompetenz eines wettbewerbsfähigen Tourismus geworden, so Kachniewska (2014, S. 64). Es kommt darauf an, gemeinsame Visionen zu formulieren und Strategien zu finden, die die künftigen Chancen und Herausforderungen gleichermaßen berücksichtigen. Dieser Richtungswechsel innerhalb des Tourismusmarketing – weg von einem pax-fixierten Wachstum (vgl. Ratajczak/Jockwer 2015, o. S.; Tribe 2020, S. 53) – entspricht auch den offiziellen tourismuspolitischen Vorgaben, wonach die gesamtgesellschaftliche Bedeutung eines verantwortungsbewussten Tourismus höher zu bemessen ist, als es ökonomische Indikatoren und Kennzahlen beschreiben (vgl. BMWi 2019, o. S.). Damit rückt die Frage nach qualitativen Untersuchungsgegenständen und -methoden in den Vordergrund.

3 Qualitative Optionen in der Tourismusforschung

Qualitative Ansätze sind bereits seit mehreren Jahrzehnten Bestandteil der Kundenforschung (vgl. McGregor 2007, o. S.; Ladsawut/Nunkoo 2020, o. S.).

Zu diesen gehört besonders die *Dispositivanalyse* in der Nachfolge von Michel Foucault als kulturwissenschaftlicher Ansatz (vgl. Bührmann/Schneider 2012, o. S.). Mit ihr sollen möglichst viele Aspekte der *Diskurse* und *Akteure* mit den oft disparaten *Materialien* eines Handlungsfeldes wie dem Tourismus und den *Machtgefügen* eines bedeutsamen Wirtschaftszweiges interdisziplinär verbunden werden. Alle Akteure der Tourismusforschung betonen seit Beginn dabei die Absicht, neben den kaufmännischen Notwendigkeiten (vgl. Hunziker/Krapf 1942, o. S.) auch qualitative Erkenntnisse durch die interdisziplinäre Zusammenführung der sehr unterschiedlichen Ansätze gewährleisten zu wollen. Eine Debatte, die bereits seit den tourismuskritischen Zweifeln von Enzensberger (vgl. Enzensberger 1958, S. 701; Pagenstecher 1998, S. 533) als Forschungsdesiderat gut 60 Jahre alt ist (vgl. Gyr 1988, S. 224; Groß/Bastian 2004, o. S.) und bis heute anhält (vgl. Kavoura/Kefallonitis/Theodoridis 2020, o. S.). Dem Diktum der beiden belgischen Tourismusforscher/-innen Decroly und Diekmann (2018, o. S.) folgend, wird seit „Ende der 1960er Jahre [...] das Forschungsfeld der tourism studies in einem langen und schmerzhaften Singsang gewiegt, was einen Mangel an theoretischem Ehrgeiz und die disziplinäre Fragmentierung eines Forschungsfelds unterstreicht, das zu seiner mangelhaften wissenschaftlichen Sichtbarkeit [...] führt." Es gilt also qualitative und fächerübergreifende Ansätze gegen den Trend der yield management-dominierten Herangehensweisen auszuformulieren. Um dieses voranzubringen, wurde seit geraumer Zeit auf Multidisziplinarität gesetzt (vgl. Pechlaner/Reuter 2012, S. 13; Benckendorff/Zehrer 2013, S. 121), um den neuen, postmodernen Charakter des Reisens zu erfassen (vgl. Sutton/House 2005, o. S.; D'Urso/Disegna/Massari/Osti 2016, S. 297). Die Digitalisierung hat für alle neue Zugänge zum Reisen und zur Kommunikation untereinander eröffnet. Diesem Trend folgend, wird Reisen nicht als ein psychologisches Bedürfnis oder die Umsetzung einer Geisteshaltung verstanden, sondern ist als ein „fruchtbarer Grund" menschlicher Begegnungen als solche zu verstehen (vgl. Ek 2015, S. 1000159). Ek stellt aber zugleich fest, die Flut an Fachliteratur habe die Chance noch nicht genutzt, sondern die Tourismusstudien böten ein fragmentiertes und in viele Denkschulen zerfallenes Feld (vgl. Ek 2015, S. 1000159). Die verbesserten Möglichkeiten einer digitalen Erfassung und Auswertung, Schnelligkeit und Kostenprofil von quantitativen Angeboten in „data-rich environments", die mit dem so entstehenden Touchpoint-Monitoring einen umfassenden Marktüberblick versprechen (vgl. Holmlund/van Vaerenbergh/Ciuchita 2020, S. 361), verringern die Bereitschaft zu qualitativen Zugängen. Dies besonders aufgrund des Aufwandes bei deren technischer Umsetzung (vgl. Felser/Leplow/Salisch 2014, S. 91). In der Tendenz werden dann letztlich Verfahren bevorzugt, die noch schneller und noch einfacher Rückmeldungen generieren, wie zum Beispiel der Net Promoter Score (NPS) (vgl. Kamps/Schetter 2020, o. S.). Die Kritik am NPS als Verdichtung von Erfolg und Servicequalität auf eine einzige Frage, die dann ohne Kontextualisierung alle komplexen Aspekte einer Servicesituation ausblendet (vgl. Hamma 2008, o. S.), wurde schon früh von einer grundsätzlichen Position (vgl. Lisch 2014, S. 152) kritisiert, aber auch empirisch bezweifelt (vgl. Keiningham/Aksoy/Cooil 2008, S. 88). Gerade hier zeigt sich ein irrlichternder Trend in der Kundenforschung, in der die üblichen Vorgehensweisen nicht optimal sind, wenn häufig hoch strukturierte Interviewmethoden für diffuse Forschungsfragen verwendet werden, deren Beantwortung eigentlich nach einem wenig strukturierten, qualitativen Design verlangt. Ebenso würden oft die gebotenen Prüfungen von Kennziffern und Durchschnittswerten durch Sensitivitätsanalysen, Signifikanztests oder multivariate Analysen unterbleiben und zuletzt sei in wissenschaftlichen Beiträgen des modernen Marketings die hohe Komplexität der angewendeten Methode häufig entscheidender als deren inhaltliche Sinnhaftigkeit oder das Ergebnis der Analyse (vgl. Schütz/Sarstedt 2016, o. S.). Um solche methodischen und strategischen Optionen überprüfbar zu machen, hat die Unternehmensberatung McKinsey aus den unterschiedlichen Szenarien ihrer Kund/-innen eine Gesamtstudie zusammengestellt, die die Handlungsspielräume und künftigen Aufgaben angesichts der COVID-19-Pandemie für den Tourismusmarkt beschreibt. Für dieses Gutachten wurde eine Vielzahl von Kund/-innen und Touristikverantwortlichen in verschiedenen Märkten befragt und Marktdaten zusammengetragen. Eine Verlagerung auf qualitative Zugänge gilt nicht nur als aktueller Trend, sondern als mittelfristige Strategie. Der Wert einer gut geplanten und ausgeführten Customer-Experience-Strategie sollte niemals unterschätzt werden. In allen Bereichen der Kundenbeziehung konstatieren sie durch diese qualitative Herangehensweise Verbesserungen. Die Kundenzufriedenheit steigt um 20 %, die Erlöse um 15 %; die Kosten sinken um bis zu 20 %. Im Ergebnis sahen in den letzten drei Jahren 73 % der verantwortlichen Manager eine Hinwendung zur Customer Experience als vorrangige Aufgabe an. Dies insbesondere, weil sich gezeigt hat, dass in Krisensituationen Unternehmen, die so handeln, weniger Verluste hinnehmen müssen und schneller wieder erstarken (vgl. Borko/Geerts/Wang 2020, S. 65). Die stärkere Berücksichtigung qualitativer Zugänge soll, statt nur zu neuen Daten, zu besseren „insights" führen (vgl. Hallerbach/Biehl 2012, S. 271). Dies kann Touchpoint für Touchpoint mit einer Customer Journey systematisch längs der Entscheidungsfindung für ein Produkt erfolgen (vgl. Scharna 2015, S. 29; Tiffert 2019,

o. S.). Doch wo beginnt diese Kundenreise? Welche Kundenerfahrungen sind direkt mit dem touristischen Erlebnis verbunden und welche indirekt und kommen aus anderen Lebensbereichen (vgl. Cohen 2002, S. 90; Bruhn/Mayer-Vorfelder 2011, o. S.)? Bevor in der Kundenkommunikation sinnvoll interveniert werden kann, muss die tatsächliche Customer Journey genau berücksichtigt werden, vor allem ihr Anfang und ihr Ende. Für die meisten Kund/-innen und Anbieter beginnt diese Customer Journey nicht erst mit der Buchung oder gar der Abreise, sondern sehr viel früher. Die Kund/-innen- und Expert/-inneninterviews einer McKinsey/Skift-Marktstudie haben ergeben, dass Reisen ganzheitlich zu verstehen sind und nicht als eine Ansammlung von Momenten und somit singulären Touchpoint-Optionen (vgl. Borko/Geerts/Wang 2020, S. 67). Diese aktuelle Customer Experience hat laut der Studie zwei Trends, die gerade für die Flussreisen in Deutschland maßgeblich zutreffen: Nahziele sind die treibende Kraft der nächsten Saisons und die nicht-monetären Faktoren werden immer wichtiger für die Reiseentscheidung (vgl. Borko/Geerts/Wang 2020, S. 24 ff.). Wenn also der Weg des Marketings über die Customer Experience ein profitabler Zugang zu den Märkten sein soll, sind neue Einsichten, sind Innenansichten gefragt. Dazu sind nach Borko/Geerts/Wang (2020, S. 64) genaue Kundenbeobachtungen nötig, wie sie zum Beispiel bei ethnografischen oder Design Thinking-Methoden üblich sind und die so „thick data" als Ergänzung zu den „big data" einbringen. Die meisten quantitativ geprägten Untersuchungen liefern zwar exakte Rückblicke auf das Kundengeschehen, selten jedoch verlässliche Prognosen. Diese entstehen erst dann, wenn Zeit und Aufwand darauf verwendet wird, mit einzelnen Kund/-innen zu sprechen und von ihnen ihre Wünsche und Erwartungen über die Fragestellungen einer einzigen Branche hinaus zu erfahren, weil nur so ungeahnte, übersehene Chancen entdeckt werden könnten, die zur Kundenzufriedenheit beitragen. Kundenmotivationen für ein touristisches Produkt werden in immer stärkerem Maß von der Reputation des Angebotes und seiner historischen Verankerung bestimmt, denn diese bestimmen das Profil über einen sehr langen Zeitraum (vgl. Schröder/Bhattacharjee/Wittkamp/Kochman/Ehrlichmann 2020, S. 12; Horster 2013, o. S.). Tourismusgeschichte als Geschichte sowohl der touristischen Orte und Angebote als auch der touristischen Sehweisen wird damit zu einem wichtigen Erkenntnisrahmen und Wegweiser für aktuelle Entscheidungen (vgl. Marchner 2010, S. 261; Spode 2006, o. S.). Daher ist es für alle Stakeholder von Bedeutung, mehr die qualitativen Kontexte und dies auf allen Kommunikationskanälen zu betonen (vgl. Moisio/Arnould/Price 2006, S. 106; Artal-Tur/Kozak/Kozak 2019, o. S.). Dafür fehlt es nicht an Vorschlägen, dies zu operationalisieren (vgl. Mundt 2011a, o. S.). Dennoch hinkt trotz erster Forschungsansätze auf diesem Gebiet laut Bruhn/Mayer-Vorfelder (2011, S. 1) die wissenschaftliche Literatur dem seitens der Praxis signalisierten Interesse hinterher und ist zudem in den Untersuchungsansätzen immer noch zu stark managementorientiert ausgerichtet. Das liegt möglicherweise auch daran, dass oft aus dem klaren, konsekutiven Weg vom Kaufinteresse bis zum Kaufabschluss inzwischen ein komplexes, an mancher Stelle inkohärentes Medienangebot mit einer Vielzahl von Touchpoints getreten ist.

Von der Internetsuche über Mail-Aktionen bis hin zu Posts in den sozialen Netzwerken sind dabei direkte Touchpoint-Kontakte möglich, indirekt kommen noch User Generated Content, zum Beispiel in Foren und Blogs, hinzu (vgl. Chananewitz 2020, o. S.). Um nun zugleich für konkrete Marketingmaßnahmen, belastbare Prognosen und handlungsleitende Fragestellungen einen geeigneten Methodenmix zu finden, der die Customer Experience als einen „holistischen Ansatz mit guter Vorhersagequalität" (Klaus/Maklan 2018, S. 239) abbildet, kommen nicht alle qualitativen Methoden infrage (vgl. Flick 2010, S. 260). Für die Verbindung von deskriptivem Wissen und einer wenigstens – im Sinne der Grounded Theory – mittleren Reichweite an theoretischer Generalisierbarkeit (vgl. Lüders 2010, S. 640) wird der Dispositivanalyse ein besonderes Potenzial zugeschrieben (vgl. Caborn Wengler/Bührmann/Kumiega 2013, S. 9). Dies insbesondere, weil damit auch situativ veränderliche, fragile Akteurskonstellationen, changierende Intentionen und inkohärente Bewertungen, wie sie in der touristischen Kundenforschung gegeben sein können, berücksichtigt werden (vgl. Gnosa 2018, S. 352; Trdina/Jontes 2019, S. 168).

4 Trends und Notwendigkeiten in der Customer-Experience-Analyse

Der Kunde als interagierendes Subjekt, seine Vorstellungen und Wünsche als wichtige Ressource und Kommunikationsansatz zugleich, ist sowohl bei der traditionellen Konsumentenpsychologie als auch bei den neueren Customer-Experience-Ansätzen im Fokus der Betrachtung (vgl. Metri/Khan 2011, S. 53). Begrifflicher und thematischer Ausgangspunkt ist die Awareness, das Wissen und Bewerten des touristischen Produktes und dessen Einordnung in die eigenen Reisevorstellungen (vgl. Schmücker 2007, o. S.). Kundennutzen ist dann regelmäßig auch als ein versprochenes und realisiertes Erlebnis zu verstehen (vgl. Jeavons/Jeavons 2020, o. S.; Hallmann/Zehrer 2015, S. 271; Mundt 2011b, o. S.). Als wesentlicher Einflussfaktor verbessert das positive Kundenerlebnis die Erlössituation der Veranstalter. Dies sowohl als direkter Effekt vom Kundenerlebnis auf die Kundenbindung als auch indirekter über eine so erreichte höhere Kundenzufriedenheit (vgl. Bruhn/Mayer-Vorfelder 2011, S. 13). Erlebnis, Zufriedenheit und Bindung sind in einem sich stützenden Kreislauf eingebunden. Seit den 1980er-Jahren gehört zu diesem Kundenerlebniskonzept die gängige Sichtweise der Konsumentenverhaltensforschung, die Kund/-innen überwiegend als rationale Entscheidungsträger zu sehen, aufzugeben und eine neue Erlebniserwartung der Kund/-innen anzunehmen, die auch hedonistische und ästhetische Motive des Konsums berücksichtigt und somit den Emotionen beim Konsum eine besondere Bedeutung zukommen lässt, so Bruhn/Mayer-Vorfelder. Damit sind Erlebnisse zukünftig die Grundlage ökonomischer Leistung, für deren Erbringung Sach- und Dienstleistungen lediglich die Bühne bereiten. Sie werden zum Wertschöpfungshebel sowohl für Kund/-innen als auch für Unternehmen (vgl. Bruhn/Mayer-Vorfelder 2011, S. 2; Scharna 2015, S. 29). Eine solche Erlebnisökonomie mit fast täglich wechselnden Anbietern und Angeboten und einer immer undurchsichtiger werdenden Infrastruktur ist jedoch extrem komplex und volatil (vgl. Scharl Dickinger/Weichselbraun 2008, S. 5; Kaul 2012, o. S.). Unsere gegenwärtige Alltagsästhetik ist nach Schulze (2000, S. 423) so dynamisch, dass sie nur als „Spannungsverhältnis von ästhetischem Produktionsapparat und Publikum" zu verstehen ist, indem jede Seite im Zeichen einer eigenen Rationalität handelt und zugleich die andere Seite beeinflusst. In einer asymmetrischen Gesellschaft wie der unseren ist das Wissen voneinander oft einseitig. Während Erlebnisanbieter den Zielhorizont ihrer Klient/-innen möglichst gut erfassen wollen, brauchen Erlebnisnachfrager nur zu wissen, wo ihnen was wofür geboten wird. Die Berücksichtigung der Verbraucherbedürfnisse ist aber nur einer von vielen Parametern, die in die Handlungsplanung der Erlebnisanbieter einfließt (vgl. Schulze 2000, S. 423). Für den so dynamisch gewordenen Erlebnismarkt (vgl. Kreilkamp 2013, S. 33) ist die Berücksichtigung sozialer Milieus unerlässlich (vgl. Schulze 2000, S. 335). Dieses Kunden-Erleben direkt nachzuvollziehen, versprechen die methodischen Zugänge von *Walking in customers shoes* (vgl. Whittle/Foster 1989, S. 27) und *Shadowing* (vgl. Hönninger 2009, o. S.). Diese sehr *dichte* Kundenbeobachtung längs der Customer Journey wurde schon für verschiedene Branchen und Märkte erfolgreich eingesetzt (vgl. Downey/Marquez 2015, S. 135; Walker 2018, S. 62). Vorausgesetzt wird vor allem Intensität der Forschung und Nähe zum Forschungsgegenstand (vgl. Tiffert 2019, o. S.; Busi 2013, o. S.), was für Kreuzfahrten wegen des hohen Zeit- und Kostenansatzes nur selten umzusetzen ist (vgl. Wolf/Schneider 2018, o. S.; Wolf/ Schneider 2019, o. S.; Eisele 2017, S. 121). Die dafür nötige Empathie und branchenspezifische Kompetenz der Forschenden ist trotz der vielversprechenden Ergebnisse eine weitere größere Hürde (vgl. Walker 2018, o. S.; Matthews 2019, o. S.). Durch die Digitalisierung vieler Informations- und Kommunikationsvorgänge beim Suchen und Buchen von Reisen lässt sich diese Customer Experience zwar umfänglich erfassen (vgl. Ponsignon/Derbaix 2020, S. 100723), stellt jedoch bei der Analyse weitere, noch nicht ausreichend durchdrungene Fragen bezüglich der sehr subjektiven Reisemotivationen (vgl. Yachin 2018, S. 203; Tussyadiah/Park/Fesenmaier 2011, S. 68; Mundt 2011b, o. S.; Kulinat 2007, S. 97). Die Kundensicht als inneres, komplexes und nicht immer quantifizierbares Erleben zu akzeptieren, es als eine nicht vollständig erkundbare *Suche nach der Anderswelt* zu verstehen (vgl. Boomers 2010, S. 460), ermöglicht demnach robustere Erkenntnisse. Je nach individuellen Vorerfahrungen und sozialem Milieu (vgl. Nakano/Kondo 2018, S. 142; Zukunftsinstitut 2017, o. S.; Burns/Novelli 2006, o. S.) kann das gleiche Produkt sehr konträr wahrgenommen werden: Luxusangebot oder Schnäppchenreise, vertrautes Reiseziel oder Geheimtipp? Dabei zählen weniger die materiellen Aspekte, es geht den Kund/-innen vielmehr um postmaterialistische Werte, das heißt vor allem „um ein glückliches, erfülltes und als sinnvoll empfundenes Leben. Für das persönliche Glück und die eigene Selbsterfüllung gibt es nun aber kein Standardrezept. Zum Dreh- und Angelpunkt für das eigene Handeln wird deshalb die Frage: Was gefällt mir? Was macht mich zufrieden?" (Kämpfer/Mutz 2016, S. 159) Dabei spielt der Austausch zwischen den Kund/-innen über die subjektiv erfahrenen Eigenschaften, das Markenbild des Produktes, bei den Kreuzfahrten also über Schiff, Reiseverlauf und Destination, eine immer maßgeblichere Rolle (vgl. Altinay/Song/Madanoglu/Wang 2019, S. 223). Letztlich wird das touristische Produkt mit diesen nicht immer objektivierbaren Attributionen, also unabhängig von den tatsächlichen geografischen und infrastrukturellen Bedingungen, in sehr unterschiedlichen Diskursen geformt (vgl. Aschenbrand 2017, o. S.). Solche Diskurse über das Reisen sind beständige Berührungspunkte der Konsument/-innen zum Produkt und deren Anbietern. Die Informationsvermehrung, besonders auch über eine wachsende Anzahl von Kommunikationskanälen, zwingt Anbieter zu einer Omnichannel-Strategie. Die größte Herausforderung besteht in den „customer-to-customer interactions through social media" (Lemon/Verhoef 2016, S. 69), die jedoch auch als Chance gesehen werden sollte. Diese Interaktionen sind es, die von den Marketingabteilungen untersucht, entwickelt und verbessert werden sollen (vgl. Schüller 2013, o. S.). Dabei werden alle medialen Zugänge zu den Kund/-innen in Betracht gezogen, selten jedoch deren Interdependenz (vgl. Sezerel/Taşdelen 2016, S. 73). So zum Beispiel, wenn von einem Medium (z. B. Reiseliteratur) Inhalte auf ein anderes Medium (z. B. Bildpostkarten, Instagram) übertragen werden, um einen aufmerksamkeitsstarken Zugang zu den Kund/-innen zu finden (vgl. Heinen 2013, S. 181; Santulli 2011, S. 371). Insgesamt zeigt eine Inhaltsanalyse einiger Reiseinformationen und diverser, für den Tourismus relevanter Gebrauchstexte (vgl. Strauch 2007, S. 792; Stratmann 2007, o. S.; Pagenstecher 2006, S. 169), dass diese intermedialen Bezugnahmen und Übernahmen gewollt sind (vgl. Rorig 2020, o. S.) und in enger thematischer und stilistischer Überschneidung mit anderen Tourismusmedien stehen (vgl. Nekić 2014, o. S.). Themen, Zitate, Verweise verweben zum Beispiel TV-Dokumentationen mit belletristischen Neuveröffentlichungen und historischen Gemälden (vgl. Fath 2020, o. S.). Dies wiederum wird in Tageszeitungsartikeln und Fachmagazinen kommentiert und verwertet (vgl. Köck 2001, o. S.) und in alle neuen Medienformate übertragen (vgl. Dovaliene/Masiulyte/Piligrimiene 2015, S. 659; Banyai 2012, S. 421; Crotts/Davis/Mason 2012, S. 281; Wolf 2011, o. S.; Amersdorffer/Bauhuber/Egger/Oellrich 2010, o. S.). Alle Medienkontakte werden in unterschiedlicher Gewichtung Beurteilungsmaßstab und Kaufentscheidungsimpuls für Reisekunden (vgl. García-Milon/Juaneda-Ayensa/Olarte-Pascual/Pelegrín-Borondo 2020, S. 100730). Hier jeweils quantitativ erfassen zu wollen, was, wann, wie und mit welcher Reaktion die Kaufentscheidung beeinflusst, erzeugt entweder ein „Datenmonster" (vgl. Bartholomäus 2011, S. 50), das nur schwer zu interpretieren ist oder – je nach Datenmaterial – unzureichend gesicherte Cluster (vgl. Chong/Rudkin 2020, S. 104132). Das führt immer wieder dazu, dass sowohl betriebswirtschaftlich in Reiseunternehmen und Destinationen Fehlinvestitionen erfolgen (vgl. Fickert 2020, o. S.; Kreib 2018, o. S.; Strobl 2005, o. S.), als auch tourismuspolitisch die notwendigen künftigen Maßnahmen nicht gefunden werden (vgl. Job/Mayer 2013, S. 244; Becker 2007, S. 381).

Die hier gezeigte Komplexität im touristischen Feld (vgl. Darbellay/Stock 2012, S. 441) gilt umso mehr für die Kreuzfahrt, da hier noch stärker technische Entwicklungen, eine Vielzahl von Akteuren und bei Einbeziehungen der Destinationen zugleich sehr spezifische, lokale Diskurse zu beobachten sind (vgl. Adrian 2015, S. 7). Bei allen Unterschieden zeigt sich, dass im Verhältnis der Reisenden zum Reiseziel, der Reise-Intention zum Reise-Erlebnis sehr gleichartige strukturierte Diskurse zu beobachten sind (vgl. Aneas/Sandín 2009, o. S.), die über sehr lange Zeitspannen und Räume sehr ähnlich sind (vgl. Urry/Larsen 2011, o. S.; Spode 2009, S. 251; Rickly-Boyd 2009, S. 259). Bei einem Überblick zur Fülle der aktuellen Fachliteratur (vgl. Lueck/Radic 2020, o. S.) zeigt sich der bereits beschriebene Trend zur Multidisziplinarität (vgl. Pechlaner/Reuter 2012, S. 13), der begleitet wird von der Empfehlung, der Komplexität und Interdependenz mit einem dispositiven Blick zu begegnen (vgl. Wöhler 2016, S. 109). Die Vielzahl und Vielfalt solcher touristischen Diskurse, von der Frage der angemessenen Angebote vor Ort bis zur mittelfristigen Tourismusplanung einer Region mit sehr unterschiedlichen Akteuren und Handlungsmöglichkeiten, lassen sich als Dispositiv gut beschreiben und analysieren (vgl. Caborn Wengler/Bührmann/Kumiega 2013, S. 7; Link 2008, S. 237).

5 Umrisse einer Dispositivanalyse

Dispositivanalysen zu kultur-geografischen Fragestellungen (vgl. Schwegmann 2018, o. S.; Stielike 2017, o. S.), zur Eventorganisation (vgl. Teissl 2014, o. S.) oder Zeitgeschichte (vgl. Fuhrmann 2017, o. S.) haben gezeigt, dass eine Analyse der Verbindung von sehr unterschiedlichem Materialien der Praxis, wie es eben auch für die Touristik mit Mails, Events, Reiseliteratur, Plakaten usw. gegeben ist, mit der nach ihrer Rolle im Kommunikationsprozess differenzierten Akteursperspektive einige neue Erkenntnisse einbringt, die für die Entwicklung von Marktstrategien bedeutsam sein können (vgl. Wöhler 2016, S. 110). Da es erst sehr wenige Dispositivanalysen im Tourismus gibt (vgl. Badura 2013, S. 260) und noch keine für die Kreuzfahrt, soll zunächst an einem Beispiel die thematische Spannweite eines solchen Vorgehens skizziert werden.

5.1 Interdependenzen eines touristischen Dispositivs

Röthl (2015, S. 289 ff.) zeigt am Beispiel des Gastgewerbes in Tirol, wie insbesondere für den Tourismus die dargestellte gegenseitige Bedingtheit von Nachfrage und Angebot, von Alltagspraxis und Infrastruktur in einem assimilierenden, fast oszillierenden Verhältnis stehen. Diese von ihr beschriebene Dynamik – hier die *Tirolisierung* – ist typisch für viele Tourismusräume und vor allem für den Kontext aller Flussreisen und findet auf verschiedenen Handlungs- und Strukturebenen statt.

Auf einer oberen institutionellen Ebene sind zunächst die Debatten zwischen den landespolitischen Behörden und den Leistungsträgern zu beschreiben, wenn es um gesetzliche Vorgaben beispielsweise der Raumplanung geht. Dieser eher auf langfristige Strukturen angelegte Fachdiskurs hat jedoch in der Umsetzung zeitnahe, zum Teil negative Auswirkungen, z. B. als „Berateritis" (vgl. Röthl 2015, S. 155; Drost 1998, S. 35). Diese Vorgaben werden dann durch politische Funktionär/-innen umgesetzt. Notwendig erscheinende Eingriffe abzuwägen, Interessen auszugleichen, stellt oft die Kundennachfrage als wirtschaftlichen Treiber in den Vordergrund (vgl. Job/Mayer 2013, S. 246; Tavallaee/Asadi/Abya/Ebrahimi 2014, S. 2459). Gerade diese Auseinandersetzung – in der Terminologie der Dispositivanalyse als Interdiskurs bezeichnet – wird in vielen Tourismusräumen geführt und verändert die (nicht-diskursive) Angebotsstruktur (vgl. Möller/Weiermair 2007, S. 271; Conrady/Ruetz/Frankenberg 2014, o. S.; Möller/Berndt 2020, o. S.) und die darauf aufbauende Tourismuswerbung. Dies gilt besonders auch für das Mit- bzw. Gegeneinander in der Flusskreuzfahrt (vgl. Dimitrov/Stankova 2019, o. S.). In den Tourismusverbänden wiederum erfolgt eine Auseinandersetzung über „das richtige Bild" der nur auf den ersten Blick homogenen Region (vgl. Röthl 2015, S. 174), in der sich unterschiedliche Kapital- und Verwertungsinteressen (vgl. Diaz-Bone/Hartz 2017, S. 1; Kramer 2014, o. S.) auf einen mittelfristigen gemeinsamen Kurs der Standort-Werbung einigen müssen (vgl. Foroudi/Mauri/Dennis 2020, o. S.). Dieses Tourismus-Konzept greift dann durch Saison-Kalender in die jahreszeitlichen Abläufe vor Ort und „entwirft Bilderwelten" (vgl. Jenkins 2003, S. 305), die losgelöst von der tatsächlichen Topografie zu einem quasi-realen, weil in realer Natur realisierten, Narrativ werden (vgl. Kammerhofer-Aggermann/Keul 1998, S. 95; Gartner 1994, S. 191). Dieses Narrativ formt sich mit den über die Zeitläufe veränderlichen Kundenwünschen und -erwartungen (vgl. Röthl 2015, S. 427), wird Teil der Werbebotschaft und des Erlebnis-Versprechens (vgl. Weichbold/Gutternig 2004, S. 124). Im Vergleich und Wettbewerb der Destinationen wird dann die Erwartungserfüllung z. B. eines naturnahen Urlaubes draußen zu sein (vgl. Schlottmann 2010, S. 67), zunehmend austauschbar (vgl. John-Grimm 2006, o. S.). Dieser Assimilationsprozess greift also nicht nur IN der Destination selbst, sondern auch ZWISCHEN diesen (vgl. Rieder 1998, S. 20). Hinter diesen Bilderwelten, z. B. der Tiroler Familie und ihrem zum Gasthof erweiterten Wohnhaus, stehen Weltbilder, die in das Landschaftsnarrativ Geschlechter-Stereotypen hineindrängen (vgl. Röthl 2015, S. 420) und damit reduplizieren (vgl. Huete Alcocer/López Ruiz 2020, S. 2444). Der Urlaubsalltag wird zu einer formatierenden Selektion, in der die Wechselwirkungen zwischen Werbekommunikation und Destinationsinfrastruktur realisiert werden (vgl. Fechner 1974, o. S.), gelegentlich auch gegen die offiziellen Strategien von Tourismusverbänden (vgl. Röthl 2015, S. 174). Eine solche rückbezügliche Reifizierung als raum- und tourismusplanerische Kategorie wird besonders dort einflussreich, wo es sich um Lebensräume handelt, in denen sehr persönliche Beziehungen und Macht in einem engen Geflecht vorzufinden sind (vgl. Döring/Thielmann 2009, o. S.). Röthl (2015, S. 20) bezieht sich insbesondere deswegen explizit auf den Machtdiskurs nach Foucault, in dem Feldkonstellationen und Relationen einen auf den jeweiligen Forschungsgegenstand anpassbaren Analyserahmen ergeben (vgl. Caborn Wengler/Bührmann/Kumiega 2013, S. 7; Musner 2010, S. 67).

Die Dispositivanalyse verweist auch darauf, stets nach der Ordnung der Dinge, nach den Gebrauchsweisen zu suchen (vgl. Bührmann/Schneider 2012, S. 116; Röthl 2015, S. 34). Dazu gehören dann Alltagspraktiken wie Speisekarten, Trachten, Sprachverhalten u. a. (vgl. Bührmann/Schneider 2012, S. 112). Vor allem am Beispiel touristisch überformter Esskulturen (vgl. Jolliffe 2007, S. 38) können die verschiedenen Ebenen und Verflechtungen eines Dispositivs sichtbar gemacht werden. Essen ist mehr als nur Nahrung, es ist ein Schlüsselfaktor in allen Kulturen, ein wesentliches Element des immateriellen Kulturerbes, aber vor allem eine zunehmend bedeutsamer werdende Kundenattraktion. Die Verknüpfung von Essen und Tourismus bietet zudem eine mögliche lokale Wachstumsoption, für die es wichtig ist, die Esserlebnisse für das Destinationsbranding und Marketing zu nutzen (vgl. Richards 2012, S. 14). Tatsächlich erfolgt hier, und das kulturraumübergreifend, oft ein deutlicher Eingriff in die tatsächlichen Alltags- und Essgewohnheiten. Was als örtliche Spezialität in touristischen Hochburgen angeboten würde, ist, so Avieli (2013, S. 130), ein klassischer Fall von invention of tradition. Angeboten wird, was den Kund/-innen gefällt und ihren Erwartungen entspricht. Unter dem Terminus der „fakelore" (vgl. Nowak 2014, S. 103; Dorson 1969, S. 56) ist dies ein wichtiger Zugang zum Dispositiv der Erlebnisräume und seiner Narrative. Lokale Spezialitäten sind ein Standard-Topos im Tourismus. Reisende begegnen ihnen auf den Speisekarten, als Tipps in Reiseführern oder zum Nachkochen in Reisemagazinen. Andere Mitreisende würden stets animieren, dies als unverzichtbares Reiseerlebnis nicht zu versäumen (vgl. Avieli 2013, S. 130). Der Rückgriff auf Rezepte und Sitten früherer Zeiten entwickelt zum Zweck der Distinktion und Legitimation „Geschichte zum Anfassen und Erleben" (vgl. Rothman 2003, o. S.; Pircher 2009, S. 29). Das gilt nicht nur für Rezepte, die dem Geschmack angepasst werden (vgl. Gyimóthy/Mykletun 2009, S. 259), damit sie in den Erwartungshorizont der Kund/-innen passen. Hier kommt es also zu einer Umkehrung von Erfahrung und Erwartung (vgl. Hall/Sharpies 2003, S. 3) und damit einer zunehmenden Entkoppelung der Sphären in der auch für das touristische Feld relevanten politischen Kultur, wenn Urlaub zum asymmetrischen Gegenbegriff von Alltag wird (vgl. Koselleck 199, S. 211). Solche Asymmetrien, Um- und Überschreibung und „erfundenen Traditionen" (vgl. Hobsbawm/Ranger 2017, o. S.) finden sich insbesondere bei den arrangierten Folklore-Angeboten in den Kreuzfahrtdestinationen, sie wird sogar am Beispiel der *Rheinromantik* zum Kern eines komplexen touristischen Konzeptes der Flussreisen (vgl. Bunzel 2012, S. 43; Dietz 2016, o. S.; Gassen/Holeczek 1992, o. S.). Der damit verbundene Diskurs ist durch die vielen Akteure und Situationen sehr verzweigt (vgl. Assion 1986, S. 351) und folgt einer eigenen „Logik von Authentizität" (vgl. Jiménez-Barreto/Rubio/Campo 2020, S. 104022; Schäfer 2014, o. S.). Aus der Herangehensweise der Dispositivanalyse sind es besonders diese Übergänge von Gebrauchsweisen in Erzählweisen, vom Nicht-Diskursiven zum Diskursiven, diese kollektiven und „latenten Praktiken des Unterscheidens" (Bührmann/Schneider 2012, S. 97), die die Beziehungen zwischen Kund/-innen und Anbietern, zwischen Gästen und Gastgebern bestimmen. Mehr noch, dieses Verfahren des Überformens, Verfremdens, Umschichtens und Kombinierens zeichnet die meisten kommunikativen, damit marketingrelevanten Prozesse im Tourismus aus. Besonders die Medien im Tourismus sind stark ineinander verschachtelt durch Querverweise, Zitate und intermediale Übernahmen. Dies folgt eher Zufälligkeiten, die im Sinne eines Hineinwirkens, einer Interferenz zu verstehen sind (vgl. Wirth 2008, S. 47). Diese theoretische Unbestimmtheit öffnet für die Marketingpraxis die Möglichkeit, kreativ nebeneinander mit sehr unterschiedlichen Inhalten und Formen an sehr unterschiedlichen Touchpoints den Kundenkontakt zu suchen und damit für die Kundenforschung die Notwendigkeit darauf ebenso kreativ zu reagieren. Eben wie das touristische Feld selbst, disjunktiv und gegenseitig befruchtend, fokussiert auf die mentalen Profile der Kund/-innen, heißt dies, mehr die Wünsche und Erfahrungen zu berücksichtigen. Dafür gäbe es in anderen kulturwissenschaftlichen Ansätzen bereits eine erprobte Werkzeugkiste, mit der für empirische Arbeiten sowohl Ordnung als auch Durcheinander solcher Meinungen und Äußerungen beschrieben und gedeutet werden kann (vgl. Müller/Schurr 2015, S. 228). Damit wird aus dem kritisierten Mangel an theoretischem Ehrgeiz (vgl. Decroly/Diekmann 2018, o. S.) ein Praxisimpuls. Mit den im Dispositiv sichtbaren Ent- und Verknüpfungen von Elementen unterschiedlicher Medien, unterschiedlicher Akteure, in ihrer auch zufälligen Anordnung ist auch die dahinterliegende Ordnung als charakteristische und dennoch dynamische Anordnung zu verstehen (vgl. Lawley 2005, S. 36). Dieses Arrangement soll nun als Entwurf für eine Trend- und Kundenforschung in der Flusskreuzfahrt systematisch betrachtet werden.

5.2 Elemente und Strukturen einer Dispositivanalyse

Der Foucault'sche Ansatz (vgl. Foucault 1978, o. S.; Foucault 1981, o. S.) des *dispositif* wollte vor allem die gesellschaftliche Wirklichkeit mit ihren verschiedenen Relationen, Praktiken und Wahrnehmungen sichtbar machen (vgl. Winkel 2013, S. 167). Dabei ging es vor allem um die Erweiterung des Materials, um den Wechsel der Perspektive, um so subjektive Wissensbestände und objektive Tatbestände miteinander zu verknüpfen (vgl. Gugerli/Kupper/Speich 2005, S. 79).

Gerade für den *Fremdenverkehr* ist die bei Foucault ins Zentrum rückende Begrifflichkeit des *Fremden* besonders vielversprechend (vgl. Ibrahima Issaka 2017, o. S.). Zum Beispiel bei allen innovativen Trends (vgl. Bachleitner 2006, o. S.), bei Themenparks oder touristischen Neunutzungen in alten Gebäuden lohnt sich der dispositive Blick (vgl. Wöhler 2016, S. 109; Hoffmann 1986, S. 391). Zum bisherigen Zweck des Ortes, zur bisherigen Angebotspalette, tritt ein neuer fremder Aspekt hinzu. Neues wird sichtbar und verdeckt alte Raum- und Servicestrukturen, die dennoch formativ und im Idealfall informativ werden (vgl. Wolf 2013, S. 201). Aus der landcape wird ein mindscape (vgl. Samuelson 2010, S. 282) mit vielfältigen verborgenen Beziehungen und offenen Verweisen (vgl. Javed/Saeed 2011, S. 1), was als Konzept für eine Bandbreite sehr verschiedener touristischer Projekte relevant ist (vgl. Slusser/Rabkin 2010, S. I). Gerade dort, wo es zu divergierenden Diskursen (wie overtourism), veränderten Vorgaben und Planungen (wie Bausünden) (vgl. Cesari 2019, S. 2) oder Krisenintervention (Wiederaufbau nach Katastrophen) kommt (vgl. Aschauer 2009, o. S.; vgl. Glaeßer 2005, o. S.), verbinden sich grundsätzliche ideologische Machtverhältnisse mit konkreten, machbaren Einzelmaßnahmen. Mit einer Dispositivanalyse kommt die Gesamtheit der Perspektivierungen, die Summe vieler einzelner Sachverhalte auf verschiedenen Kommunikationsebenen und -kanälen in den Blick. Das Dispositiv verbindet gegenwärtige Handlungen mit tieferliegenden Strukturen, sozial und ökonomisch definierte Interessen mit dem jeweiligen soziologisch und psychologisch verstehbaren Habitus der Akteure (vgl. Diaz-Bone/Hartz 2017, S. 5). Methodologisch geordnet, ergeben sich dafür vier verschiedene Forschungsdimensionen, wie Abbildung 6.1 zeigt (vgl. Bührmann/Schneider 2012, S. 94).

1. Gesellschaftliche Kontextualisierung – die Makro-Ebene,
2. Objektivationen – die Meso- und Strukturebene,
3. Subjektivationen – die Akteurs- und Diskurs-Ebene, die zusammen mit den diskursiven Praktiken als Mikro-Ebene gelten kann.

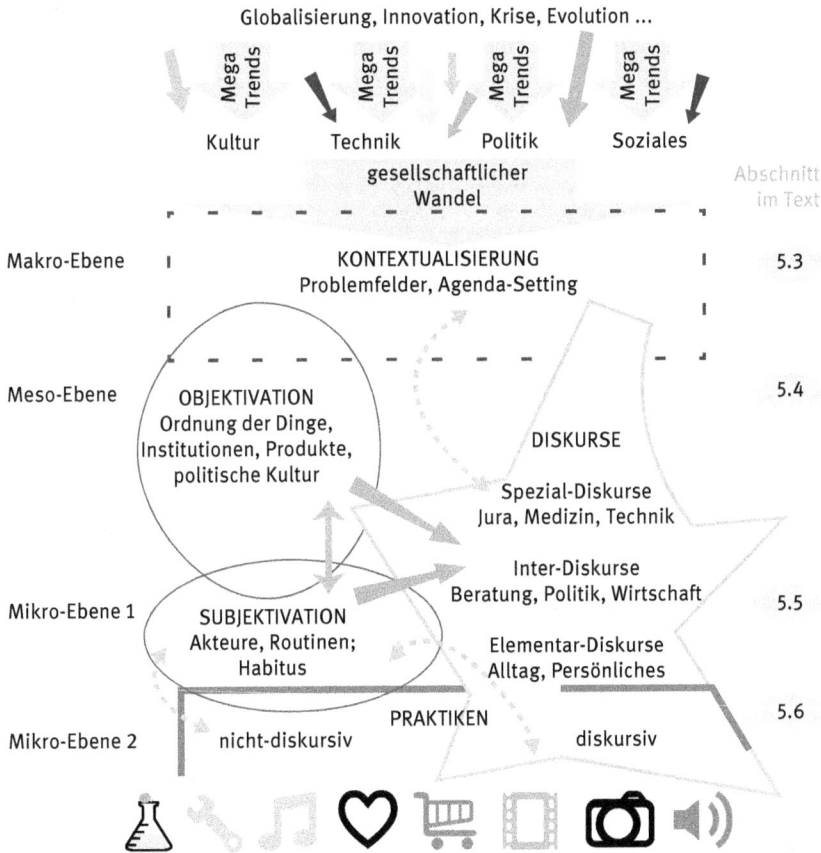

Abb. 6.1: Konnektivität eines Dispositivs (Quelle: in Anlehnung an Bührmann/Schneider 2012, S. 94).

Gesellschaftliche Wandlungsprozesse greifen sowohl in Strukturen als auch Diskurse ein, diese sind vielfältig und besonders ihre Beziehung zu den nicht-diskursiven Praktiken ergeben neue Erkenntnisse.

5.3 Makro-Ebene – gesellschaftliche Kontextualisierung

Die Institutionen und gesellschaftlichen Akteure im Prozess des sozialen Wandels bilden die Makro-Ebene. Ihr Einwirken auf das touristische Feld ist von grundsätzlicher und langfristiger Art durch technische und juristische Vorgaben (z. B. Umweltgesetze) oder den gesellschaftlichen Strukturwandel. Zu diesem gehören alle Aspekte der Governance (vgl. Bührmann/Schneider 2012, S. 60). Diese können in den verschiedenen Gesellschaften und Destinationen gleich oder ähnlich sein (vgl. Mühlberger 2020, o. S.). Für die Flusskreuzfahrt lässt sich das sehr gut veranschaulichen. Dass es Steuergesetze, Reiseregelungen und Ähnliches gibt, gilt für viele Länder aber in sehr spezifischen Auslegungen (vgl. Saretzki/Wöhler 2013, S. 35). Der demografische Wandel verläuft dann schon in mehreren Ländern sehr ähnlich, z. B. in Europa fast gleich. Hier lassen sich vor allem die Megatrends des touristischen Feldes erfassen (vgl. Llantada/Ascolese 2019, o. S.; Scott 2007, o. S.). Global wirkungsmächtig und überall gleich sind dann technische Neuerungen, von der Schiffsantriebsentwicklung bis zu Smart Applications (vgl. Cooper 2017, o. S.; Lee/Trimi 2018, S. 1; García-Milon/Juaneda-Ayensa/Olarte-Pascual/Pelegrín-Borondo 2020, S. 100730). Diese Wandlungsprozesse gilt es in ihrer Wirkung auf die konkrete politische Kultur zu beobachten und zu beschreiben (vgl. Telfer/Sharpley 2015, o. S.; Amore/Hall 2016, S. 109) und sie bilden dann einen eigenen zweiten Analysezugang.

5.4 Meso-Ebene – Objektivationen

Dies sind die konkreten Beziehungen, Netzwerke, veränderliche, dynamische Relationen zwischen Individuen und Gruppen. Sie äußern sich in lokalen und nationalen Kulturen sowie den Arrangements der symbolischen Wissensordnungen (vgl. Dander 2018, S. 65) und führen zu je spezifischen, auf die Beziehungen der Akteure und ihre Entscheidungsfindung relevanten Verknüpfungen (vgl. Bührmann/Schneider 2012, S. 116). Dabei ist laut Deleuze (1991, S. 157) nicht, wie in den meisten Forschungen, das Gemeinsame, sondern das Unterscheidbare zu beobachten. Für Deleuze ergibt sich hier inmitten der *Kräftefelder* mit seinen „Riss-, Spalt-, aber auch Bruchlinien" das ertragreichste Beobachtungsmaterial, mit dem die gesellschaftlichen Vorgänge somit auch in den Kulturräumen und touristischen Feldern erklärt werden können. Für die Flusskreuzfahrt sind dies die tourismuspolitischen Interdiskurse (vgl. Becker 2007, S. 381; Conrady/Ruetz/Frankenberg 2014, o. S.) unterschiedlicher Institutionen wie den Interessenverbänden (CLIA, IG RiverCruise, Bund Deutscher Omnibusunternehmen, Regionalverbände, Tourismuszentralen) untereinander, in denen Entwicklungsoptionen ausgehandelt werden. Hierzu gehört dann auch der Agenda-Setting-Prozess (vgl. Knill/Schäfer 2014, S. 183; Hall/Jenkins 1995, o. S.), in dem die Interessen und Konflikte thematisiert werden, so z. B. bei dem Bau eines neuen Schiffsanlegers, der Einrichtung von hafennahen Busparkplätzen (vgl. Bajada/Titheridge 2017, S. 4110) oder Umweltauflagen für Kreuzfahrtschiffe an den Anlegestationen (vgl. Wang/Li/Xiao 2019, S. 140). Ebenso sind die politischen Diskussionen über die Konzepte und Schwerpunkte von Tourismusangeboten nach ihren Akteuren und Themen so zu fassen (vgl. Alebaki/Menexes/Koutsouris 2015, S. 98).

Die Analyse der sich konkretisierenden Struktur, der Alltagskultur werdenden Gesetze ermöglicht es, diese beiden ersten Dimensionen des Dispositivs in einem Forschungsdesign zusammenzufassen (vgl. Scharfenberg 2020, o. S.).

5.5 Mikro-Ebene 1 – Subjektivationen

Der Blick fokussiert sich dann mit der nächsten Analysedimension auf die Akteursebene dieses gesellschaftlichen Wandels und der politischen Kultur: Subjekte als Handlungsträger mit ihren Routinen und speziellen Einbindungen. Diese können zum einen als Übersetzungen der gesellschaftlichen Vorgaben oder Konkretisierungen der Veränderungen betrachtet werden, zugleich aber erweiternde Varianten davon sein (vgl. Bührmann/Schneider 2012, S. 112). Begrifflich gefasst und ausdifferenziert wird dies zum Beispiel im Habitusbegriff (vgl. Bourdieu 2018, o. S.; Kajetzke 2005, o. S.), der Rollenverständnis und Selbstbild anhand von Gewohnheiten und Präferenzen erfasst (vgl. Schäfer 2020, o. S.). Gerade für das touristische Feld, mehr noch für die einzelnen Kommunikationen an den Touchpoints der Customer Journey zeigen sich die institutionalisierten Abläufe, akkumulierten Wissensbestände und generalisierten Bewertungen als bestimmend (vgl. Pimentel 2012, S. 4). Mit dem Bedeutungsschwund von nationalen, aber auch soziodemografischen Grenzen im Tourismus steigt zugleich das Abgrenzungsbedürfnis der Tourist/-innen. Touristische Produkte sind dabei zunehmend zum Hilfsmittel für den Ausdruck von Status und Prestige geworden. Die Einordnung des Reisens als Teil des eigenen guten Lebens setzt neue Segmentierungen, schafft neue Zielgruppen und damit veränderte Kommunikationsnotwendigkeiten (vgl. Trdina/Jontes 2019, S. 161 ff.).

Das führt somit zur Frage, die verschiedenen Aspekte von Freizeit, Mobilität und Reisezielen in ihren jeweiligen Diskursen zu erkunden. Diese diskursiven Praktiken sind methodisch-forschungspraktisch der Ausgangspunkt einer Dispositivanalyse (vgl. Bührmann/Schneider 2012, S. 81) und zugleich am nächsten an den Fragestellungen des Tourismusmarketing, wenn es um die Wechselwirkungen in den einzelnen Kommunikationssträngen geht (vgl. Seppälä-Esser 2017, S. 39; Freyer 2011, o. S.).

Dieser vierte Ansatz erlaubt nicht nur Quellen zum touristischen Feld aus ihrem historischen Kontext heraus zu verstehen, sondern auch aus diesem herauszulösen und somit Customer Experience verschiedener Zeiten und verschiedener Orte vergleichbar zu machen (vgl. Fuchs 1995, o. S.; Mączak/Teuteberg 1982, o. S.; Hachtmann 2010, o. S.).

5.6 Mikro-Ebene 2 – praktizierte Diskurse

Zunächst einmal kann man unter Diskurs „eine institutionell verfestigte Redeweise (verstehen), insofern eine solche Redeweise schon Handeln bestimmt und verfestigt und also auch schon Macht ausübt" (Link 1983, S. 60). Dabei sind eine Verdichtung auf bestimmte Themen und Sprechweisen (vgl. Spiess 2013, S. 17) sowie die Rede-Beziehungen der Akteure von besonderer Bedeutung (vgl. Link 2007, S. 220; Link 2008, S. 240). Je nach Konstellation und jeweiligem Zugriff auf Referenzsysteme und Instrumentalisierung von Wissensbeständen der Diskursteilnehmer/-innen (vgl. Link 2007, S. 231) entstehen asymmetrische, oft den Topos, also Gesprächsgegenstand, neu definierende Interdiskurse, die bisher wenig beforscht wurden. Bei Aspekten von Sprach- und Kulturtransfer scheint es, so Agorni (2018, S. 256), bei den Tourismusstudien einen blinden Fleck zu geben, dabei sind es doch gerade die kulturübergreifenden Begegnungen von Tourist/-innen und Einheimischen, die das Reiseerlebnis prägen. Und dennoch ist für solche Kommunikationsbesonderheiten in der Tourismusforschung wohl kein Platz. Damit fehlt bisher das Verständnis für die diskursiven Situationen. Bleiben in der Fachexpertise wie auch dem Alltagsgespräch als Elementardiskurse (vgl. Bührmann/Schneider 2012, S. 65) die Transformationen gering, kommt es insbesondere bei den Interdiskursen, also zwischen Akteuren unterschiedlicher Niveaus und Kompetenz (vgl. Truschkat 2017, S. 136; Francesconi 2014, o. S.; Francesconi 2006, S. 64; Sulaiman 2014, S. 505; Maci 2012, S. 37) in Bezug auf den Sachverhalt zu Neuzuschreibungen. Das Gespräch der Weinliebhaber/-innen oder Burg-Spaziergänger/-innen als horizontaler Austausch untereinander unterscheidet sich demnach von der Weinprobe, der Reisegruppenführung, dem Fachvortrag zum gleichen Thema. Also nicht Content, sondern Textsorte und Sprechakte sind relevant (vgl. Costa 2019, S. 206; Keller 2018, o. S.; Gürsoy 2016, S. 17; Warren 2016, o. S.; Costa/Müller-Jaquier 2010, o. S.). Der Hinweis in einer Fernsehnachricht wird – selbst wenn gleichlautend – anders gewertet als die Schlagzeile eines Werbeprospektes (vgl. Smykala 2015, o. S.; Meiler 2014, o. S.; Thonhauser-Jursnick 1997, o. S.).

Besonders der intermediale Bereich (vgl. Beritelli 2019, S. 100384) einer visuellen Kommunikationskette, z. B. vom Panoramagemälde zur Postkarte oder den Reisekatalogtitel bis zur Souvenirtasse oder Ähnlichem bleibt methodisch wenig bearbeitet (vgl. Geary/Webb 1998, S. 4; Schierl 2017, o. S.). Insbesondere hier jedoch kann der Bewertungswandel (vgl. Kozak/Beaman 2006, S. 399; Felser/Leplow/Salisch 2014, o. S.) vom Impuls einer Reiseabsicht, die zunächst den Verheißungen einer Katalogdarstellung folgt (vgl. Köck 2001, o. S.), zu den manchmal überraschenden, tiefer liegenden Motiven des Reiseerlebnisses (vgl. Backes 2002, o. S.) gezeigt werden. Private Fotobücher und Schnappschüsse werden mit einem Authentizitätsversprechen zu publizierten Credentials in Katalogen (vgl. Pagenstecher 2006, S. 169), zusammen mit den Posts in sozialen Medien verstärken sie die mediale Präsenz des besuchten Ortes (vgl. Sharma/Nayak 2018, S. 41; Baumann 2019, o. S.). Diese in der Touchpoint-Kommunikation, z. B. dem Reisebericht oder der Tourismus-Information vor Ort erfolgende Wahrnehmung (vgl. García-Milon/Juaneda-Ayensa/Olarte-Pascual/Pelegrín-Borondo 2020, S. 100730) kann jedoch ebenfalls sehr unterschiedlich wirken und entweder als sachlich-topografischer Hinweis „Ja, hier geht es zur Loreley, zum Niederwald-Denkmal usw." dienen oder zum „Achja, wie romantisch, da möchte ich nochmals hin" werden (Chang 2008, S. 108).

Die vielfältigen Diskurspraktiken können dann nach einem einfachen Kommunikationsmodell (vgl. Khabyuk 2019, o. S.) zunächst nach Sender, Medium, Inhalt und Zielgruppe beschrieben werden. Zu den Tourismus prägenden Interdiskursen gehört dann das Einvernehmen über „die Art der Mitteilung", mehr noch über den „guten Geschmack" und den „richtigen Stil" (vgl. Diaz-Bone 2002, o. S.). Um dieses einzuordnen und für Marketing und Forschung anwenden zu können, ist die Berücksichtigung sozialer Milieus, die Adaption an Zielgruppen unerlässlich (vgl. Zhan/Wang/Sun 2020, S. 100715; Zhang/Lv/Feng 2013, S. 77). Dies erst recht, wenn Sprach- oder Kulturtransfers zum Tragen kommen (vgl. Hall-Lew/Lew 2014, S. 337; Durán Muñoz 2011, S. 38).

„Customers do not act in a social vacuum but largely share reality with their surroundings. They are surrounded by a multitude of other people [e.g., family members and friends] and collectives [e.g., families, cultural groups, or communities], making customers take on differing [social] roles that come with differing behavioral expectations that influence Customer Experience [...]. All these people – whether or not included in collectives – have their own overlapping and contradictory goals, preferences, and needs, and the collectives, in turn, have their own overlapping and contradictory institutions [...]. These latter strongly influence the way customers think and behave and what their socially constructed world looks like." (Keyser/Verleye/Lemon/Keiningham/Klaus 2020, S. 13)

6 Alles im Fluss – Dispositiver Blick auf die Flusskreuzfahrt

Aufgrund des Booms in der Kreuzfahrt (vgl. CLIA 2020, o. S.) bestand wenig Bedarf, Ursachen und Zusammenhänge näher zu betrachten (vgl. Gibson/Milde/Papathanassis 2011, o. S.). So überwogen bisher betriebswirtschaftliche Teilanalysen oder deskriptive Darstellungen einzelner Ziele oder Anbieter (vgl. Espinet-Rius/Fluvià/Rigall-Torrent/Oliveras-Corominas 2018, S. 101; Sanz-Blas/Buzova/Carvajal-Trujillo 2019, S. 1; Brida/Zapata-Aguirre 2017, S. 205). Nur sehr wenige Studien befassen sich mit Zusammenhängen in der Flusskreuzfahrt, so Böttger (2016, o. S.), die sich mit der Bedeutung von Landgängen und entsprechenden Verbesserungsmöglichkeiten aus Kundensicht beschäftigte. Dabei bleiben jedoch, wie bei den meisten Studien in der Tourismusforschung, Milieubesonderheiten als Erklärungsperspektive und zugleich Kontaktpunkt für neue Ideen unberücksichtigt (vgl. Burzinski/Burzinski 2020, o. S.; Hardy/Bennett/ Robards 2018, o. S.).

6.1 Neo-Tribes – Neue Akteure in der Flusskreuzfahrt

Kochgewohnheiten, Musikgeschmack oder Kleiderstile sind im Tourismus, insbesondere in der Kreuzfahrt, mögliche Anknüpfungspunkte für Kundenkontakte und Zielgruppenansprache, es sei nur auf die Heavy Metal Cruise von TUI Cruises oder Gourmetreisen von A-ROSA verwiesen (vgl. Eisele 2017, S. 121; Schmidt-Ott 2017, S. 141). Die so entstehenden *Neo-Tribes* (vgl. Hardy/Bennett/Robards 2018, o. S.) bilden mit Zeitschriften, Blogs und Events eigene Kommunikationsfelder aus, die die zum Teil sehr hermetischen Diskurse verstetigen. Diese dienen dazu, Identität durch Abgrenzung zu schaffen sowie Zonen der Solidarität und sozialen Kohäsion (vgl. Le Grand 2018, S. 21). In diese Konfigurationen hinein wirken zu wollen, gelingt zum einen nur eingebetteten Kommunikatoren, zum anderen wird zur Konsolidierung der Gruppe eine besondere Kultur der Inklusion mit besonderen „Welcome the Stranger"-Ritualen entwickelt, die eine ganz eigene Sprache sprechen (vgl. St. John 2017, S. 2). Bei solchen spezial-touristischen Angeboten, bei denen es um das Außergewöhnliche geht (vgl. Goolaup 2018, o. S.), ist das, was bei Bourdieu Diskurse in Bezug auf „kulturelles Kapital" beschrieben wird (vgl. Bourdieu/Wacquant 1992, S. 99), in hohem Maße gefordert, da es milieu-spezifische Normen und kodifizierte Verhaltensmuster gibt, die die einzige Möglichkeit sind, Touchpoints zu setzen. In der Konfiguration dieser sozialen Milieus ist es wichtig, zu erkennen, worin und bei wem sich kulturelles Kapital ansammeln und nutzen lässt (vgl. Stringfellow/MacLaren/Maclean/O'Gorman 2013, S. 79).

6.2 On/Off-Bord – Hybride Angebote in der Flusskreuzfahrt

Eine solche Vielzahl von kommunikativen Beziehungen bilden eine Diskursinfrastruktur (vgl. Bührmann/Schneider 2012, S. 51), bei der es darauf ankommt, nicht nur die Inhalte hinsichtlich ihrer touristischen (vgl. Thurlow/Jaworski 2010, o. S.) und marketingtechnischen Relevanz (vgl. Truschkat 2017, S. 145) zu differenzieren, sondern auch die Akteure und ihre Rollen zu beschreiben (vgl. Meiler 2014, o. S.).

Diese Dispositive so in ihrer Wirksamkeit zu erfassen, gelingt vor allem, wenn der Blick für das Detail sich mit grundsätzlichen Fragen verbindet (vgl. Hess-Lüttich/Kämper/Reisigl/Warnke 2017, o. S.). Für die Flusskreuzfahrt heißt dies, Trends gezielt umzusetzen, dabei die Perspektiven aller Akteure, also Kund/-innen, Anbieter, Dienstleister und der politisch Verantwortlichen gleichzeitig zu berücksichtigen und an möglichst viele technische und kommunikative Innovationen anzuknüpfen (vgl. Darbellay/Stock 2012, S. 441).

Wie bereits in der Hochseekreuzfahrt erfolgt, werden Flussreisen das Schiff als Destination betonen (vgl. Preece 2020, o. S.). Dazu müssen sie größer und die räumlichen Angebote an Bord vielfältiger werden (vgl. Chang 2019, o. S.; Flechsig 2020, o. S.).

Im technischen Bereich sind jedoch überall dort, wo Schleusen- und Anlegervorgabe beachtet werden müssen, somit die äußeren Grenzen erreicht (vgl. Parnyakov 2014, S. 280). Damit stehen Fragen der Umweltverträglichkeit, der verbesserten Antriebstechnik, der flacheren Bauweise vorrangig auf der Agenda (vgl. Polat 2015, S. 438) und sind bereits Verkaufsargument der neuen AmaWaterways-Schiffe (vgl. AmaWaterways 2020, o. S.). Bereits realisiert wurde von AmaWaterways ein mit 22,0 m statt den üblichen 17,7 m deutlich breiterer Schiffstyp. Die AmaMagna bietet statt einem gleich vier Restaurants, zudem einen großen Pool- und Wellnessbereich. Mit einer am Heck befindlichen Wassersportplattform sind Flussausflüge möglich (vgl. McKenzie 2018, o. S.). Mit dieser Angebotserweiterung werden nicht nur mehr Aktivitäten an Bord möglich, sondern vor allem wird die Zielgruppe der Hochseekreuzfahrer als Neukund/-innen angesprochen.

Der Trend zur Segmentierung wird von Uniworld umgesetzt (vgl. Harris 2020, o. S.). Mit „The A" und „The B" wird eine jüngere Zielgruppe der Millennials angesprochen (vgl. Jacobs 2017, o. S.). Die Schiffe sind vollkommen in schwarz lackiert, sodass sie bereits beim Anlegemanöver Aufmerksamkeit erzeugen. An Bord sind alle Restaurants und Gemeinschaftsbereiche modern und stylish und das Bordprogramm wird von der allnächtlichen Party und Silent Disco bestimmt. Bei den Ausflügen steht das „technische" Erlebnis im Vordergrund, also nicht das Ziel, sondern die Fahrt mit Segway oder Scooter.

Der Gegenentwurf dazu sind die neuen Schiffe von Viking (vgl. Souza 2019, o. S.). Hier soll der Lifestyle der Zielgruppe mit Sprachkursen, Workshops zu Wein und Zigarren oder kunstgeschichtlichen Vorträgen das Ausflugsprogramm fast gleichwertig ergänzen (vgl. Viking River Cruises 2020, o. S.).

Die kurz skizzierten Trends haben drei Dinge gemeinsam: Zunächst wird das Flussschiff vom *nur* schwimmenden Hotel zum Erlebnisort auf dem Wasser. Zweitens werden die Angebote vielfältiger und drittens verschwinden die Grenzen zwischen Destinationen und den Schiffen, zwischen Kulturangebot und Erlebniswelten (vgl. Richards 2014, o. S.).

7 Fazit – Neue Kund/-innen, neue Ideen, neue Forschungsansätze

Nachdem gezeigt wurde, dass Akteure in der Flusskreuzfahrt das Instrument der qualitativen Marktforschung nicht nur als Trend, sondern vor allem auch zur Sicherung des Fortbestehens im Markt so nutzen können, dass sie besser und zielgenauer ihre Kund/-innen und deren Bedürfnisse verstehen, wurde die Vorgehensweise einer Dispositivanalyse erläutert. Insbesondere für die Kreuzfahrt sind die Möglichkeiten einer differenzierten und qualitativ hochwertigen Kundenbefragung noch weitgehend unausgeschöpft. Mit der vorgestellten Herangehensweise können aus dem Repertoire der qualitativen Kundenforschung diejenigen Forschungsansätze eines Methodenmix gefunden werden, die geeignet sind, die beabsichtigten Werbemaßnahmen frühzeitig hinsichtlich ihres Wirkungspotenzials zu untersuchen. Marketingvorhaben, die sich stärker auf die Customer Experience fokussieren und für das dafür notwendige Erlebnisumfeld die Handlungsoptionen aller mitwirkenden Stakeholder einschätzen können, werden nicht nur die Bestandskund/-innen, sondern vor allem auch neue, jenseits des Mainstreams bisheriger Angebote positionierte Kundengruppen finden und binden können. Ebenso kann mit einer in der Dispositivanalyse erfolgenden Erforschung der *praktizierten Diskurse* und deren Verknüpfungen in den materiellen, meist unberücksichtigt bleibenden nicht-diskursiven Elementen der Bestand an möglichen Touchpoint-Interventionen über die gesamte Customer Journey evaluiert werden. Mit dem Dispostiv-Ansatz einer *Objektivation* werden zunächst Netzwerke, Interdependenzen, Vorfestlegungen und *Machtgefüge* aller relevanten institutionellen und Akteurs-Perspektiven erfasst und in Kriterien übersetzt, die die Rahmensetzung der Tourismuspolitik auf die jeweilige Zukunftsfähigkeit überprüfbar macht. Gerade so wird die durch eine Dispositivanalyse erfolgende Untersuchung des touristischen Feldes besonders nachhaltig. Der durch die COVID-19-Pandemie entstandene Veränderungsdruck auf den Markt und dessen Marketing kann somit zum Impuls einer innovativen, qualitativen Forschungskultur in der Kreuzfahrt werden.

Literatur

Achilles, G. (2020). *Der Flusskreuzfahrtmarkt. PCE Marktstudie.* Verfügbar unter: https://www.pce-capital.de/daten-fakten/flusskreuzfahrtmarkt/. [Abgerufen am 01.09.2020].

Adrian, A. (2015). Current Diversity of Cruise Tourism. In: *Journal of Tourism Challenges and Trends*, 8(1), S. 7–42.

Agorni, M. (2018). Cultural Representation Through Translation: An Insider-Outsider Perspective on the Translation of Tourism Promotional Discourse. In: *Off the Record*, 11(20), S. 254–275.

Alebaki, M.; Menexes, G.; Koutsouris, A. (2015). Developing a multidimensional framework for wine tourist behavior: Evidence from Greece. In: *Wine Economics and Policy*, 4(2), S. 98–109.

Altinay, L.; Song, H.; Madanoglu, M.; Wang, X. (2019). The influence of customer-to-customer interactions on elderly consumers' satisfaction and social well-being. In: *International Journal of Hospitality Management*, 78, S. 223–233.

AmaWaterways (2020). *AmaMagna Overview.* Verfügbar unter: www.amawaterways.com/ships/amamagna-river-cruise-ship. [Abgerufen am 01.09.2020].

Amersdorffer, D.; Bauhuber, F.; Egger, R.; Oellrich, J. (Hrsg.) (2010). *Social Web im Tourismus. Strategien, Konzepte, Einsatzfelder.* Wiesbaden: Springer.

Amore, A.; Hall, C. (2016). From governance to meta-governance in tourism? Re-incorporating politics, interests and values in the analysis of tourism governance. In: *Tourism recreation research*, 41(2), S. 109–122.

Aneas, M.; Sandín, M. (2009). Intercultural and Cross-Cultural Communication Research. Some Reflections about Culture and Qualitative Methods. In: *FQS Forum Qualitative Sozialforschung*,

10(1), S. Art. 51. Verfügbar unter: http://www.qualitative-research.net/index.php/fqs/article/view/1251/2738. [Abgerufen am 01.09.2020].

Artal-Tur, A.; Kozak, M.; Kozak, N. (Hrsg.) (2019). *Trends in tourist behavior. New products and experiences from Europe*. Cham: Springer.

Aschauer, W. (2009). Krisen im Tourismus als neue Forschungsrichtung. Forschungsstand zu den Ursachen und Effekten terroristischer Anschläge. In: *Zeitschrift für Tourismuswissenschaft*, 1(1), S. 13–28.

Aschenbrand, E. (2017). *Die Landschaft des Tourismus. Wie Landschaft von Reiseveranstaltern inszeniert und von Touristen konsumiert wird*. Wiesbaden: Springer.

Assion, P. (1986). Historismus, Traditionalismus, Folklorismus. Zur musealisierenden Tendenz der Gegenwartskultur. In: Jeggle, U. (Hrsg.), *Volkskultur in der Moderne. Probleme und Perspektiven empirischer Kulturforschung*, S. 351–362. Reinbek: Rowohlt.

Avieli, N. (2013). What is „Local Food?". Dynamic culinary eritage in the World Heritage Site of Hoi An, Vietnam. In: *Journal of Heritage Tourism*, 8(2–3), S. 120–132.

Bachleitner, R. (Hrsg.) (2006). *Innovationen in der Tourismusforschung. Methoden und Anwendungen*. Wien, Berlin, Münster: LIT.

Backes, M. (Hrsg.) (2002). *Im Handgepäck Rassismus. Beiträge zu Tourismus und Kultur*. Freiburg/Breisgau: Informationszentrum Dritte Welt.

Badura, J. (2013). Tourismuskultur als Designkultur. Ambiente als Marke. Notizen zum Design touristischer Dispositive. In: Mileva, Y.; Jongen, M.; Hochmuth, U. (Hrsg.), *Design Kulturen. Der erweiterte Designbegriff im Entwurfsfeld der Kulturwissenschaft*, S. 259–270. München: Fink.

Bajada, T.; Titheridge, H. (2017). The attitudes of tourists towards a bus service. Implications for policy from a Maltese case study. In: *Transportation Research Procedia*, 25, S. 4110–4129.

Banyai, M. (2012). Travel Blogs: A Reflection of Positioning Strategies? In: *Journal of hospitality marketing & management*, 21(4), S. 421–439.

Bartholomäus, U. (2011). Das Datenmonster bändigen? In: *Internet World Business*, 23, S. 50.

Baumann, T. (Hrsg.) (2019). *Reiseführer – Sprach- und Kulturmittlung im Tourismus*. Bern: Peter Lang.

Becker, C. (2007). Tourismuspolitik und Tourismusförderung. In: Becker, C.; Hopfinger, H. Steinecke; A. (Hrsg.), *Geographie der Freizeit und des Tourismus. Bilanz und Ausblick*, S. 381–394. München.

Behling, F. (2020). Ohne Stress und Landgang. In: *An Bord. Das Magazin für Schiffsreisen und maritime Welten*, 31(4), S. 16–19.

Benckendorff, P.; Zehrer, A. (2013). A Network Analysis of Tourism Research. In: *Annals of Tourism Research*, 43, S. 121–149.

Beritelli, P. (2019). Transferring concepts and tools from other fields to the tourist destination: A critical viewpoint focusing on the lifecycle concept. In: *Journal of Destination Marketing & Management*, 14, S. 100384.

BMWi (2019). *Eckpunkte der Bundesregierung – Orientierungsrahmen für eine nationale Tourismusstrategie. Kabinettsbeschluss der Bundesregierung vom 30.04.2019*. Verfügbar unter: https://www.bmwi.de/Redaktion/DE/Downloads/E/eckpunkte-tourismusstrategie.pdf?__blob=publicationFile&v=6. [Abgerufen am 01.09.2020].

Böttger, A. (2016). *Viel zu sehen und (zu) wenig Zeit. Flusskreuzfahrten und Landgänge*. Marburg: Tectum.

Boomers, S. (2010). Reisen als Lebensform. Hoffnung auf Anderswelten. In: *Universitas*, 65(767), S. 460–477.

Borko, S.; Geerts, W.; Wang, H. (2020). *The Travel Industry Turned Upside Down. Insights, Analysis and Actions for Travel Executives*. New York/London: Skift Research.

Boschetto Doorly, V. (2020). *Megatrends Defining the Future of Tourism. A journey within the journey in 12 universal truths*. Cham: Springer.

Bourdieu, P. (2018). *Die feinen Unterschiede. Kritik der gesellschaftlichen Urteilskraft*, 26. Auflage. Frankfurt/M.: Suhrkamp.

Bourdieu, P.; Wacquant, L. (1992). *An invitation to reflexive sociology*. Cambridge: Polity Press.

Brida, J.; Zapata-Aguirre, S. (2017). Cruise Tourism. Economic, Socio-Cultural and Environmental Impacts. In: *International Journal of Leisure and Tourism Marketing*, 1(3), S. 205–226. März 2009, überarbeitet 19.10.2017.

Bruhn, M.; Mayer-Vorfelder, M. (2011). Kundenerfahrung als Forschungsgegenstand im Marketing – Konzeptionalisierung, Operationalisierung und empirische Befunde. In: *WZZ Discussion Paper*, 2011/01. Verfügbar unter: http:hdl.handle.net/10419/123413. [Abgerufen am 01.09.2020].

Buchen, S. (2020). *Kreuzfahrt: Soll der Staat die Branche retten?* Pressetext zu ARD: Panorama vom 11.06.2020. Verfügbar unter: https://daserste.ndr.de/panorama/archiv/2020/Kreuzfahrt-Soll-der-Staat-die-Branche-retten,kreuzfahrtschiffe286.html. [Abgerufen am 01.07.2020].

Bührmann, A.; Schneider, W. (2012). *Vom Diskurs zum Dispositiv. Eine Einführung in die Dispositivanalyse*, 2. Auflage. Bielefeld: transcript.

Bunzel, W. (2012). Die Erfindung der Rhein-Romantik. Achim von Arnims und Clemens Brentanos Rhein-Reise (1802) – Voraussetzungen, Hintergründe, Kontexte. In: *Internationales Jahrbuch der Bettina-von-Arnim-Gesellschaft*, 24/25, S. 43–59.

Burns, P.; Novelli, M. (2006). *Tourism and social identities. Global frameworks and local realities*. Boston: Elsevier.

Burzinski, M. (2020). *Customer-Journey-Analysen. Die Wiederentdeckung der Gäste. Online Workshop der Tourismusakademie*. Verfügbar unter: https://www.destinet.de/tourismusakademie/7486-customer-journey-analysen. [Abgerufen am 01.09.2020].

Busi, M. (2013). *Doing Research That Matters. Can a Management Researcher win the Nobel Prize?* Bradford: Elsevier.

Caborn Wengler, J.; Bührmann, A.; Kumiega, L. (2013). Einführung: Zum Potenzial des Foucaultschen Dispositivkonzepts. In: Caborn Wengler, J.; Hoffarth, B.; Kumiega (Hrsg.), *Verortungen des Dispositiv-Begriffs. Analytische Einsätze zu Raum, Bildung, Politik*, S. 7–17. Wiesbaden: Springer.

de Cesari, C. (2019). Introduction: Heritage, Gentrification, Participation: Remaking Urban Landscapes in the Name of Culture and Historic Preservation. In: *Journal of Heritage Studies*, 25(9), S. 2–7.

Chananewitz, A. (2020). *Customer Journey*. Verfügbar unter: https://www.agentur-loewenstark.ch/wissen/onpage/customer-journey/. [Abgerufen am 01.09.2020].

Chang, B. (2019). The world's largest river cruise ship will sail in Spring 2020. In: *Business Insider*. Verfügbar unter: https://www.businessinsider.de/international/worlds-largest-river-cruise-ship-spring-of-2020-see-inside-2019-12/?r=US&IR=T, 11.10.2020. [Abgerufen am 01.09.2020].

Chang, J. (2008). Tourists' satisfaction judgments an investigation of emotion, equity, and attribution. In: *Journal of Hospitality & Tourism Research*, 32(1), S. 108–134.

Cheer, J. (2020). Not drowning, waving: Where to for cruise tourism post-COVID-19? In: *Lens. University of Monash Magazine*, S. 1380110.

Chong, W.; Rudkin, S. (2020). Persistent homology in tourism: Unlocking the possibilities. In: *Tourism Management*, 81, S. 104132.

CLIA (2020). *State of the Industry Outlook 2020*. Washington: CLIA.

Cohen, E. (2002). A phenomenology of tourist experiences. In: Apostolopulos, G. (Hrsg.), *The sociology of tourism. Theoretical and empirical investigations*, S. 90–114. New York: Routledge.

Conrady, R.; Ruetz, D.; Frankenberg, A. (Hrsg.) (2014). *Tourismus und Politik. Schnittstellen und Synergiepotentiale*. Berlin: Erich Schmidt Verlag.

Cooper, C. (Hrsg.) (2017). *Innovation in Tourism – Bridging Theory and Practice*. Madrid: UNTWO.

Costa, M. (2019). Deutsch als Fremdsprache für den internationalen Tourismus. In: Ammon, U.; Kellermeier-Rehbein; B.; Schmidt, G. (Hrsg.), *Förderung der deutschen Sprache weltweit. Vorschläge, Ansätze und Konzepte*, S. 201–213. Berlin/Boston: De Gruyter.

Costa, M.; Müller-Jaquier, B. (Hrsg.) (2010). *Deutschland als fremde Kultur. Vermittlungsverfahren in Touristenführungen*. München: Iudicium.

Crotts, J.; Davis, B.; Mason, P. (2012). Analysing Blog Content for Competitive Advantage. Lessons Learned in the Application of Software Aided Linguistics Analysis. In: Sigala, M.; Christou, E.; Gretzel, U. (Hrsg.), *Social Media in Travel, Tourism and Hospitality. Theory, Practice and Cases*, S. 281–292. Furnham: Ashgate.

D'Urso, P.; Disegna, M.; Massari, R.; Osti, L. (2016). Fuzzy segmentation of postmodern tourists. In: *Tourism Management*, 55, S. 297–308.

Dander, V. (2018). „Das Netz, das zwischen diesen Elementen geknüpft werden kann". Theoretische Verbindungslinien zwischen Netzwerk, Medien und Dispositiven. In: Kiefer, F.; Holze, J. (Hrsg.), *Netzwerk als neues Paradigma?*, S. 65–81. Wiesbaden: Springer.

Darbellay, F.; Stock, M. (2012). Tourism as complex interdisciplinary research object. In: *Annals of Tourism Research*, 39(1), S. 441–458.

Decroly, J.; Diekmann, A. (2018). *Die Entstehung von touristischen Konzepten*. Verfügbar unter: https://journals.openedition.org/viatourism/2824. [Abgerufen am 01.09.2020].

Deleuze, G. (1991). Was ist ein Dispositiv? In: Ewald, F.; Waldenfels, B. (Hrsg.), *Spiele der Wahrheit. Michel Foucaults Denken*, S. 153–162. Frankfurt/M.: Suhrkamp.

Diaz-Bone, R. (2002). *Kulturwelt, Diskurs und Lebensstil. Eine diskurstheoretische Erweiterung der bourdieuschen Distinktionstheorie*. Wiesbaden: Springer.

Diaz-Bone, R.; Hartz, R. (2017). Dispositivanalyse und Ökonomie. In: Diaz-Bone, R.; Hartz, R. (Hrsg.), *Dispositiv und Ökonomie. Diskurs- und dispositivanalytische Perspektiven auf Märkte und Organisationen*, S. 1–38. Wiesbaden.

Dietz, P. (2016). *Weiterentwicklung der Dachmarke Kulturland Rheingau*. Endbericht von entra Winnweiler. Oestrich-Winkel: Zweckverband Rheingau.

Dimitrov, M.; Stankova, M. (2019). Enhancing the Destination Image Through Promotion Popular River Cruise Destinations. In: *International Conference on Innovations in Science and Education, Prag 20.–22.03.2019*. Prag, Blagoevgrad: South-West University. Conference Paper.

Döring, J.; Thielmann, T. (Hrsg.) (2009). *Spatial Turn. Das Raumparadigma in den Kultur- und Sozialwissenschaften*, 2. Auflage. Bielefeld: transcript.

Dorson, R. (1969). „Fakelore". In: *Zeitschrift für Volkskunde*, 65(1), S. 56–64.

Dovaliene, A.; Masiulyte, A.; Piligrimiene, Z. (2015). The Relations between Customer Engagement, Perceived Value and Satisfaction: The Case of Mobile Applications. In: *Procedia – Social and Behavioral Sciences*, 213, S. 659–664.

Downey, A.; Marquez, J. (2015). Walking a Mile in the User's Shoes. Customer Journey Mapping as a Method to Understanding the User Experience. In: *Internet Reference Services Quarterly*, 20, S. 135–150.

Drost, U. (1998). Überlegungen zu einer integrativ-dynamischen Standort-Raumplanung. In: Rieder, M.; Bachleitner, R.; Kagelmann, H. (Hrsg.), *Erlebnis Welten. Zur Kommerzialisierung der Emotionen in touristischen Räumen und Landschaften*, S. 35–42. München: Profil.

Durán Muñoz, I. (2011). Tourist translations as a mediation tool. Misunderstandings and difficulties. In: *Cadernos de Tradução*, 1, S. 27–49.

Eichenberger, B. (2020). Geglückter Neustart der Flussreisen. In: *An Bord. Das Magazin für Schiffsreisen und maritime Welten*, 31(4), S. 48–49.

Eisele, J. (2017). Kreuzfahrt-Touristen unter der Lupe der Marktforschung. In: Klein, A.; Schmidt-Ott, T.; Pröbstle, Y. (Hrsg.), *Kulturtourismus für alle? Neue Strategien für einen Wachstumsmarkt*, S. 121–140. Bielefeld: transcript.

Ek, M. (2015). The Fragmentation and Knowledge in Tourism Fields. An Alternative Viewpoint. In: *Journal of Tourism and Hospitality*, 4(3), S. 1000159.

Enzensberger, H. (1958). Vergebliche Brandung der Ferne. Eine Theorie des Tourismus. In: *Merkur*, 12(8), S. 701–720.

Espinet-Rius, J.; Fluvià-Font, M.; Rigall-Torrent, R.; Oliveras-Cominas, A. (2018). Cruise tourism. A hedonic pricing approach. In: *European Journal of Management and Business Economics*, 27(1), S. 101–122.

Fath, A. (2020). *Unser Rhein. Im Fluss der Geschichte. TV-Dokumentation*. Verfügbar unter: https://www.swr.de/geschichte/unser-rhein-im-fluss-der-geschichte/-/id=100754/did=25053944/nid=100754/gfp8vi/index.html. [Abgerufen am 01.09.2020].

Fechner, J. (1974). *Erfahrene und erfundene Landschaft. Aurelio de' Giorgi Bertòlas Deutschlandbild und die Begründung der Rheinromantik*. Opladen: wdv.

Felser, G.; Leplow, B.; Salisch, M. von (2014). *Konsumentenpsychologie*. Stuttgart: Kohlhammer.

Fickert, O. (2020). *Tourismus und Gastgewerbe*. Verfügbar unter: https://www.saarland.de/stat/DE/themen/_themen/TourismusUndGastgewerbe.html. [Abgerufen am 01.09.2020].

Flechsig, A. (2020). *River Cruise Trends in Europe*. Verfügbar unter: https://weichlein.de/river-cruise-trends-europe/. [Abgerufen am 01.09.2020].

Flick, U. (2010). Design und Prozess qualitativer Forschung. In: Flick, U.; Kardorff, E. v.; Steinke, I. (Hrsg.), *Qualitative Forschung. Ein Handbuch*, S. 252–265, 8. Auflage. Reinbek: Rowohlt.

Foroudi, P.; Mauri, C.; Dennis, C. (Hrsg.) (2020). *Place branding. Connecting tourist experiences to places*. New York: Routledge.

Förster, C. (2020). *Mikroabenteuer – Das Praxisbuch*. Hamburg: HarperCollins.

Foucault, M. (1978). *Dispositive der Macht. Über Sexualität, Wissen und Wahrheit*. Berlin: Merve.

Foucault, M. (1981). *Archäologie des Wissens*. Frankfurt/M.: Suhrkamp.

Francesconi, S. (2006). Touring Tourism Discourses: the Case of „Scotland Underground". In: Palusci, O.; Francesconi, S. (Hrsg.), *Translating Tourism. Linguistic/Cultural Representations*, S. 57–71. Trento: Editrice Università.

Francesconi, S. (2014). *Reading Tourism Texts. A Multimodal Analysis*. Clevedon: Channel View Publications.

Freyer, W. (2011). *Tourismus-Marketing. Marktorientiertes Management im Mikro- und Makrobereich der Tourismuswirtschaft*, 7. Auflage. München: Oldenbourg.

Fuchs, A. (Hrsg.) (1995). *Reisen im Diskurs. Modelle der literarischen Fremderfahrung von den Pilgerberichten bis zur Postmoderne*. Heidelberg: Winter.

Fuhrmann, U. (2017). *Die Entstehung der Sozialen Marktwirtschaft 1948/49. Eine historische Dispositivanalyse*. Konstanz: UVK.

García-Milon, A.; Juaneda-Ayensa, E.; Olarte-Pascual, C.; Pelegrín-Borondo, J. (2020). Towards the smart tourism destination: Key factors in information source use on the tourist shopping journey. In: *Tourism management perspectives*, 36, S. 100730.

Gartner, W. (1994). Image Formation Process. In: *Journal of Travel & Tourism Marketing*, 2(2–3), S. 191–216.

Gassen, R.; Holeczek, B. (1992). *Mythos Rhein. Ein Fluss in Kitsch und Kommerz*. Heidelberg: Brausdruck. Ausstellungskatalog Stadtmuseum Ludwigshafen am Rhein.

Geary, C.; Webb, V. (1998). Introduction. In: Geary, C.; Webb, V. (Hrsg.), *Delivering views. Distant cultures in early postcards*, S. 1–12. Washington: Smithsonian Institution Press.

Gibson, P.; Milde, P.; Papathanassis, A. (Hrsg.) (2011). *Cruise sector challenges. Making progress in an uncertain world*. Wiesbaden: Gabler.

Gilchrist, K. (2020). More robots, fewer buffet lines: You will cruise again, but it will look very different. In: *CNBC Global Traveller*. Verfügbar unter: https://www.cnbc.com/2020/04/21/how-coronavirus-covid-19-will-change-cruise-ship-travel.html. [Abgerufen am 01.09.2020].

Glaeßer, D. (2005). *Risiko und Gefahr im Tourismus. Erfolgreicher Umgang mit Krisen und Strukturbrüchen*. Berlin: Erich Schmidt Verlag.

Gnosa, T. (2018). *Im Dispositiv*. Bielefeld: transcript.

Goolaup, S. (2018). *On Consumer Experiences and the Extraordinary*. Göteburg: Lorensburg.

Groß, M.; Bastian, H. (2004). *Tourismus 2015. Tatsachen und Trends im Tourismusmanagement*. Hamburg: ITD.

Gugerli, D.; Kupper, P.; Speich, D. (2005). Rechne mit deinen Beständen. Dispositive des Wissens in der Informationsgesellschaft. In: Berthoud, G.; Kündig, A.; Sitter-Liver, B. (Hrsg.), *Informationsgesellschaft – Geschichten und Wirklichkeit. 22. Kolloquium der Schweizerischen Akademie der Geistes- und Sozialwissenschaften, Gerzensee 2003*, S. 79–108, Freiburg (CH). Unversitätsdruck.

Gürsoy, Y. (2016). Europäischer Linguistischer Standart für den Sektor des Tourismus. In: *Zeitschrift der Germanisten Rumäniens*, 24/25(1–2), S. 17–25.

Gyimóthy, S.; Mykletun, R. (2009). Scary food. Commodifying culinary heritage as meal adventures in tourism. In: *Journal of Vacation Marketing*, 15(3), S. 259–273.

Gyr, U. (1988). Touristenkultur und Reisealltag. Volkskundlicher Nachholbedarf in der Tourismusforschung. In: *Zeitschrift für Volkskunde*, 84, S. 224–239.

Hachtmann, R. (2010). *Tourismus und Tourismusgeschichte. Version 1.0*. Verfügbar unter: https://docupedia.de/zg/Tourismus_und_Tourismusgeschichte?oldid=76353. [Abgerufen am 01.09.2020].

Hall, C.; Sharpies, L (2003). The consumption of experiences or the experience of consumption? An introduction to the tourism of taste. In: Hall, C. (Hrsg.), *Food tourism around the world. Development, management, and markets*, S. 1–24. Amsterdam: Butterworth-Heinemann.

Hall, C.; Jenkins, J. (1995). *Tourism and public policy*. London: Routledge.

Hall, C.; Williams, A. (2020). *Tourism and innovation*. Verfügbar unter: https://www.taylorfrancis.com/books/9781315162836. [Abgerufen am 01.09.2020].

Hallerbach, B.; Biehl, E. (2012). Vom Erbsenzählen zum Insight. Klassische Gästebefragung contra offene Befragungsformen. Neue Impulse für Gästebefragungen in touristischen Destinationen. In: Zehrer, A.; Grabmüller, A.; Alber, H. (Hrsg.), *Tourismus 2020+ interdisziplinär. Herausforderungen für Wirtschaft, Umwelt und Gesellschaft*, S. 271–281. Berlin: Erich Schmidt Verlag.

Hall-Lew, L.; Lew, A. (2014). Speaking Heritage: Language, Identity and Tourism. In: Lew, A.; Hall, C.; Williams, A. (Hrsg.), *The Wiley-Blackwell Companion to Tourism*, S. 336–348. London: Wiley-Blackwell.

Hallmann, K.; Zehrer, A. (2015). Limits of modelling memorable experiences. How authentic shall events be? In: Pechlaner, H.; Smeral, E. (Hrsg.), *Tourism and leisure. Current issues and perspectives of development*, S. 269–286. Wiesbaden: Springer.

Hamma, E. (2008). *Einflussfaktoren auf die wahrgenommene Point-of-Sale Atmosphäre von Konsumenten*. Hamburg: diplom.de.

Hardy, A.; Bennett, A.; Robards, B. (Hrsg.) (2018). *Neo-Tribes. Consumption, leisure and tourism*. Cham: Springer.

Harris, M. (2020). *U River Cruises. The B*. Verfügbar unter: https://cruiseweb.com/cruise-lines/u-river-cruises/ship-the-b. [Abgerufen am 01.09.2020].

Heinen, A. (2013). Schwedische Bildpostkarten und touristische Praxis um 1900. In: Heitmann, A.; Schröder, S. (Hrsg.), *Tourismus als literarische und kulturelle Praxis. Skandinavistische Fallstudien*, S. 167–202. München: Utz.

Hess-Lüttich, E.; Kämper, H.; Reisigl, M.; Warnke, I. H. (2017). *Diskurs – semiotisch. Aspekte multi-formaler Diskurskodierung*. Berlin/Boston: De Gruyter.

Hobsbawm, E.; Ranger, T. (2017). *The invention of tradition*, 26. Auflage. Cambridge: University Press.

Hoffmann, T. (1986). Alte Mauern – neue Museen? Konflikte zwischen visueller Revolution und Museologie. In: Jeggle, U. (Hrsg.), *Volkskultur in der Moderne. Probleme und Perspektiven empirischer Kulturforschung*, S. 391–396. Reinbek: Rowohlt.

Holmlund, M.; van Vaerenbergh, Y.; Ciuchita, R. (2020). Customer experience management in the age of big data analytics: A strategic framework. In: *Journal of Business Research*, 116, S. 356–365.

Hönninger, D. (2009). *Das Shadowing. Eine interaktive, prozess- und handlungsorientierte Methode zur Kundenbefragung*. Taunusstein: Driesen.

Horster, E. (2013). *Reputation und Reiseentscheidung im Internet. Grundlagen, Messung und Praxis*. Wiesbaden: Springer.

Huete Alcocer, N.; López Ruiz, V. (2020). The role of destination image in tourist satisfaction: the case of a heritage site. In: *Economic Research*, 33(1), S. 2444–2461.

Hunziker, W.; Krapf, K. (1942). *Grundriss der allgemeinen Fremdenverkehrslehre*. Zürich: Polygraphischer Verlag.

Ibrahima Issaka, A. (2017). *Fremd- und Selbstverortungen – Afrikanismus und Postkolonialismus in Reiseführerliteratur und Interviews mit Reisenden*. Hamburg: Kovač.

Jacobs, S. (2017). Introducing the cruise line where over 45s are banned. In: *The Telegraph*. Verfügbar unter: https://www.telegraph.co.uk/travel/cruises/articles/uniworld-millennials-only-cruise-ship/. [Abgerufen am 01.09.2020].

Javed, N.; Saeed, S. (2011). Landscape Versus Mindscape. Location of Evil in A Passage to India and Lord of the Flies. In: *Explorations*, 22, S. 1–18.

Jeavons, B.; Jeavons, E. (2020). *Agile sales. Delivering customer journeys of value and delight*. New York: Routledge.

Jenkins, O. (2003). Photography and travel brochures: The circle of representation. In: *Tourism Geographies*, 5(3), S. 305–328.

Jiménez-Barreto, J.; Rubio, N.; Campo, S. (2020). Destination brand authenticity: What an experiential simulacrum! A multigroup analysis of its antecedents and outcomes through official online platforms. In: *Tourism Management*, 77, S. 104022.

Job, H.; Mayer, M. (Hrsg.) (2013). *Tourismus und Regionalentwicklung in Bayern*. Hannover: Akademie für Raumforschung und Landesplanung.

John-Grimm, M. (2006). *Tourismus-Destinationen zwischen Profilierung und Austauschbarkeit. Ein geographischer Diskurs zu den aktuellen Herausforderungen auf dem Tourismusmarkt am Beispiel der Destination Hamburg*. Hamburg: Institut für Geographie.

Jolliffe, L. (2007). Tea and Travel. Transforming the Material Culture of Tea. In: Jolliffe, L. (Hrsg.), *Tea and tourism. Tourists, traditions and transformations*, S. 38–52. Clevedon: Channel View Publications.

Kachniewska, M. (2014). New marketing management paradigms. Facing leading consumer trends and their repercussions for the tourism industry. In: *Folia Turistica. Krakow*, 25(33), S. 64–82.

Kajetzke, L. (2005). *Wissen im Diskurs. Ein Theorienvergleich von Bourdieu und Foucault*. Marburg: Universitätsdruck.

Kammerhofer-Aggermann, U.; Keul, A. (1998). Erlebniswelten. Die Kommerzialisierung der Alpenträume: Touristensommer und Bauernherbst. In: Rieder, M.; Bachleitner, R.; Kagelmann, H. (Hrsg.), *Erlebnis Welten. Zur Kommerzialisierung der Emotionen in touristischen Räumen und Landschaften*, S. 95–101. München: Profil.

Kämpfer, S.; Mutz, M. (2016). Zufriedenheit und Wohlbefinden in der Konsum- und Erlebnisgesell-schaft. Ein Forschungsüberblick. In: Frankenberger, F. (Hrsg.), *Soziale Milieus – politische und soziale Lebenswelten. Bürger im Staat*, Heft 2/3, S. 158–166. Stuttgart: Landeszentrale für politische Bildung Baden-Württemberg.

Kamps, I.; Schetter, D. (2020). *Performance Marketing. Der Wegweiser zu einem mess- und steuer-baren Marketing. Einführung in Instrumente, Methoden und Technik*, 2. Auflage. Wiesbaden: Springer.

Kaul, V. (2012). Changing Paradigms of Media Landscape in the Digital Age. In: *Journal of Mass Communication and Journalism*, 2(110), S. 1000110. Verfügbar unter: https://www.hilarispublisher.com/abstract/changing-paradigms-of-media-landscape-in-the-digital-age-26930.html. [Abgerufen am 01.09.2020].

Kavoura, A.; Kefallonitis, E.; Theodoridis, P. (Hrsg.) (2020). *Strategic Innovative Marketing and Tourism*. Cham: Springer. 8th ICSIMAT, Northern Aegean Greece, 2019.

Keiningham, T.; Aksoy, L.; Cooil, B. (2008). A holistic examination of Net Promoter. In: *Journal of Database Marketing & Customer Strategy Management*, 15(2), S. 79–90.

Keller, A. (2018). *Liste von im Bereich Tourismus häufig anzutreffenden Sprechakten. SLEST (European Linguistic Standard for Professionals in Tourism) 2.0 1 Project No: 2013 - 1 - ES1 - LEO05 - 66445*. Working Paper, Brüssel: European Union.

Keyser, A.; Verleye, K.; Lemon, K.; Keiningham, T. L; Klaus, P. (2020). Moving the Customer Experience Field Forward. Introducing the Touchpoints, Context, Qualities (TCQ) Nomenclature. In: *Journal of Service Research*. Verfügbar unter: https://journals.sagepub.com/doi/full/10.1177/1094670520928390. [Abgerufen am 01.09.2020].

Khabyuk, O. (2019). *Kommunikationsmodelle. Grundlagen – Anwendungsfelder – Grenzen*. Stuttgart: Kohlhammer.

Klaus, P.; Maklan, S. (2018). Towards a better measure of customer experience. In: *International Journal of Market Research*, 55(2), S. 227–246.

Klein, A.; Schmidt-Ott, T.; Pröbstle, Y. (Hrsg.) (2017). *Kulturtourismus für alle? Neue Strategien für einen Wachstumsmarkt*. Bielefeld: transcript.

Knill, C.; Schäfer, A. (2014). Policy-Netzwerke. In: Weyer, J. (Hrsg.), *Soziale Netzwerke. Konzepte und Methoden der sozialwissenschaftlichen Netzwerkforschung*, S. 183–210, 3 Auflage. München: De Gruyter.

Köck, C. (Hrsg.) (2001). *Reisebilder. Produktion und Reproduktion touristischer Wahrnehmung*. Münster/München/Berlin: Waxmann.

Koselleck, R. (1992). Zur historisch-politischen Semantik asymmetrischer Gegenbegriffe. In: Koselleck, R. (Hrsg.), *Vergangene Zukunft. Zur Semantik geschichtlicher Zeiten*, S. 211–259, 2. Auflage. Frankfurt/M.: Suhrkamp.

Kozak, M.; Beaman, J. (2006). Relationship between Satisfaction and Future Behavior. In: *Tourism Analysis*, 11(6), S. 397–409.

Kramer, J. (Hrsg.) (2014). *Dienstleistungsmarketing, Kommunikationspolitik und Tourismus*. Bremen: EHV Academicpress.

Kreib, T. (2018). Fehlinvestition? Die Buxtehuder Fahrradboxen werden kaum genutzt. In: *Neue Buxtehuder Wochenblatt*, 27.06. Verfügbar unter: https://www.kreiszeitung-wochenblatt.de/buxtehude/c-politik/fehlinvestition-die-buxtehuder-fahrradboxen-werden-kaum-genutzt_a114559. [Abgerufen am 01.09.2020].

Kreilkamp, E. (2013). Von der Erlebnis- zur Sinngesellschaft. Konsequenzen für die touristische Angebotsgestaltung. In: Quack, H.; Klemm, K. (Hrsg.), *Kulturtourismus zu Beginn des 21. Jahrhunderts. Festschrift für Albrecht Steinecke*, S. 33–48. München: Oldenbourg.

Kulinat, K. (2007). Tourismusnachfrage: Motive und Theorien. In: Becker, C.; Hopfinger, H.; Steinecke, A.; Anton-Ouack, C. (Hrsg.), *Geographie der Freizeit und des Tourismus. Bilanz und Ausblick*, S. 97–111. München: Oldenbourg.

Ladsawut, J.; Nunkoo, R. (2020). Three Decades of Tourism Scholarship: Gender, Collaboration and Research Methods. In: *Tourism Management*, 78, S. 104056.

Laßmann, M. (2020a). Flusskreuzfahrten sind bei Urlaubern sehr gefragt. In: *fvw*. Verfügbar unter: https://www.fvw.de/veranstalter/kreuzfahrt/sommersaison-flusskreuzfahrten-sind-bei-urlaubern-sehr-gefragt-211188. [Abgerufen am 01.09.2020].

Laßmann, M. (2020b). Blaue Reisen. TUI Cruises spricht Stammkunden an. In: *fvw*. Verfügbar unter: https://www.fvw.de/veranstalter/kreuzfahrt/blaue-reisen-wir-bringen-liquiditaet-212281?utm_source=%2Fmeta%2Fnewsletter%2Ffvwamnachmittag&utm_medium=/fvw%20am%20Nachmittag/long&utm_campaign=nl2440&utm_term=7d44e4a039935d8f8003c140b1bba421&crefresh=1. [Abgerufen am 7.10.2020].

Lawley, S. (2005). Deleuze's Rhizome and the Study of Organization: Conceptual Movement and an Open Future. In: *Tamara. Journal of Critical Postmodern Organization Science*, 3(4), S. 36–49.

Le Grand, E. (2018). Rethinking Neo-Tribes. Ritual, Social Differentiation and Symbolic Boundaries in „Alternative" Food Practice. In: Hardy, A.; Bennett, A.; Robards, B. (Hrsg.), *Neo-Tribes. Consumption, leisure and tourism*, S. 17–31. Cham: Springer.

Lee, S.; Trimi, S. (2018). Innovation for creating a smart future. In: *Journal of Innovation & Knowledge*, 3(1), S. 1–8.

Lemon, K.; Verhoef, P. (2016). Understanding Customer Experience Throughout the Customer Journey. In: *Journal of Marketing*, 80(6), S. 69–96.

Link, J. (1983). Was ist und was bringt Diskurstaktik? In: *kultuRRevolution. Zeitschrift für angewandte Diskurstheorie*, 2, S. 60–66.

Link, J. (2007). Dispositiv und Interdiskurs. Mit Überlegungen zum >Dreieck< Foucault – Bourdieu – Luhmann. In: Kammler, C.; Parr, R. (Hrsg.), *Foucault in den Kulturwissenschaften. Eine Bestandsaufnahme*, S. 219–238. Heidelberg: synchron.

Link, J. (2008). Dispositiv. Begriffe und Konzepte. In: Kammler, C.; Parr, R.; Schneider, U. (Hrsg.), *Foucault-Handbuch. Leben, Werk, Wirkung*, S. 237–242. Stuttgart: Metzler.

Lisch, R. (2014). *Measuring service performance. Practical research for better quality*. Farnham, Surrey: Gower.

Llantada, J.; Ascolese, G. (2019). *The Next Great Tourism Revolution. A Report on Travel and Tourism Trends*. Valencia/Madrid/Milan/Miami: WAM.

Lüders, C. (2010). Herausforderungen qualitativer Forschung. In: Flick, U.; Kardorff, E. v.; Steinke, I. (Hrsg.), *Qualitative Forschung. Ein Handbuch*, S. 632–642, 8. Auflage. Reinbek: Rowohlt.

Lueck, M.; Radic, A. (2020). *Cruise Tourism. An Annotated Bibliography*. Auckland: Dotterel.

Maci, S. (2012). Tourism as a specialised discourse. The case of normative guidelines in the European Union. In: *Token. A Journal of English Linguistics*, 1, S. 37–58.

Mączak, A.; Teuteberg, H. (1982). *Reiseberichte als Quellen europäischer Kulturgeschichte. Aufgaben und Möglichkeiten der historischen Reiseforschung*. Wolfenbüttel: Herzog August Bibliothek.

Marchner, G. (2010). Regional- und Tourismusgeschichte sowie Erfahrungswissen als Innovationspotenzial. Geschichte und Kultur – mehr als ein Schlechtwetterprogramm. In: Luger, K.; Wöhler, K. (Hrsg.), *Kulturelles Erbe und Tourismus. Rituale, Traditionen, Inszenierungen*, S. 261–271. Innsbruck: Studienverlag.

Matthews, D. (2019). How To Put Yourself in Your Customer's Shoes The only question that matters to them is: What's in it for me? In: *Medium*. Verfügbar unter: https://medium.com/better-marketing/how-to-put-yourself-in-your-customers-shoes-df821c837c79. [Abgerufen am 01.09.2020].

McGregor, S. (2007). International Journal of Consumer Studies: decade review (1997–2006). In: *International Journal of Consumer Studies*, 31(1), S. 2–18.

McKenzie, A (2018). New Design River Cruise Ship. In: *Mechtraveller*. Verfügbar unter: https://mechtraveller.com/2018/05/new-design-river-cruise-ship/. [Abgerufen am 01.10.2020].

Meiler, M. (2014). *Diskurse – Medien – Dispositive oder: Die Situationen des Diskurses. Anmerkungen zur postfoucaultschen Diskussion um die Medialität von Diskursen*. Verfügbar unter: https://www.academia.edu/7211975/Diskurse_Medien_Dispositive_oder_Die_Situationen_des_Diskurses_Anmerkungen_zur_postfoucaultschen_Diskussion_um_die_Medialit%C3%A4t_von_Diskursen. [Abgerufen am 01.09.2020].

Metri, B.; Khan, A. (2011). Understanding customers' service experience. Review and research propositions. In: *International Journal of Business Environment*, 4(1), S. 45–62.

Moisio, R.; Arnould, E.; Price, L. (2006). Making Contexts Matter. Selecting Research Contexts for Theoretical Insights. In: Belk, R. (Hrsg.), *Handbook of qualitative research methods in marketing*, S. 106–125. Cheltenham: Elgar.

Möller, A.; Berndt, M. (2020). „Gästelenkung in touristischen Destinationen". Starke Resonanz auf unsere erste Online-Veranstaltung. In: *DWIF*. Verfügbar unter: https://www.dwif.de/news/item/overtourism-gaestelenkung-besucherlenkung-online-reihe-part-i.html. [Abgerufen am 01.09.2020].

Möller, C.; Weiermair, K. (2007). Der Destinationslebenszyklus aus nachfrageorientierter Perspektive. Konzeptionelle Betrachtung und das Beispiel Tirols. In: *Jahrbuch der schweizerische Tourismuswirtschaft*, 10, S. 271–286.

Mühlberger, J. (2020). *ITB World Travel Trends 2020. Latest Insights & Outlook*. Berlin: ITB.

Müller, M.; Schurr, C. (2015). Assemblage thinking and actor-network theory. Conjunctions, disjunctions, cross-fertilisations. In: *Transactions of the Institute of British Geographers*, 41(3), S. 217–229.

Mundt, J. (2011a). Reiseentscheidung. In: Mundt, J. (Hrsg.), *Tourismus*, 4. Auflage. München: Online-Version.

Mundt, J. (2011b). Reisemotivation. In: Mundt, J. (Hrsg.), *Tourismus*, 4. Auflage. München: Online-Version.

Musner, L. (2010). Jenseits von Dispositiv und Diskurs. Historische Kulturwissenschaften als Wiederentdeckung des Sozialen. In: Kusber, J.; Dreyer, M.; Rogge, J.; Hütig, A. (Hrsg.), *Historische Kulturwissenschaften. Positionen, Praktiken und Perspektiven*, S. 67–80. Bielefeld: transcript.

Nakano, S.; Kondo, F. (2018). Customer segmentation with purchase channels and media touchpoints using single source panel data. In: *Journal of Retailing and Consumer Services*, 41, S. 142–152.

Nekić, M. (2014). *Tourist Activities in Multimodal Texts. An Analysis of Croatian and Scottish Tourism Websites*. Basingstoke: Palgrave Macmillian.

Neumeier, F. (2020). Update: Wie geht's der Kreuzfahrt in der Corinavirus-Krise im Mai 2020. In: *cruisetricks*. Verfügbar unter: https://www.cruisetricks.de/update-wie-gehts-der-kreuzfahrt-in-der-coronavirus-krise-im-mai-2020/. [Abgerufen am 01.09.2020].

Nowak, Z. (2014). Folklore, Fakelore, History. Invented Tradition and the Origins of the Pizza Margherita. In: *Food, Culture & Society*, 17(1), S. 103–124.

Pagenstecher, C. (1998). Enzensbergers Tourismusessay von 1958 – ein Forschungsprogramm für 1998? In: *Tourismus Journal*, 2, S. 533–552.

Pagenstecher, C. (2006). Reisekataloge und Urlaubsalben. Zur Visual History des touristischen Blicks. In: Paul, G. (Hrsg.), *Visual History. Ein Studienbuch*, S. 169–187. Göttingen: Vandenhoeck & Ruprecht.

Parnyakov, A. (2014). Innovation and design of cruise ships. In: *Pacific Science Review*, 16(4), S. 280–282.

Pechlaner, H.; Reuter, C. (2012). Multidisziplinarität, Interdisziplinarität, Transdisziplinarität. Perspektiven für den Tourismus? In: Zehrer, A.; Grabmüller, A.; Alber, H. (Hrsg.), *Tourismus 2020+ interdisziplinär. Herausforderungen für Wirtschaft, Umwelt und Gesellschaft*, S. 13–22. Berlin: Erich Schmidt Verlag.

Petermann, T.; Revermann, C.; Scherz, C. (2006). *Zukunftstrends im Tourismus*. Berlin: Edition Sigma.

Pimentel, T. (2012). *Bourdieu, Tourist Field and its implications for Governance of Tourist Destinations. Konferenzbeitrag, University of Juiz de Fora*. Verfügbar unter: https://www.academia.edu/3855378/Bourdieu_Tourist_Field_and_its_implications_for_Governance_of_Tourist_Destinations. [Abgerufen am 1.9.2020].

Pircher, E. (2009). Tourismusgeschichte(n). In: Alber, A. (Hrsg.), *Einblicke – Ausblicke in unser Dorf Tirol*, S. 16–31. Meran: Bildungsausschuss Tirol.

Polat, N. (2015). Technical Innovations in Cruise Tourism and Results of Sustainability. In: *Procedia – Social and Behavioral Sciences*, 195, S. 438–445.

Ponsignon, F.; Derbaix, M. (2020). The impact of interactive technologies on the social experience: An empirical study in a cultural tourism context. In: *Tourism Management Perspectives*, 35, S. 100723.

Preece, E. (2020). *River Cruise Firsts. Cruise Ship Interior Expo, London Dec. 2021*. Verfügbar unter: https://cruiseshipinteriors-europe.com/river-cruise-firsts/. [Abgerufen am 01.09.2020].

Ratajczak, O.; Jockwer, A. (Hrsg.) (2015). *Kundenorientierung und Kundenservice in der Touristik. Reisende an allen Touchpoints begeistern und Urlaub zum ganzheitlichen Erlebnis machen*. Wiesbaden: Springer-Gabler.

Richards, G. (2012). Food and the tourism experience. Major findings and policy orientations. In: Dodd, D. (Hrsg.), *Food and the Tourism Experience. The OECD Korea-Workshop*, S. 13–46. Paris: OECD.

Richards, G. (2014). *Tourism trends: The convergence of culture and tourism.- Working Paper*. Breda: NHTV Breda University of Applied Sciences.

Rickly-Boyd, J. (2009). The Tourist Narrative. In: *Tourist studies*, 9(3), S. 259–280.

Rieder, M. (1998). Erlebniswelten. Jenseits der Realität – Inmitten der Utopie. In: Rieder, M.; Bachleitner, R.; Kagelmann, H. (Hrsg.), *Erlebnis Welten. Zur Kommerzialisierung der Emotionen in touristischen Räumen und Landschaften*, S. 20–34. München: Profil.

Rorig, D. (2020). *Texten können. Das neue Handbuch für Marketer, Texter und Redakteure*. Bonn: Rheinwerk Computing.

Röthl, M. (2015). *Tiroler Privat(zimmer)vermietung. Dispositive Bedingungen, Subjekteffekte, Aneignungsweisen*. Münster/New York: Waxmann.

Rothman, H. (Hrsg.) (2003). *The culture of tourism, the tourism of culture. Selling the past to the present in the American southwest*. Albuquerque, NM: University of New Mexico Press.

Samuelson, D. (2010). Suggestions for a Typology of Mindscapes. In: Slusser, G.; Rabkin, E. (Hrsg.), *Mindscapes, the geographies of imagined worlds. 9th Eaton Conference on Science Fiction and Fantasy Literature, University of California 1987*, S. 282–286. Carbondale: Southern Illinois University Press.

Santulli, F. (2011). Tourist brochures as a means to convey corporate image. The analysis of a case study in a rhetorical perspective. In: Garzone, G.; Gotti, M. (Hrsg.), *Discourse, Communication and the Enterprise. Genres and Trends*, S. 371–389. Bern: Peter Lang.

Saretzki, A.; Wöhler, K. (2013). Governance statt Management oder: Management der Governance. In: Saretzki, A.; Wöhler, K. (Hrsg.), *Governance von Destinationen. Neue Ansätze für die erfolgreiche Steuerung touristischer Zielgebiete*, S. 35–62. Berlin: Erich Schmidt Verlag.

Saunders, A. (2020). New River Cruise Ships Coming in 2020. In: *cruisecritic*. Verfügbar unter: https://www.cruisecritic.com/articles.cfm?ID=4788. [Abgerufen am 1.9.2020].

Sanz-Blas, S.; Buzova, D.; Carvajal-Trujillo, E. (2019). Familiarity and visit characteristics as determinants of tourists' experience at a cruise destination. In: *Tourism management perspectives*, 30, S. 1–10.

Schäfer, H. (2020). *Praxeology and meaning. HabitusAnalysis 2*. Wiesbaden: Springer.

Schäfer, R. (2014). *Tourismus und Authentizität*. Bielefeld: transcript.

Scharfenberg, S. (2020). Ein Plädoyer für die Unterscheidung zwischen Objektivation und Dispositiv. In: Meyer, T.; Sabisch, A.; Wollberg, O.; Zahn, M. (Hrsg.), *Übertrag. Kunst und Pädagogik im Anschluss an Karl-Josef Pazzini*, Bd. 10. zkmb Zeitschrift Kunst Medien Bildung.

Scharl, A.; Dickinger, A.; Weichselbraun, A. (2008). Analyzing News Media Coverage to Acquire and Structure Tourism Knowledge. In: *Information Technology & Tourism*, 10(1), S. 3–17.

Scharna, A. (2015). Die Customer-Journey-Analyse in der Touristik – eine Methode zur Steigerung der Werbeeffizienz und Kundenorientierung. In: Ratajczak, O.; Jockwer, A. (Hrsg.), *Kundenorientierung und Kundenservice in der Touristik. Reisende an allen Touchpoints begeistern und Urlaub zum ganzheitlichen Erlebnis machen*, S. 29–44. Wiesbaden: Springer.

Schierl, T. (2017). *Text und Bild in der Werbung. Bedingungen, Wirkungen und Anwendungen bei Anzeigen und Plakaten*, 2. Auflage. Köln: Herbert von Halem.

Schlottmann, A. (2010). Erlebnisräume/Raumerlebnisse. Zur Konstruktion des „Draußen" in Bildern der Werbung. In: Wöhler, K. (Hrsg.), *Tourismusräume. Zur soziokulturellen Konstruktion eines globalen Phänomens*, S. 67–88. Bielefeld: transcript.

Schmidt-Ott, T. (2017). „Reisen bildet" – Kreuzfahrten auch? Bildungs-, Kultur- und Programmangebote und ihre Relevanz im Cruise-Business. In: Klein, A.; Schmidt-Ott, T.; Pröbstle, Y. (Hrsg.), *Kulturtourismus für alle? Neue Strategien für einen Wachstumsmarkt*, S. 141–164. Bielefeld: transcript.

Schmücker, D. (2007). *Touristische Informationsprozesse. Theoretische Grundlagen und empirische Ergebnisse zu Einflussfaktoren und Inhalten des Informationsverhaltens von Urlaubsreisenden*. Lüneburg: Leuphana Elektronische Ressource.

Schröder, J.; Bhattacharjee, D.; Wittkamp, N.; Kochman, E.; Ehrlichmann, L. (2020). *Ready for check-in? How the travel industry can cope with COVID-19-triggered shifts in demand patterns*. Düsseldorf, Chicago: McKinsey & Company.

Schüller, A. (2013). *Touchpoints. Auf Tuchfühlung mit dem Kunden von heute. Managementstrategien für unsere neue Businesswelt*, 3. Auflage. Offenbach: GABAL.

Schulze, G. (2000). *Die Erlebnisgesellschaft. Kultursoziologie der Gegenwart*, 8. Auflage. Frankfurt/M.: Suhrkamp.

Schütz, T.; Sarstedt, M. (2016). Moderne empirische (Nicht-) Kundenforschung. Plädoyer für einen Schritt zurück – Teil 1. In: *Wirtschaftswissenschaftliches Studium*.

Schwegmann, R. (2018). *Macht-(W)Orte. Kulturelle Geographien des Rechts und der Ökonomie am Beispiel südasiatischer Migrationsgeschichten*. Bielefeld: transcript.

Scott, N. (2007). *Trends Underpinning Tourism to 2020: An Analysis of Key Drivers for Change.- Working Paper*. Wien: Wirtschaftsuniversität.

Seppälä-Esser, R. (2017). Marketing und Erlebnis im Tourismus. Von der Customer Journey zur Customer Experience. In: Gardini, M.; Bölitz, I. (Hrsg.), *Marketingexzellenz im Tourismus. Konzepte – Fallstudien – Best Practices*, S. 39–54. Berlin: Erich Schmidt Verlag.

Sezerel, H.; Taşdelen, B. (2016). The symbolic representation of tourism destinations. A semiotic analysis. In: Sezgin, E. (Hrsg.), *e-Consumers in the Era of New Tourism*, S. 73–86. Singapore: Springer.

Sharma, P.; Nayak, J. (2018). Testing the role of tourists' emotional experiences in predicting destination image, satisfaction, and behavioral intentions: A case of wellness tourism. In: *Tourism management perspectives*, 28, S. 41–52.

Slusser, G.; Rabkin, E. (2010). Introduction: The Concept of Mindscape. In: Slusser, G.; Rabkin, E. (Hrsg.), *Mindscapes, the geographies of imagined worlds. 9th Eaton Conference on Science Fiction and Fantasy Literature*, S. IX–XIII. Carbondale: Southern Illinois University Press.

Smykala, M. (2015). *„Wenn jemand eine Reise tut … ". Die kontrastive Textologie am Beispiel der österreichischen und polnischen Tourismuswerbung*. Frankfurt/M.: Peter Lang.

Souza, B. (2019). Viking Building New Ship Design for Cruises on Seine River. In: *Cruise Fever*. Verfügbar unter: https://cruisefever.net/viking-building-new-ship-design-for-cruises-on-seine-river/. [Abgerufen am 01.09.2020].

Spiess, C. (2013). Texte, Diskurse und Dispositive. Zur theoretisch-methodischen Modellierung eines Analyserahmens am Beispiel der Kategorie Schlüsseltext. In: Roth, K.; Spiegel, C. (Hrsg.), *Angewandte Diskurslinguistik. Felder, Probleme, Perspektiven*, S. 17–42. Berlin: Akademieverlag.

Spode, H. (2006). *Die paneuropäische Touristenklasse. Zum Potential der Historischen Tourismusforschung*. Themenportal Europäische Geschichte. Verfügbar unter: http://www.europa.clio-online.de/site/lang__de-DE/ItemID__149/mid__11428/40208214/Default.aspx. [Abgerufen am 01.09.2020].

Spode, H. (2009). Zeit, Raum, Tourismus. Touristischer Konsum zwischen Regionalisierung, Nationalisierung und Europäisierung im langen 19. Jahrhundert. In: Eberhard, W.; Lübke, C.; Petersen, H.; Stempel, C. (Hrsg.), *Die Vielfalt Europas. Identitäten und Räume*, S. 251–264. Beiträge einer internationalen Konferenz, Leipzig, 6.–9. Juni 2007.- Leipzig: Universitätsverlag.

St. John, G. (2017). Civilised Tribalism. Burning Man, Event-Tribes and Maker Culture. In: *Cultural Sociology*, 12(1), S. 3–21.

Stielike, L. (2017). *Entwicklung durch Migration? Eine postkoloniale Dispositivanalyse am Beispiel Kamerun-Deutschland*. Bielefeld: transcript.

Stratmann, N. (2007). *Verbildlichte Fremdheit. Eine qualitative Analyse von Reisekatalogen*. München: GRIN.

Strauch, A. (2007). Reiseinformation und Reiseführer. In: Becker, C.; Hopfinger, H.; Steinecke, A.; Anton-Ouack, C. (Hrsg.), *Geographie der Freizeit und des Tourismus. Bilanz und Ausblick*, S. 792–804. München: Oldenbourg.

Stringfellow, L.; MacLaren, A.; Maclean, M.; O'Gorman (2013). Conceptualizing taste: Food, culture and celebrities. In: *Tourism Management*, 37, S. 77–85.

Strobl, G. (2005). Wellness-Tester ortet Fehlinvestitionen. In: *Der Standard*. Verfügbar unter: https://www.derstandard.at/story/2209731/wellness-tester-ortet-fehlinvestitionen, [Abgerufen am 01.09.2020].

Sulaiman, M. (2014). Translating the Style of Tourism Promotional Discourse: A Cross Cultural Journey into Stylescapes. In: *Procedia – Social and Behavioral Sciences*, 118, S. 503–510.

Sutton, P.; House, J. (2005). *The New Age of Tourism. Postmodern Tourism for Postmodern People?* Plymouth: Marjon University. Verfügbar unter: https://www.arasite.org/pspage2.

Tavallaee, S.; Asadi, A.; Abya, H.; Ebrahimi, M. (2014). Tourism planning: an integrated and sustainable development approach. In: *Management Science Letters*, S. 2495–2502.

Teissl, V. (2014). *Kulturveranstaltung Festival. Formate, Entstehung und Potenziale*. Bielefeld: transcript.

Telfer, D.; Sharpley, R. (Hrsg.) (2015). *Tourism and development. Concepts and issues*, 2. Auflage. Clevedon: Channel View Publications.

Thonhauser-Jursnick, I. (1997). *Tourismus-Diskurse. Locus amoenus und Abenteuer als Textmuster der Werbung, der Trivial- und Hochliteratur*. Frankfurt/M.: Suhrkamp.

Thurlow, C.; Jaworski, A. (2010). *Tourism discourse. Language and global mobility*. Basingstoke, Hampshire: Palgrave Macmillan.

Tiffert, A. (2019). *Customer Experience Management in der Praxis. Grundlagen – Zusammenhänge – Umsetzung*. Wiesbaden: Springer.

Trdina, A.; Jontes, D. (2019). Travel and distinction: the cultural currency of mobility in post-egalitarian context. In: *Tourism*, 67(2), S. 159–170.

Tribe, J. (2020). *The Economics of Recreation, Leisure and Tourism*, 6. Auflage. Milton: Taylor & Francis.

Truschkat, I. (2017). Die Macht des Dispositivs. Eine Reflexion des Verhältnisses von Diskurs und Organisation am Beispiel des Kompetenzdispositivs. In: Diaz-Bone, R.; Hartz, R. (Hrsg.), *Dispositiv und Ökonomie. Diskurs- und dispositivanalytische Perspektiven auf Märkte und Organisationen*, S. 133–156. Wiesbaden: Springer.

Tussyadiah, I.; Park, S.; Fesenmaier, D. (2011). Assessing the Effectiveness of Consumer Narratives for Destination Marketing. In: *Journal of Hospitality & Tourism Research*, 35(1), S. 64–78.

Urry, J.; Larsen, J. (2011). *The tourist gaze 3.0*, 3. Auflage. Los Angeles: Sage.

Viking River Cruises (2020). *On Board Experience*. Verfügbar unter: https://www.vikingrivercruises.co.uk/video/why-viking/play.html?id=16640.

von Pilar, C. (2020). Aida will Flottengröße qualitativ anpassen. Costa-Group-Chef im Interview. In: *fvw*. Verfügbar unter: https://www.fvw.de/veranstalter/kreuzfahrt/costa-group-chef-im-interview-aida-will-flottengroesse-qualitativ-anpassen-212315. [Abgerufen am 01.09.2020].

Walker, K. (2018). Walking in the customers' shoes. Interview durch Christoph Wortmann und Laura Braun. In: *Marketing review St. Gallen*, 32, S. 62–66.

Wang, G.; Li, K.; Xiao, Y. (2019). Measuring marine environmental efficiency of a cruise shipping company considering corporate social responsibility. In: *Marine Policy*, 99, S. 140–147.

Warren, A. (2016). *Norme linguistique Européen des Professionnels de Tourisme 2.0. Information sur le Projet*. Verfügbar unter: https://www.facebook.com/pg/slest2.0/posts/?ref=page_internal. [Abgerufen am 01.09.2020].

Weichbold, M.; Gutternig, M. (2004). Erlebnis Natur? Nationalparkmarketing zwischen Ästhetik und Erleben. In: Kagelmann, H.; Bachleitner, R.; Rieder, M. (Hrsg.), *Erlebniswelten. Zum Erlebnisboom in der Postmoderne*, S. 124–134. München: Profil.

Whittle, S.; Foster, M. (1989). Customer Profiling: Getting into your Customer's Shoes. In: *Management Decision*, 27(6), S. 27–30.

Williamson, J. (2019). The latest river cruise trends. In: *cruise trade news*. Verfügbar unter: https://www.cruisetradenews.com/river-cruise-trend-report/. [Abgerufen am 01.09.2020].

Winkel, G. (2013). 'Dispositif turn' und Foucaultsche Politikanalyse. Reflektionen zur Dispositivanalyse am Beispiel des Politikfeldes Wald. In: Caborn Wengler, J.; Hoffarth, B.; Kumiega, L. (Hrsg.), *Verortungen des Dispositiv-Begriffs. Analytische Einsätze zu Raum, Bildung, Politik*, S. 167–198. Wiesbaden: Springer.

Wirth, U. (Hrsg.) (2008). *Kulturwissenschaften. Eine Auswahl grundlegender Texte*. Frankfurt/M.: Suhrkamp.

Wöhler, K. (2016). Dispositive Konstruktion des touristischen Blicks – offline und online. In: Hahn, K.; Schmidl, A. (Hrsg.), *Websites & Sightseeing. Tourismus in Medienkulturen*, S. 109–148. Wiesbaden: Springer.

Wolf, A. (2013). Zur Übertragbarkeit des Industrial Mindscapes-Modells auf kulturtouristische Einrichtungen. Das Beispiel BallinStadt in Hamburg. In: Quack, H.; Klemm, K. (Hrsg.), *Kulturtourismus zu Beginn des 21. Jahrhunderts*, S. 201–211. München.

Wolf, A.; Schneider, S. (2018). Kundenbefragung auf TUI Cruises Mein Schiff 4 „Stars Del Mar 2018". Unveröffentlichtes Manuskript, Hamburg.

Wolf, A.; Schneider, S. (2019). Kundenbefragung auf MS Swiss Tiara, Rhone-Flussreise. Unveröffentlichtes Manuskript, Paris.

Wolf, S. (2011). *Evaluierung der Social Media-Konzepte deutscher Reiseveranstalter*. Hamburg: diplomica.

Wu, V. (2019). The new trends for the 2020 river cruise season. In: *Cruisepassenger*. Verfügbar unter: https://rivercruisepassenger.com.au/the-new-trends-for-the-2020-river-cruise-season/. [Abgerufen am 01.09.2020].

Yachin, J. Moshe (2018). The „customer journey". Learning from customers in tourism experience encounters. In: *Tourism Management Perspectives*, 28, S. 201–210.

Zhang, C.; Wang, S.; Sun, S. (2020). Knowledge mapping of tourism demand forecasting research. In: *Tourism management perspectives*, 35, S. 100715.

Zhang, Y.; Lv, Z.; Feng, C. (2013). The Translation of Culture-loaded Tourism Texts from Perspective of Relevance Theory. In: *Theory and Practice in Language Studies*, 3(1), S. 77–81.

Zukunftsinstitut (Hrsg.) (2017). *Lebensstile. Eine neue Sicht auf Kunden und ihre Bedürfnisse*. Frankfurt/M.: Suhrkamp.

Kerstin Wegener, Antje Wolf und Ines Carstensen

7 Krisenwahrnehmung und Krisenbewältigung in der Flusskreuzfahrtbranche am Beispiel der COVID-19-Pandemie

1 Einleitung

Tourismus und Krisen erscheinen im Lichte der Erwartungen von Kund/-innen an die stress- und komplikationslosen schönsten Wochen des Jahres und dem durch die Branche gepflegten Image als Widerspruch dazustehen. Jedoch sind Krisen im Kontext des Tourismus „ein weitgehend systemimmanentes Phänomen" (Pillmayer/Scherle 2018, S. 3).

Touristische Unternehmen werden heutzutage durch eine Vielzahl von Umfeldveränderungen herausgefordert, seien es neue technologische Entwicklungen, disruptive Geschäftsmodelle, Umweltkatastrophen oder globale Krisen. Dieses Umfeld zwingt sie, dynamische Fähigkeiten zu entwickeln und ihre Ressourcen so umzugestalten, dass sie den ständigen Wandel bewältigen können (vgl. Mansour/Holmes/ Butler/Ananthram 2019, S. 493).

Globale Krisen sind spätestens seit den Terroranschlägen vom 11. September 2001 ein Phänomen, mit denen sich touristische Unternehmen und damit auch die Kreuzfahrtindustrie verstärkt auseinandersetzen müssen. Die COVID-19-Pandemie stellt hinsichtlich der wirtschaftlichen Auswirkungen und des langfristigen zeitlichen Ausmaßes jedoch eine für die Tourismus- und Flusskreuzfahrtbranche einzigartige Herausforderung dar.

Der vorliegende Beitrag setzt sich mit der Wahrnehmung und Bewältigung dieser Krisensituation durch ausgewählte Unternehmen der Flusskreuzfahrtschiffsbranche im deutschen Quellmarkt auseinander und beschäftigt sich mit nachfolgenden Forschungsfragen:

1. Mit welchen besonderen Herausforderungen sieht sich die deutsche Flusskreuzschifffahrt aufgrund der COVID-19-Pandemie konfrontiert?
2. Inwiefern waren die deutschen Flusskreuzschifffahrtsunternehmen auf eine Pandemie vorbereitet und welche Maßnahmen wurden ergriffen?
3. Wie reagiert die Angebots- und Nachfrageseite der Flusskreuzfahrt?

Zur Beantwortung dieser Forschungsfragen kamen sowohl qualitative als auch quantitative Methoden in Form eines Experteninterviews und einer Endverbraucherbefragung zum Einsatz. Das Experteninterview wurde am 29. Mai 2020 mit einem CEO eines deutschen Flusskreuzfahrtanbieters geführt. Die Endverbraucherbefragung fand

https://doi.org/10.1515/9783110696165-007

im Rahmen einer Onlinebefragung vom 26. April bis 20. Juni 2020 statt. Der Stichprobenumfang umfasste 323 deutsche Reisende. Maßgabe war, dass etwa die Hälfte der Proband/-innen bereits eine Flusskreuzfahrtreise unternommen haben sollten. Aufgrund der Komplexität des Untersuchungsgegenstands werden nur ausgewählte Aspekte und Akteure in die Betrachtung einbezogen.

2 Ursachen, Verlauf und Management von Krisen

Es gibt zahlreiche Definitionen des Terminus Krise in unterschiedlichen wissenschaftlichen Disziplinen. Dieses breite Begriffsverständnis ist Ausdruck des Facettenreichtums und der heterogenen Wesensinhalte von Krisen (vgl. Carrent 2010, S. 36 ff.).

Eine Krise lässt sich beschreiben als „eine über einen gewissen Zeitraum anhaltende massive Störung des gesellschaftlichen, politischen oder wirtschaftlichen Systems. Krisen bergen gleichzeitig auch die Chance zur Verbesserung" (Schubert/Klein 2011, S. 173). Im weitesten Sinne ist eine Krise ein Prozess mit ambivalenten Entwicklungsmöglichkeiten. Zumeist kommt sie für die Betroffenen unvorbereitet und unerwünscht, ist bedeutungsvoll und zeitlich eingegrenzt. Eine Krise bedarf immer einer raschen Entscheidung der Verantwortlichen und Beteiligten, weil neben Angst und Unsicherheit auch Zeitdruck und Dringlichkeit eine wichtige Rolle spielen. Das Ziel ist es, die Krise im besten Fall abzuwenden oder, sofern dies nicht möglich ist, die Auswirkungen zu begrenzen (vgl. Berner/Dzimalle/Gaber/Knapp/Mrohs/Reh/Rubio/Tegtmeier 2016, S. 6).

Krisen weisen verschiedene Ursachen auf und können sich in ihrer spezifischen Wirkung erheblich unterscheiden. Naturereignisse (Extremwetterlagen, Waldbrände, Erdbeben, Epidemien), technisches oder menschliches Versagen, Terrorismus, Kriminalität und Krieg können als verursachende Ereignisse eine Krisensituation auslösen, aber auch die Ereignisbewältigung und deren unterschiedliche Art und Weise kann zu einer Krise führen. Abbildung 7.1 vermittelt einen Eindruck hinsichtlich der Komplexität von Krisen, wobei die aufgeführten Eigenschaften einzeln oder auch kumulativ vorkommen können (vgl. Bundesministerium des Innern 2014, S. 4 f.).

Der Verlauf einer Krise ist jeweils spezifisch, jedoch lassen sich häufig auftretende Merkmale von Krisenverläufen wahrnehmen. Der in Abbildung 7.2 von Dreyer/Dreyer/Obieglo (2001, S. 6) visualisierte Krisenprozess umfasst eine potenzielle, eine latente und im Sinne einer akuten Krise die Phasen der Beherrschbarkeit und Nicht-Beherrschbarkeit.

Krystek (2006, S. 48) beschreibt – bezogen auf Unternehmen – ebenfalls diese vier Krisenphasen, wobei er die Phaseneinteilung „in erster Linie als logisch aufeinander folgende Kette von Ereigniskomplexen ohne zwingende zeitliche Reihenfolge" verstanden wissen möchte. In Krisen werden nicht zwangsläufig alle Phasen durchlaufen. Durch aktive oder reaktive Maßnahmen oder äußere Faktoren ist es möglich, den Krisenverlauf zu stoppen. Alternativ kann die Krise jedoch auch in einer späte-

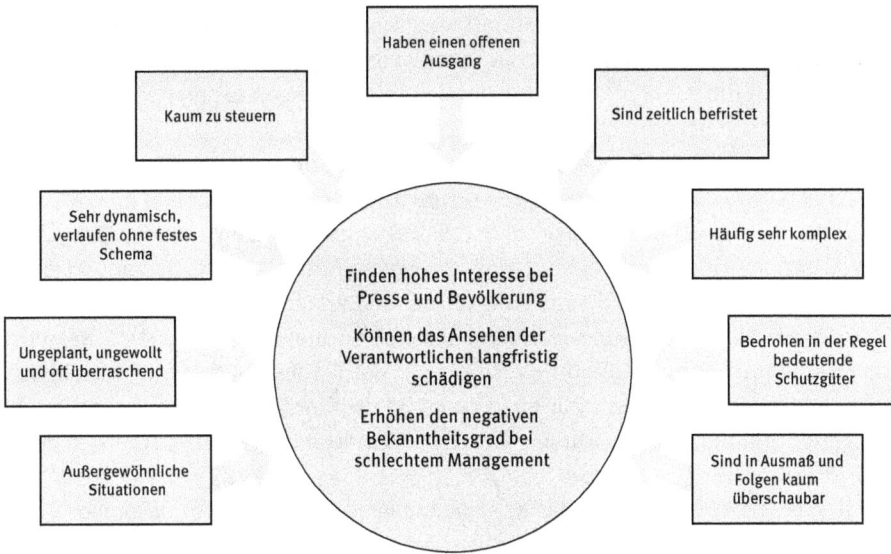

Abb. 7.1: Merkmale und Folgen von Krisen (Quelle: in Anlehnung an Bundesministerium des Innern 2014, S. 5).

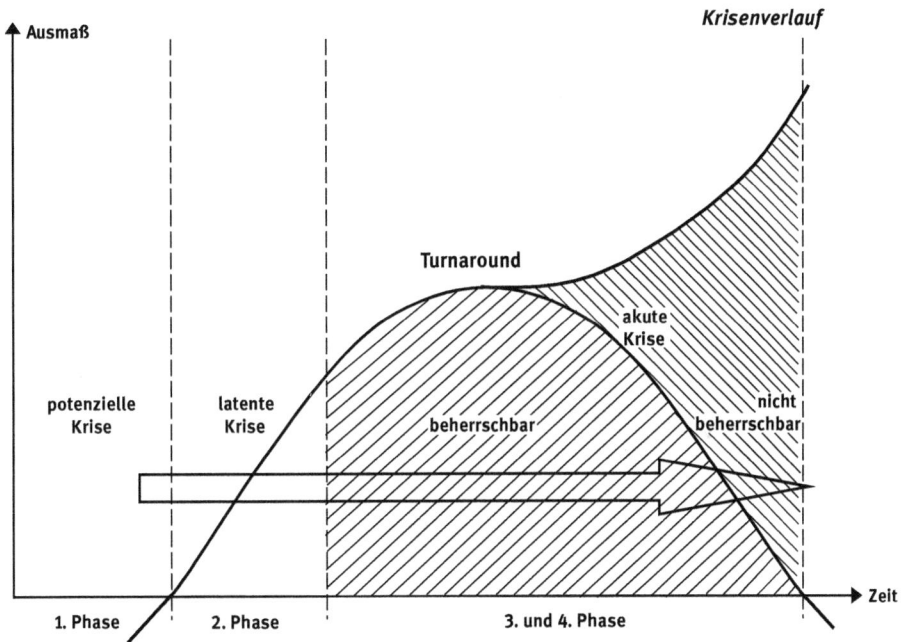

Abb. 7.2: Verlauf einer Krise (Quelle: in Anlehnung an Dreyer/Dreyer/Obieglo, S. 6).

ren Phase in außergewöhnlichen Situationen schlagartig sogar in der vierten Phase beginnen. Zudem ist denkbar, dass sie in eine vorgelagerte Phase zurückfällt, insbesondere wenn die von der Krise ausgehenden Auswirkungen beherrscht werden, die Ursachen jedoch noch nicht ausgeräumt werden konnten.

Akteure und Betroffene stehen vor der Herausforderung, durch ein effektives Krisenmanagement latente Krisen zu erkennen, einen Krisenausbruch abzuwenden und/oder die Krise beherrschbar zu handhaben, um Schaden abzuwenden. „Fast jede Krisenbewältigung durchläuft eine chaotische Anfangsphase. Zuständigkeiten, Schadensausmaß und verfügbare Ressourcen sind zunächst unklar, und die ersten Reaktionen und Bewältigungsmaßnahmen erfolgen meist spontan, lokal begrenzt und häufig unkoordiniert. Dadurch entsteht in der Krisensituation eine Eigendynamik, die eine Krise noch verschärfen kann, wenn die Bewältigungsmaßnahmen nicht so schnell wie möglich koordiniert werden." (Bundesministerium des Innern 2014, S. 6)

Krystek (1987, S. 90) stellt das Krisenmanagement dar als eine „besondere Form der Führung von höchster Priorität, deren Aufgabe es ist, all jene Prozesse der Unternehmung zu vermeiden oder zu bewältigen, die ansonsten in der Lage wären, den Fortbestand des Unternehmens substanziell zu gefährden oder sogar unmöglich zu machen".

Zur akuten Krisenbewältigung werden in Unternehmen oder Institutionen in der Regel Krisenstäbe gebildet, deren Aufgaben sich – in Abhängigkeit vom jeweiligen Vorfall, aber auch dem Unternehmen selbst – unterschiedlich im Umfang und in der Komplexität darstellen. Ein Krisenstab fungiert dabei als „ein Beratungs- und Unterstützungsgremium, das der Person, die in einer kritischen Situation entscheidet, zuarbeitet und dazu spezifische Rollen und Strukturen sowie Informationsflüsse nutzt" (Heimann/Hofinger 2016, S. 4). Kernziel der Krisenstabsarbeit von Unternehmen ist die nachhaltige Sicherung des geschäftlichen Erfolgs, wobei die finanziellen, regulatorischen und medialen Auswirkungen auf das Image des Unternehmens weitestgehend minimiert werden sollen. Der Aufbau von Krisenstäben gliedert sich oft in drei Gruppen der Repräsentanten: des betroffenen Geschäftsbereichs, der Vertreter der Kernbereiche des Unternehmens und der unmittelbar auf die Krise reagierenden Einheiten. Die Stäbe sind zudem flexibel aufgebaut, was es erlaubt, bei Bedarf sachverständige Fachkräfte beratend hinzuzuziehen. Aufgaben von Krisenstäben sind in Abhängigkeit von der Krisensituation unterschiedlich komplex und umfangreich. In der Regel umfassen diese die Sicherstellung der Unversehrtheit der Mitarbeitenden und externer Interessensgruppen, die Weiterführung des Geschäfts mit möglichst wenigen Einbußen, die Rückführung in den Normalbetrieb sowie den Schutz des Images, der Marke und der Reputation (vgl. Osarek 2016, S. 75 ff.).

3 Besonderheiten von Krisen und Risiken im touristischen Kontext

Touristische Krisen[1] behandeln Ereignisse, die das touristische Reisegeschehen unmittelbar betreffen. Dabei sind für touristische Unternehmen und Destinationen das Auftreten und die Bewältigung von außergewöhnlichen Ereignissen oder Krisensituationen wie beispielsweise Flugverspätungen oder Erkrankungen von Reiseteilnehmer/-innen nicht ungewöhnlich, sondern eher Tagesgeschäft (vgl. Dreyer 2004, S. 148). Von einer touristischen Krise sollte erst dann die Rede sein, wenn aufgrund eines Ereignisses ein größerer Kreis von Personen schwer betroffen ist, die Gefährdung zunimmt, das Interesse der Öffentlichkeit groß oder die Leistungserbringung der Anbieter erheblich gefährdet ist (vgl. Rütt 2002, S. 3). Es lassen sich dabei lokal (z. B. Erdrutsch), regional (z. B. Hurrikan Andrew 1992 in Florida), national (z. B. Terroranschlag Flughafen Istanbul 2003) und international (der Ausbruch des Vulkans Eyjafjallajökull 2010, Ebola-Ausbruch 2014/2015) auftretende Krisen unterscheiden (vgl. Dreyer 2004, S. 149).

Aufgrund medialer Berichterstattung oder viraler Verbreitung in sozialen Netzwerken können sich diese Krisen in der Wahrnehmung durch die Tourist/-innen unterschiedlich in ihrem Verlauf und in der räumlichen Wirkung entwickeln. Ursachen von touristischen Krisen sind – wie bei Unternehmenskrisen auch – endogener oder exogener Natur. Dabei können die Krisen das touristische Zielgebiet ebenso betreffen wie den Quellmarkt oder beides wie im Falle der COVID-19-Pandemie. Das Ausmaß, mit dem eine extern induzierte Krise ein touristisches Unternehmen trifft, hängt jedoch stark von den Vorbereitungen und Fähigkeiten des Unternehmens ab, auf Krisensituationen zu reagieren. Unter diesem Gesichtspunkt vereint jede Krise sowohl externe als auch interne Faktoren (vgl. Pillmayer/Scherle 2018, S. 5 ff.).

Touristische Krisen haben Auswirkungen sowohl auf das Reiseverhalten der vor Ort betroffenen Gäste und potenzieller Kund/-innen als auch auf Anbieter touristischer Leistungen im Quellgebiet und in den bereisten Destinationen. In diesem Kontext ist die Wahrnehmung der Krisensituation durch (potenzielle) Tourist/-innen ein wesentlicher Faktor, denn diese hat oftmals einen größeren Einfluss auf Reiseentscheidungen und sich verändernde Touristenströme als die auslösende Situation vor Ort. Sicherheit stellt prinzipiell ein Grundbedürfnis von Reisenden dar. Die Anbieter touristischer Leistungen werden in der Pflicht gesehen, ein Höchstmaß an Sicherheit für ihre Kund/-innen bereitzustellen. Bedeutsam in Bezug auf das Sicherheitsgefühl ist die Risikowahrnehmung des Reisenden, bei der zwischen objektiver und subjektiver Dimension unterschieden werden kann. Der objektive Risikobegriff bezieht sich auf Angaben wie Anzahl von Erkrankten oder Verletzten, aber auch errechnete Eintrittswahrscheinlichkeiten, der subjektive beschreibt die vom Individuum einseitig

---

1 Mit den konzeptionellen Zugängen zum Krisenbegriff im touristischen Kontext haben sich Pillmayer und Scherle intensiv auseinandergesetzt (vgl. Pillmayer/Scherle 2018, S. 5 ff.).

wahrgenommene Wahrscheinlichkeit und das Ausmaß der Gefahrensituation. In Bezug auf Reiseentscheidungen ist für das Sicherheitsempfinden das subjektiv wahrgenommene Risiko und Gefährdungspotenzial eines jeden einzelnen Reisenden wesentlich. Dieses wird zudem noch durch die individuelle Risikoneigung beeinflusst (vgl. Dreyer 2004, S. 151; Petermann/Revermann/Scherz 2006, S. 140; Karl 2017, S. 1).

Für touristische Unternehmen bietet es sich demzufolge an, unabhängig von einer Krisensituation dem Sicherheitsbedürfnis von Reisenden zu entsprechen, indem über mögliche Gefahrensituationen informiert wird und Informationen zu Sicherheitsmaßnahmen bereitgestellt werden. Dies soll Reisende in Bezug auf die Risikoabwägung im Reiseentscheidungsprozess positiv beeinflussen. Dabei ist jedoch abzuwägen, inwiefern durch eine zu proaktive oder offensive Informationspolitik unnötig Ängste geschürt werden, die vom Reisen abhalten.

Karl (2017, S. 26) identifiziert fünf Arten von touristischen Risikokategorien und entwickelte eine Risikowahrnehmungstouristentypologie in Bezug auf die Destinationswahl von Tourist/-innen. Abbildung 7.3 verdeutlicht, dass sich die unterschiedlichen Typen in Bezug auf die Risikokategorien in unterschiedlichem Maße bei der Destinationswahl beeinflussen lassen.

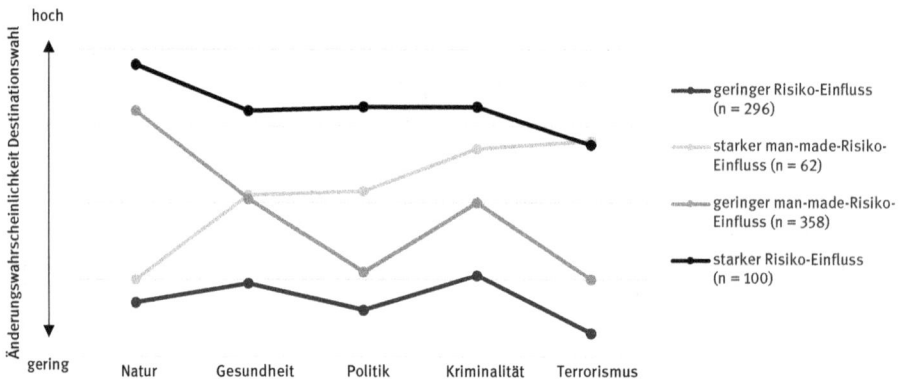

Abb. 7.3: Touristentypologie nach Risikokategorien (Quelle: Karl 2017, S. 26).

Tourist/-innen mit geringem Risikoeinfluss bevorzugen eher bereits bekannte Reiseziele und Pauschalreisen, diejenigen mit hohem Risikoeinfluss reisen hingegen eher in ihnen unbekannte Destinationen und favorisieren Individualreisen. Beim Entscheidungsprozess schließen Reisende mit geringem Risikoeinfluss daher Destinationen mit hohem Risiko meist von vornherein aus. Sie betrachten Risiko zudem als bedeutenden Faktor der Reiseentscheidung und sind wenig risikoaffin beim Reisen selbst. Der Touristentyp mit hohem wahrgenommenen Risikoeinfluss zieht auch Reiseziele mit höherem Risiko als mögliche Destinationen in Betracht, weshalb Risiko als stärkerer Einflussfaktor der Destinationswahl wahrgenommen wird. Zudem haben sowohl die soziodemografischen und reiserelevanten Eigenschaften der Reisenden (z. B. Alter, Reiseregelmäßigkeit) als auch die bevorzugten Destinationen einen signifikanten Einfluss. So zeichnen sich risikoaffine Reisende durch einen eher höheren Bildungsgrad, ein geringeres Durchschnittsalter und eine höhere Reiseregelmäßigkeit aus, im Gegensatz zu risikoaversen Reisenden (vgl. Karl 2017, S. 26 ff.).

4 Krisenverlauf der COVID-19-Pandemie im Kontext der Flusskreuzschifffahrt im deutschen Quellmarkt

COVID-19 ist eine virale Infektionskrankheit, die sich im Januar 2020 in der Volksrepublik China zur Epidemie und im Anschluss daran global ausgebreitet hat und deren Dauer derzeit nicht absehbar ist. Den Hauptübertragungsweg stellt die respiratorische Aufnahme virushaltiger Partikel dar, die beim Atmen, Husten, Sprechen, Singen und Niesen entstehen. Die Inkubationszeit beträgt im Mittel fünf bis sechs Tage. Personen können keine, schwache oder starke Symptome aufweisen. Bedeutsam ist, dass asymptomatische, präsymptomatische und symptomatisch Infizierte ansteckend sein können, das heißt bereits ab ein bis zwei Tagen vor Symptombeginn und auch wenn sie im Verlauf der Erkrankung gar keine Symptome entwickeln. Zur Verminderung des Übertragungsrisikos sind Testungen, eine schnelle Isolierung von positiv getesteten Personen, die Identifikation und die frühzeitige Quarantäne enger Kontaktpersonen notwendig (vgl. Robert Koch Institut 2020a, o. S.).

Die COVID-19-Krise stellt sich bis Anfang Oktober 2020 im Verlauf in Deutschland wie folgt dar:

Erste Phase und zweite Phase: potenzielle und latente Krise
Die erste und zweite Phase gehen nahezu fließend ineinander über. Nachdem die ersten Fälle in China und über China hinaus im November/Dezember 2019 publik wurden, registrierte man am 15. Januar 2020 den ersten COVID-19-Infizierten außerhalb Chinas in Thailand, am 21. Januar 2020 in den USA. Am 27. Januar 2020 wird die erste erfasste Erkrankung in Deutschland gemeldet.

Dritte Phase und vierte Phase: akute beherrschbare und nicht beherrschbare Krise
Die WHO erklärt am 31. Januar 2020 eine gesundheitliche Notlage von internationaler Tragweite. Die Krise wird rasch akut und aufgrund der Globalität der Ereignisse und des unvollständigen Wissens um den Erreger und die epidemiologischen Aspekte der Übertragung und Ausbreitung sehr schnell in vielen Ländern zur nicht mehr beherrschbaren Situation. Die politischen Akteure reagieren zwar zeitlich und örtlich unterschiedlich, im Fokus stehen jedoch Grenzschließungen und Kontaktbeschränkungen (Lockdown). Dies geht mit massiven Einschränkungen von Privat- und Wirt-

schaftsleben bis zum Erliegen des touristischen Reiseverkehrs einher (vgl. Weltgesundheitsorganisation 2020, o. S.).

Rückkehr in die dritte Phase: akut beherrschbare Krise

Am 5. Juni 2020 einigen sich die EU-Innenminister in Europa, bis zum 1. Juli 2020 wieder die „volle Freizügigkeit" (laut Seehofer zit. in ZDF heute 2020) herzustellen. Die Krise bleibt in der akuten Phase, scheint jedoch unter Weiterführung diverser Maßnahmen und Auflagen wieder beherrschbar. Situationsbedingt wird auf Bundes-, Landes- oder Landkreis-/Ortsebene mit der Festlegung von Maßnahmen reagiert, die es ermöglichen sollen, COVID-19-Ausbrüche nachverfolgbar zu machen und so ein unkontrolliertes Verbreiten zu verhindern. Reisewarnungen bleiben für mehr als 160 Länder außerhalb Europas bis Ende September 2020 bestehen, für europäische und innerdeutsche Risikogebiete werden sie permanent angepasst. Ab 1. Oktober 2020 gelten weltweit wieder spezifische Reise- und Sicherheitshinweise bzw. Reisewarnungen für alle Länder, die basierend auf den aktuellen Infektionszahlen neu festgelegt werden. Am 7. Oktober 2020 beschließen zahlreiche Bundesländer, negative Corona-Tests von Reisenden aus innerdeutschen Risikogebieten zu verlangen. Immer mehr Landkreise und Städte übersteigen die Warnwerte, für den 16. Oktober 2020 werden +7.830 Neuinfektionen von den Gesundheitsämtern gemeldet (vgl. Auswärtiges Amt 2020, Bundesministerium für Gesundheit 2020, o. S.; Robert Koch Institut 2020b, o. S.).

Bis zum 17. Oktober 2020 waren nachweislich (Robert Koch Institut 2020b, o. S.; World Health Organization 2020, o. S.)

- in Deutschland 356.387 Personen erkrankt und 9.767 verstorben,
- in Europa 7.570.929 Personen erkrankt und 252.847 verstorben und
- weltweit 39.023.292 Personen erkrankt und 1.099.586 verstorben.

Kontaktvermeidung ist und bleibt nach wie vor im Wesentlichen die einzige Möglichkeit, um dem exponentiellen Wachstum der Infektionszahlen entgegenzuwirken. Ein präventiver Impfstoff existiert bis dato nicht (vgl. Kirchhoff/Mertens/Scheufen 2020, S. 4).

Für die Tourismusbranche hat diese globale Pandemie aufgrund des langfristigen zeitlichen Ausmaßes enorme wirtschaftliche und teils existenzbedrohende Auswirkungen und stellt eine für sie einzigartige Krisensituation dar. Nachfolgend wird eingehend dargelegt, in welchem Ausmaß insbesondere die Flusskreuzfahrt von der Pandemie betroffen ist und welche Maßnahmen in der Krisenbewältigung ergriffen wurden.

Für den Untersuchungsgegenstand der Flusskreuzfahrt wurden nachfolgend die Angebots- und Nachfrageseite in ihren Auswirkungen näher analysiert.

5 Auswirkungen der COVID-19-Pandemie auf die Anbieterseite der Flusskreuzschifffahrt

Das gegenwärtige Bild der Angebotsseite setzt sich aus den Ergebnissen einer Sekundäranalyse, der aktuelle Studien, Branchenberichte und Expertenmeinungen zugrunde liegen, und aus einem Experteninterview zusammen.

Laut A-ROSA-CEO Jörg Eichler war sein Unternehmen in Bezug auf den Umgang mit der Corona-Pandemie gut auf eine Krise vorbereitet und agierte zeitnah und proaktiv. So hatten sowohl der Veranstalter (A-ROSA Flussschiff GmbH) als auch die Reederei (Arosa Reederei GmbH) bereits vor der COVID-19-Krise ein Krisenmanagement mit standardisierten Prozessabläufen, Krisenteams, für unterschiedliche Krisensituationen ausgearbeitete Handbücher und Leitfäden für den Informationsfluss etabliert. So gibt es beispielsweise für die Schiffe ein spezifisches Handbuch für den potenziellen Ausbruch des Norovirus (vgl. Eichler 2020).

Im Falle von COVID-19 tauschte sich Eichler sehr frühzeitig mit einem von Deutschlands führenden Tropenmedizinern aus und bereitete so das Unternehmen noch in der latenten Krisenphase auf den Pandemiefall vor. Es wurden Hard- und Software bestellt und vorbereitend für den Fall einer Verschärfung der Krise bereits im Februar 2020 die Homeoffice-Fähigkeit des Unternehmens erfolgreich getestet. Zudem wurden ein Krisenstab und ein Corona-Beauftragter berufen. In der akuten Phase mussten zahlreiche Entscheidungen getroffen werden. Als die Schiffe noch fuhren, wurden Gesundheitsbögen erarbeitet, Fieber bei den Passagieren gemessen, Risikogebiete angegeben und es musste ermittelt werden, zu wem Kund/-innen Kontakt hatten. Nachdem für die Schiffe Fahrverbote ausgesprochen wurden, mussten diese eingewintert und die Heimführung der Schiffscrew organisiert werden. In den Zentralen wurde Kurzarbeit beantragt und Homeoffice eingeführt. Weitere Entscheidungen zur Kostenreduktion wie Stundungen oder Ratenzahlungen waren zu treffen: Ein Überbrückungskredit mit Landesbürgschaft wurde beantragt und bewilligt. Laut Eichler handelte es sich um eine noch nie dagewesene Krise, die jedoch nie in die Phase 4 (unbeherrschbar) abgeglitten ist: [...] „am Ende konnten wir sie beherrschen in jeglicher Dimension. Es ist keiner krank geworden bei uns, es hat keiner wirklich seinen Arbeitsplatz verloren, die Firma ist durchfinanziert und kann jetzt ihren Start wieder aufnehmen und in die Zukunft blicken. Was die bringen wird, schwer zu sagen." (Eichler 2020)

Am 17. Juni 2020 konnte A-ROSA mit einem erweiterten und auf die spezifische Situation angepassten Hygiene- und Gesundheitskonzept die Flusskreuzfahrten auf dem Douro, der Donau und dem Rhein wieder aufnehmen. Dabei wurde auf den ersten Reisen bewusst mit deutlich geringerer Auslastung gefahren, um das neue Konzept hinsichtlich Kundenzufriedenheit und Sicherheit zu testen (vgl. o. V. 2020, o. S.).

Die Wiederaufnahme der Flusskreuzfahrten war nicht nur für A-ROSA erfolgreich. Sukzessive nahmen immer mehr Veranstalter in Deutschland den Betrieb wieder auf (vgl. Lassmann 2020a, o. S.). Insbesondere die Zugänglichkeit der deutschen und europäischen Einstiegshäfen, bei denen eine Anreise ohne Flugzeug möglich ist, die bestehenden Gesundheitssysteme in den bereisten Destinationen und deren Zugang für europäische Reisende, die größtenteils mögliche Beibehaltung der Katalogprogramme und die Realisierung von angemessenen Hygiene- und Sicherheitskonzepten haben den Flusskreuzfahrtanbietern einen Wettbewerbsvorteil nicht nur in Bezug auf die Hochseekreuzschifffahrt verschafft.

Um den Neustart zu unterstützen, wurde durch die IG RiverCruise am 27. Mai 2020 ein Leitfaden für den sicheren Betrieb von Flusskreuzfahrtschiffen veröffentlicht (vgl. IG RiverCruise 2020) und durch die Europäische Union am 30. Juni 2020 eine „interim advice for restarting cruise ship operations after lifting restrictive measures in response to the COVID-19 pandemic" (European Union Healthy Gateways 2020).

Dabei sahen und sehen sich die Flusskreuzschifffahrtsanbieter unter anderem mit folgenden Herausforderungen konfrontiert, mit denen diese flexibel und kreativ umgehen müssen und mussten.

5.1 Hygieneauflagen und Hygiene- und Sicherheitskonzepte

Da es sich bei Kreuzfahrtschiffen um halbgeschlossene Umgebungen handelt, die den zahlreichen Menschen an Bord gemeinsame Einrichtungen bieten, sind unter den Pandemiebedingungen spezifische Hygieneauflagen zu erfüllen und Hygienekonzepte zu entwickeln. Verhindert werden sollte so ein Ausbruch von COVID-19 an Bord unter Passagieren und Crewmitgliedern, der eine Quarantäne oder Evakuierung notwendig machen würde. Die Flusskreuzfahrtanbieter verfügten schon vor der COVID-19-Pandemie über hohe Hygienestandards. Für deren unter den Pandemiebedingungen notwendige Anpassung hat die Europäische Union eine Empfehlung mit Informationen zu Hygiene- und Abstandsregeln sowie fortwährendem Gesundheitsscreening zum Neustart vorgelegt. Den Reedereien wird insbesondere empfohlen, sich mit den Behörden der bereisten Destinationen abzustimmen, da dies vor allem zu Beginn der Pandemie nicht erfolgt war (vgl. Lassmann 2020b, S. 36; European Union Healthy Gateways 2020, o. S.).

Der Leitfaden des Interessenverbandes IG RiverCruise beschreibt ausführlich die an Bord notwendigen Hygienemaßnahmen. Der wichtigste Aspekt ist die Gewährleistung der Einhaltung des Mindestabstandes von 1,5 Metern zwischen den Passagieren sowie das Tragen eines Mund- und Nasenschutzes auf den Laufwegen in den öffentlichen Bereichen. Bevor Passagiere und Crewmitglieder an Bord gehen dürfen, müssen sie einen Fragebogen zum Infektionsschutz ausfüllen. Täglich wird mit einem kontaktlosen Fieberthermometer die Temperatur der Passagiere gemessen, ebenso werden täglich die öffentlichen Bereiche und Kabinen desinfiziert. Handdesinfektionsspender werden aufgestellt. Zusätzlich zu den Maßnahmen, die darauf abzielen, infizierte Personen von der Einschiffung eines Kreuzfahrtschiffes auszuschließen, sind die Früherkennung und Isolierung des ersten Falls, die Ausschiffung und die Quarantäne enger Kontakte in Einrichtungen an Land wesentliche Elemente, um künftige CO-VID-19-Ausbrüche an Bord von Kreuzfahrtschiffen wirksam zu verhindern. Die überarbeiteten Hygienekonzepte deutscher Flusskreuzfahrtanbieter ähneln sich in diesen Punkten. Zusätzliche Maßnahmen sind beispielsweise Sitzplatzreservierungen in den gastronomischen Bereichen bei Schiffen der Reederei 1AVista Reisen. A-ROSA hat die bestehenden Reinigungs- und Desinfektionspläne weiter verdichtet und intensiviert. Zudem hat das Unternehmen im Hygienekonzept einen eigenen Flottenarzt, Hygienemanager und ein Care-Team für die Einhaltung der Hygieneregeln an Bord verankert. Bei Nicko Cruises wurden die Buffets an Bord abgeschafft. Phoenix Flussreisen führt Mitarbeiterschulungen zu COVID-19 durch (vgl. European Union Healthy Gateways 2020, o. S.; IG RiverCruise 2020, o. S.; Droste 2020, S. 7 f.; o. V. 2020, o. S.; von Pilar 2020b, o. S.).

5.2 Kreuzfahrtprodukt

Anders als bei Hochseekreuzfahrten, bei denen kurzfristig wechselnde Reisewarnungen die Erarbeitung von verlässlichen Fahrplänen und damit den Vertrieb von Reisen deutlich erschweren, hat sich das Produkt der Flusskreuzfahrten unter den CO-VID-19-Bedingungen weniger stark verändert – sowohl in Bezug auf das Bordleben als auch das Routing. Im Fokus des Konzeptes stehen weiterhin Ruhe und Erholung. Die Anreise zu den deutschen und europäischen Einstiegshäfen bleibt unkompliziert. Wellnessanwendungen und sportliche Aktivitäten stehen den Gästen – beispielsweise bei A-ROSA – gleichfalls zur Verfügung. Landausflüge werden wie gewohnt angeboten. Um den notwendigen Abstand einhalten zu können, werden jedoch Gruppengrößen reduziert, z. B. für Fahrradtouren, Stadtführungen und Busrundfahrten. Die Flusskreuzfahrtanbieter kommunizieren bereits in der Informationsphase, dass die Landausflüge nach Hygienestandards erfolgen. So setzen Anbieter für den Landausflug beispielsweise kabellose Audioguides ein, um Abstandsregeln einhalten zu können. Maßnahmen zur Dezentralisierung sollen den Publikumsverkehr steuern. Social Distancing beeinflusst das auf Geselligkeit ausgelegte Produkt der Kreuzfahrt aber durchaus. Zudem sehen sich auch die Flusskreuzfahrtanbieter mit dem Problem von lokalen Reisebeschränkungen und sich ändernden Einreisebestimmungen konfrontiert. Routen und teilweise Ein- und Ausschiffungshäfen müssen kurzfristig angepasst werden. Dies ist mit logistischen und kommunikativen Herausforderungen verbunden. Zügig auf Reisewarnungen reagieren, Umrouten, neue Angebotsbausteine entwickeln und die Kund/-innen zeitnah informieren, dies zählt für Flusskreuzfahrtveranstalter in Corona-Zeiten zu den wesentlichen Kernkompetenzen. Ein neuer und innovativer Angebotsbaustein, der Vertrauen schaffen und das Risiko minimieren soll, ist ein spezifischer Corona-Versicherungsschutz. Reiserücktrittsversicherungen und Reisekrankenversicherungen greifen im Pandemiefall oftmals nicht. A-ROSA beispielsweise hat eine Reiserücktrittsversicherung in den Reisepreis inkludiert, die auch bei

Stornierung aufgrund einer COVID-19-Erkrankung vor und während der Reise greift. Gemeinsam mit dem Versicherer Hanse-Merkur bietet sie ab 42 Euro pro Person auch einen Flusskreuzfahrtenschutz als Zusatzversicherung an. Diese enthält diejenigen Bestandteile der Reiseabbruch- und der Reisekrankenversicherung, die unter anderem die Kosten für eine ärztliche Behandlung im Ausland trägt, eine Reisegepäck- und Notfallversicherung sowie eine einmalige kostenfreie Umbuchung bis 30 Tage vor Reiseantritt. Zu den neuen Angeboten gehören ebenso spezifisch entwickelte Flusskreuzfahrten, die z. B. vor der eigenen Haustür starten, wie sie Plantours ab Münster oder zur Saarschleife anbietet. Im Rahmen von neuartigen Kooperationen zwischen Veranstaltern, Reedereien und Vertrieb werden zusätzliche Flusskreuzfahrten konzipiert und durchgeführt. Das Reisebüro Reiseart hat beispielsweise unter dem Projektnamen „Heimatkunde" exklusive Flusskreuzfahrten mit der Swiss Ruby von der Schweizer Reederei Scylla mit dem Veranstalter Globalis Erlebnisreisen aufgelegt, ohne Anzahlung für die Kund/-innen und Fälligkeit des Reisepreises erst vierzehn Tage vor Reisebeginn. Sie starten in Münster und führen nach Amsterdam, Berlin, Mainz und Trier. Globalis hat ebenfalls die Esprit gechartert, Viva Cruises die Inspire. E-hoi, Online-Kreuzfahrt-Portal und -veranstalter sowie die Reederei AmaWaterways haben ein Charterprojekt für deutsche und europäische Flusskreuzfahrtgäste aufgelegt, da die überwiegend amerikanische Gäste beherbergenden Schiffe pandemiebedingt Reiserestriktionen unterliegen. Es wurden zunächst zwei Routen einer Genuss-Flusskreuzfahrt durch Deutschland, Niederlande, Belgien und Frankreich an 24 verschiedenen Abfahrtsterminen zwischen Juli und Oktober 2020 angeboten. Die Kund/-innen können bis drei Wochen vor Abfahrt kostenfrei umbuchen oder stornieren. Aufgrund der erfolgreichen Verkaufszahlen wurde die Kooperation verlängert, für die Wintersaison werden weitere Genusskreuzfahrten angeboten. Eine andere Möglichkeit der Anpassung an die veränderten Bedingungen ist der Tausch von Fahrtgebieten der Flusskreuzfahrtschiffe, so fährt die Adora von Phoenix beispielsweise auf dem Rhein statt auf der Donau. Diese neu in der Corona-Krise geschaffenen oder modifizierten Produkte zeigen, dass die ansonsten als eher behäbig und konservativ geltende Branche flexibel und kreativ reagieren kann (vgl. Lassmann 2020b, S. 36 ff.; Lassmann 2020c, S. 34 f.; o. V. 2020, o. S.; von Pilar 2020b, S. 40; Lanz 2020, o. S.; e-hoi 2020, o. S.; Droste 2020, S. 8 ff.; Lassmann 2020d, o. S.; Spiralke 2020, o. S.).

5.3 Wirtschaftlichkeit von Flusskreuzfahrtprodukten

Mitte August 2020 waren lediglich 30 Prozent der ursprünglich 300 Flusskreuzfahrtschiffe auf Gewässern in Europa im Einsatz, diese fahren mit europäischen Gästen an Bord. Erst ab März 2021 rechnet beispielsweise der US-Anbieter AmaWaterways mit Kund/-innen aus den USA. Deshalb erfolgt eine Konzentration in der Angebots- und Vertriebspolitik in der Corona-Krise auf deutsche und europäische Gäste. Die nach dem Neustart angebotenen Flusskreuzfahrten werden sehr gut nachgefragt, es haben nur wenige Kund/-innen Reisen aus Sicherheitsgründen storniert. Aufgrund der Abstands- und Hygieneregeln kann an Bord nur eine begrenzte Anzahl an Passagieren reisen. Diese wird je nach den Gegebenheiten der Schiffe und den geltenden Regeln spezifisch angepasst. Das bedeutet eine verminderte Auslastung, die auch die Wirtschaftlichkeit beeinflusst. Die Auslastung der Schiffe musste auf 70 bis 80 Prozent verringert werden; diese Kapazitäten werden aber auch verkauft. Die Verluste des Jahres 2020 können damit jedoch nicht kompensiert werden. Wie hoch diese sein werden, wird sich auch am Verlauf der Herbst- und Wintersaison, insbesondere den Weihnachtsmarkt- und Silvesterreisen entscheiden. Die Flusskreuzfahrtanbieter sind in Bezug auf Stornierungen und Umbuchungsmöglichkeiten größtenteils sehr kulant. Nicht nur zu Beginn der Restart-Phase sorgte dies, teilweise mit Preisabschlägen verbunden, für die erfolgreiche Rückkehr der touristischen Nachfrage in diesem Segment (vgl. von Pilar 2020b, S. 36; Lassmann 2020a, o. S.; Lassmann 2020c, S. 34 f.).

Laut A-ROSA-CEO Jörg Eichler zählt das Segment der Flusskreuzfahrten zu den Gewinnern der COVID-19-Krise (vgl. von Pilar 2020b, S. 40).

6 Auswirkungen der COVID-19-Pandemie auf die Nachfrageseite der Flusskreuzschifffahrt

Auch das aktuelle Bild der Nachfrageseite rekrutiert sich einerseits aus den Ergebnissen der vorgenommenen Sekundäranalyse, der aktuelle Studien, Branchenberichte und Expertenmeinungen zugrunde liegen, andererseits aus einer Primärerhebung, die in Bezug auf Flussreisen das Reiseverhalten deutscher Reisender vor und während der Corona-Krise untersuchte.

Ergebnisse der Sekundäranalyse lassen erkennen, dass sich die Nachfrage nach Flusskreuzfahrtreisen, die normalerweise von einem eher älteren Publikum gebucht werden, in Corona-Zeiten um risikoaverse, aber dennoch jüngere Zielgruppen erweitert hat. Einige Anbieter haben laut Lassmann (2020c, S. 34) festgestellt, dass sich der Gästemix an Bord verändert hat. Zusätzlich zu der traditionellen älteren Kundengruppe testen nun auch jüngere Reisende und Hochseekreuzfahrer die Flusskreuzfahrt. A-ROSA hatte bis August eine große Nachfrage von Hochseekreuzfahrern und auch von Familien mit Kindern, vor allem, weil aufgrund der Pandemiesituation Hochseekreuzfahrten kaum oder nur unter großen Restriktionen (Wegfall der Landausflüge u. a.) stattfinden konnten. Die neuen Gäste sind sicherheitsbewusst, warten ab, wie sich die Pandemielage entwickelt, und meiden Flugreisen. Stark nachgefragt werden Flusskreuzfahrten, die mit dem eigenen Pkw oder dem Zug erreicht werden können. Fluganreisen zu Flusskreuzfahrten lassen sich in Corona-Zeiten kaum verkaufen. Flusskreuzfahrtgäste goutieren die an Bord herrschenden Hygienemaßnahmen mit kontinuierlichen Buchungsaufkommen auch während der Krise.

Die empirische Erhebung zum Reiseverhalten vor und während Covid-19 (n = 323) zeichnet ein eigenes Bild. Es werden im Folgenden Ergebnisse dargestellt von Reisen-

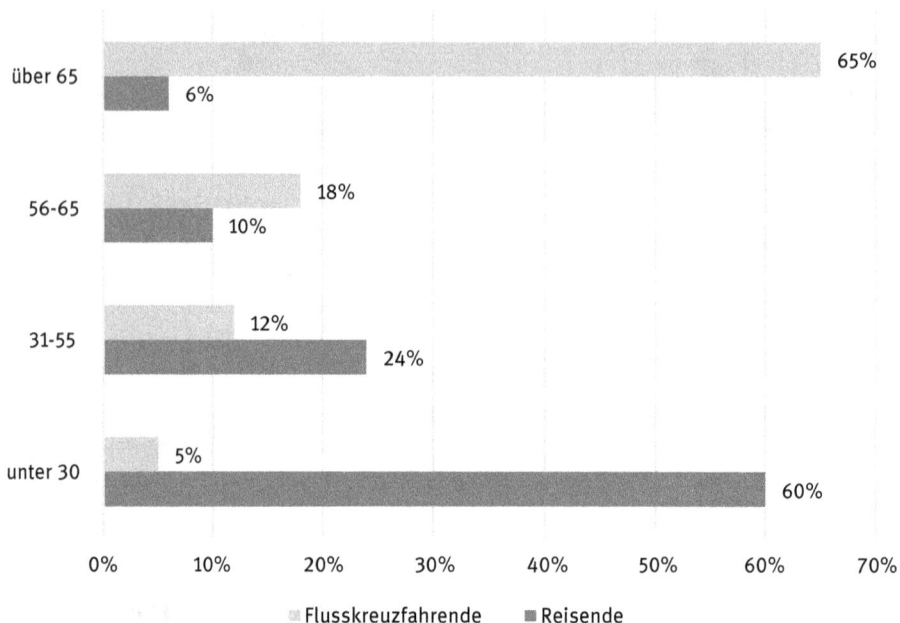

Abb. 7.4: Altersverteilung der Befragungsteilnehmer/innen (Quelle: eigene Erhebung Carstensen 2020; n = 323).

den, die noch keine Flusskreuzfahrtreise unternommen hatten (Reisende n = 162) und von Reisenden, die bereits eine oder mehrere Flusskreuzfahrtreisen unternommen hatten (Flusskreuzfahrende n = 161).

Zur Einordnung der Befragungsteilnehmer/-innen ist zu beachten, dass sich die einzelnen Gruppierungen sehr stark von ihrer Altersverteilung unterscheiden (vgl. Abb. 7.4). Während die Gruppierung der befragten Reisenden überwiegend unter 30 Jahre alt ist, sind die befragten Flusskreuzfahrenden mehrheitlich über 65 Jahre alt. Die Antworten der einzelnen Befragungsgruppen sind entsprechend zu werten.

Befragt nach der im Jahre 2019 getätigten Art der Haupturlaubsreise und geplanten Reisevorhaben im Jahre 2020, zu Zeiten von COVID-19, werden bestimmte Reisearten sehr unterschiedlich von den Teilnehmer/-innen der Studie eingeordnet (vgl. Abb. 7.5). Auffällig ist, dass Auslandsreisen bei den Befragten deutlich an Bedeutung verlieren. Dies zeigt sich besonders ausgeprägt bei den Flusskreuzfahrenden. Eindrucksvoll ist der Einbruch bei Hochsee- und Flusskreuzfahrten bezogen auf die Gruppierung der Flusskreuzfahrenden. Während mehr als die Hälfte der Interviewten im Jahr 2019 eine Hochseekreuzfahrt unternommen hat, ist der Reisewille der Proband/-innen aufgrund von COVID-19 zu Lasten von Hochseekreuzfahrten auf 10 % gesunken. Bei den Flusskreuzfahrten sind ebenfalls deutliche Verluste von ehemals getätigten Flusskreuzfahrten von 70 % der Teilnehmer/-innen im Jahre 2019 auf nur noch 36 % geplanter Reisevorhaben für das Jahr 2020 festzustellen. Dennoch wird

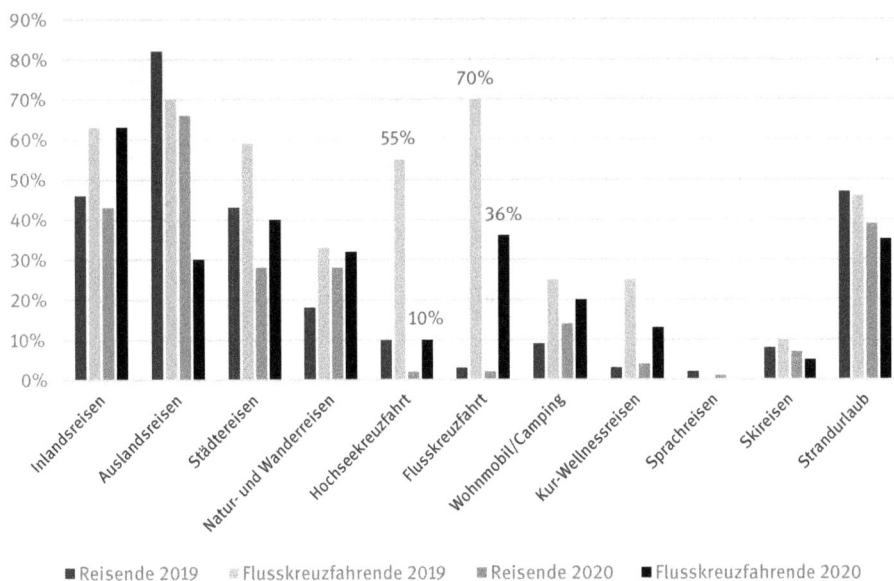

Abb. 7.5: Getätigte Haupturlaubsreisearten 2019 vs. geplante Haupturlaubsreisearten 2020 (Quelle: eigene Erhebung Carstensen 2020; n = 323).

deutlich, dass die Flusskreuzfahrtreisenden nach wie vor Vertrauen in ihre Stammreiseart haben. Das Reisebekenntnis zu einer Flusskreuzfahrt liegt nach den Städtereisen (40 %) und Strandurlaub (35 %) an dritter Stelle. Ein Blick auf den Anteil der für das Jahr 2020 geplanten Reisetätigkeiten von Inlands- und Auslandsreisen zeigt, dass Auslandsreisen von Flusskreuzfahrenden nur noch von 30 % ins Auge gefasst wurden. Im Rahmen von offen gestellten Fragen der Befragten kommt in den Antworten zum Ausdruck, dass insbesondere die Reisemöglichkeiten in ausschließlich benachbarte Reiseländer die Wahl von Flusskreuzfahrten begünstigt.

Die Frage nach den Reisevorzügen, warum sich Flusskreuzfahrtgäste auch in Zeiten von Corona für eine Flusskreuzfahrt im Jahre 2020 interessieren, zeigt, dass insbesondere Faktoren wie die verhältnismäßig überschaubare Anzahl mitreisender Passagiere, die kontinuierliche Nähe zu Hafenstädten, eine kurze Reisedauer und eine kurze Anreise insbesondere im Inland der Flusskreuzfahrt zu Gute kommt (vgl. Abb. 7.6).

Die Faktoren, die gegen eine Flusskreuzfahrt sprechen, werden von beiden befragten Gruppierungen unterschiedlich beantwortet (vgl. Abb. 7.7). Auffällig ist, dass die Flusskreuzfahrenden ein deutlich höheres Sicherheitsbewusstsein haben und entsprechende Maßnahmen von der Reederei erwarten. Reisende, die bislang noch keine Flusskreuzfahrt unternommen haben, haben eher Sorge, im Falle einer Stornierung ihren getätigten Reisepreis nicht zurückzuerhalten und monieren Umweltbelastungen, die nach ihrer Ansicht durch Flusskreuzfahrten verursacht werden. Letztere werden von Flusskreuzfahrenden von nur 4 % der Befragten benannt.

Flusskreuzfahrende

Reisen innerhalb eines Landes	32%
Viele interessante Ausflüge	42%
Vorbeiziehende Landschaften	70%
Sicherheit durch Nähe zum Land	30%
Kleine Schiffe	39%
Wenig Gäste	40%
Kurze Anreise	40%
Themenreisen	20%
Kurze Reisedauer	40%

0% 10% 20% 30% 40% 50% 60% 70% 80%

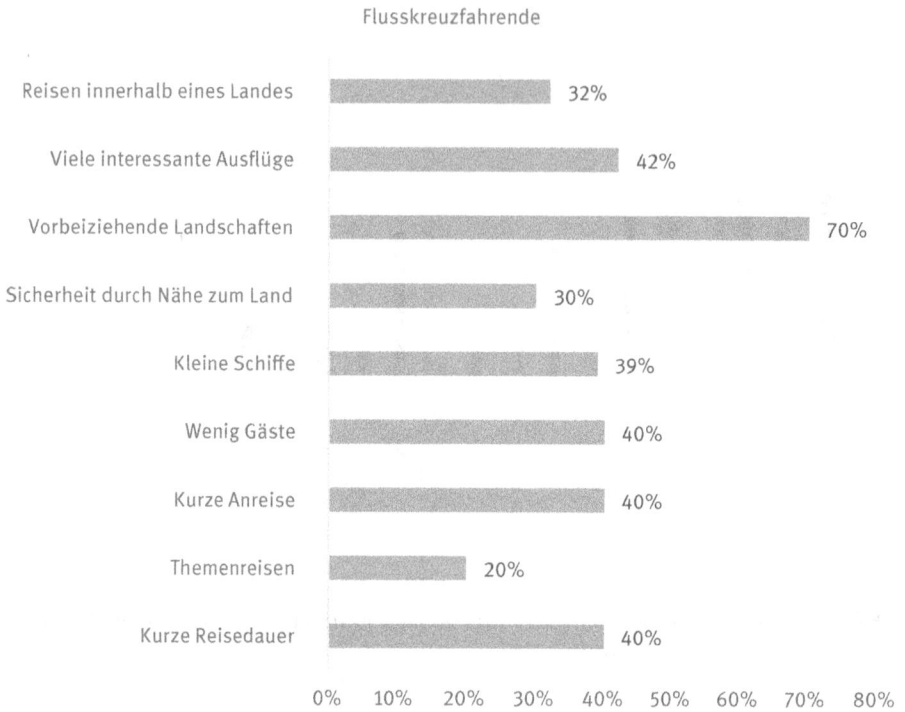

Abb. 7.6: Vorzüge einer Flusskreuzfahrt in Zeiten von COVID-19 aus Sicht von Flusskreuzfahrenden (Quelle: eigene Erhebung Carstensen 2020; n = 162, nn = 4).

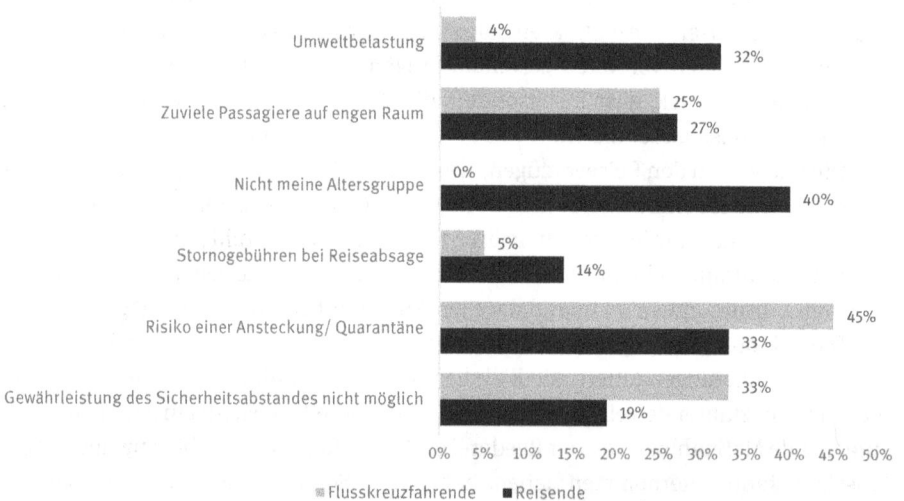

	Flusskreuzfahrende	Reisende
Umweltbelastung	4%	32%
Zuviele Passagiere auf engen Raum	25%	27%
Nicht meine Altersgruppe	0%	40%
Stornogebühren bei Reiseabsage	5%	14%
Risiko einer Ansteckung/ Quarantäne	45%	33%
Gewährleistung des Sicherheitsabstandes nicht möglich	33%	19%

0% 5% 10% 15% 20% 25% 30% 35% 40% 45% 50%

▨ Flusskreuzfahrende   ■ Reisende

Abb. 7.7: Hemmschwellen zur Planung einer Flusskreuzfahrt in Zeiten von COVID-19 (Quelle: eigene Erhebung Carstensen 2020; n = 323).

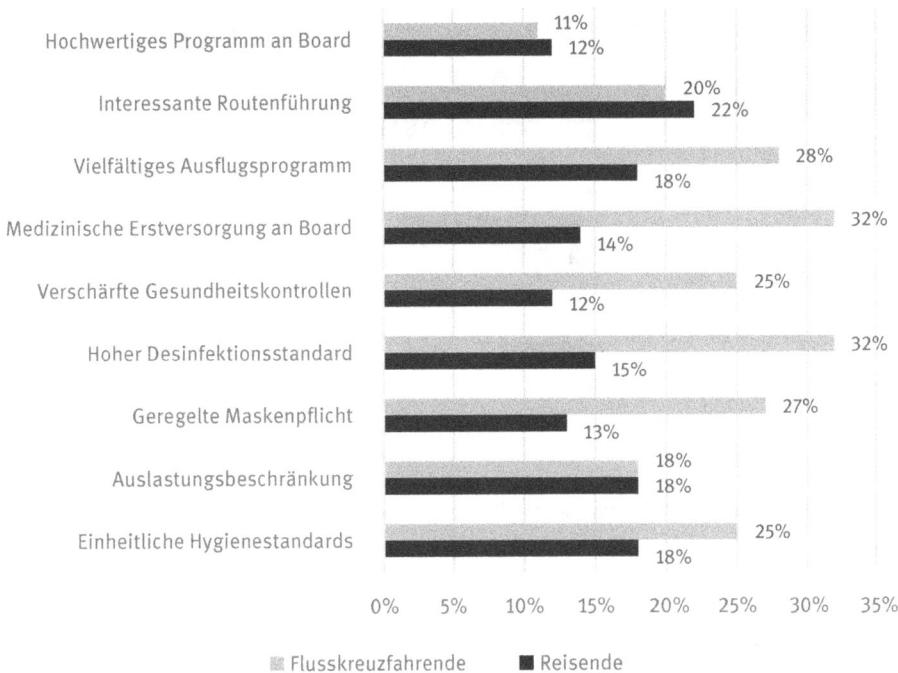

Abb. 7.8: Gewünschte Voraussetzungen für die Buchung einer Flusskreuzfahrt in Zeiten von CO-VID-19 (Quelle: eigene Erhebung Carstensen 2020; n = 323).

Auf die Frage, unter welchen Bedingungen sich die Proband/-innen vorstellen könnten, in Zeiten von COVID-19 eine Flusskreuzfahrt zu unternehmen (vgl. Abb. 7.8), überwiegt bei den Flusskreuzfahrenden erneut das Bedürfnis nach hohen medizinischen Erstversorgungsstandards, verschärften Gesundheitskontrollen und einheitlichen Hygienestandards. Reisende, die noch keine Flusskreuzfahrt unternommen haben, legen hingegen Wert auf eine interessante Routenführung und ein vielfältiges Ausflugsprogramm. Deutlich wird jedoch auch bei dieser Gruppierung, dass von mehr als einem Viertel der Befragten ebenfalls eine Auslastungsbeschränkung erwünscht wird, damit entsprechende Abstandsmöglichkeiten, einheitliche Hygienestandards und ein hoher Desinfektionsstandard gewährleistet werden können.

Aufschlussreich ist das Antwortspektrum von Reisenden, die noch nie eine Flusskreuzfahrtreise unternommen haben, auf die Frage, warum diese sich aktuell für eine Flusskreuzfahrt interessieren (vgl. Abb. 7.9). Insgesamt 22 % der befragten Reisenden bekundeten hier ihr Interesse für eine Flusskreuzfahrt.

Die Nachfrageseite belegt deutlich, dass die Flusskreuzfahrtbranche durchaus zu den Gewinnern der COVID-19-Krise zählen kann. Die Reedereien haben mit ihrer schnellen Reaktion, indem umfassende Hygienemaßnahmen durchgesetzt wurden, gut und entsprechend den Erwartungen der Nachfrageseite reagiert. Die verhalte-

Reisende

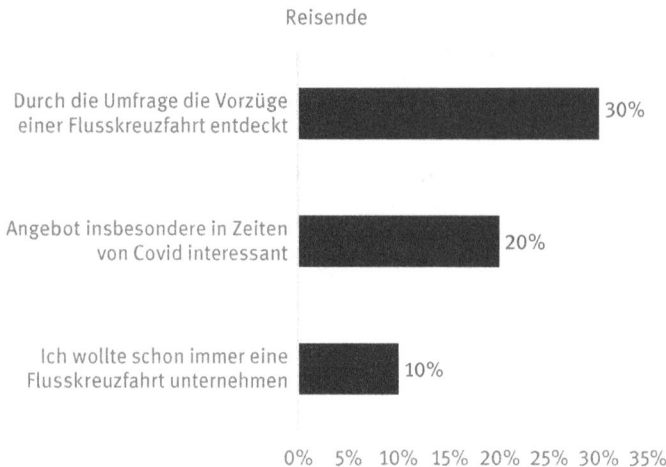

Abb. 7.9: Reisemotive für Flusskreuzfahrten (Quelle: eigene Erhebung Carstensen 2020; n = 35).

ne Reiseplanung für 2020 beruht auf der soziodemografischen Zusammenstellung der Reiseklientel von Flusskreuzfahrten, die mehrheitlich über 65 Jahre alt sind. Ein Vergleich zu anderen Reisearten zeigt jedoch, dass die Flusskreuzfahrt nach wie vor das Vertrauen ihrer Stammklientel genießt. Eine Umstellung auf kürzere Reiseangebote, neue, vor allem mehr inländische Reiserouten oder Reiserouten in allenfalls benachbarte Länder verdeutlichen, dass die Reedereien sich in Krisenzeiten sehr gut auf die Bedürfnisse ihrer Klientel eingestellt haben. Die Befragung zeigt aber auch, dass die Flusskreuzfahrt durchaus neue Kundenpotenziale gewinnen kann. Als regionale Reiseform stellt die Flusskreuzfahrt eine Möglichkeit für Urlaubsuchende im Inland dar. Hier gilt es jedoch, weitere Anstrengungen in Richtung Umweltschutz zu unternehmen. Die Befragungen zeigen, dass insbesondere die durch die Hochseekreuzfahrt bekannten Adressierungen für Umweltverschmutzungen auch in der Flusskreuzfahrt ihren Niederschlag finden. Hier ist noch einiges an Öffentlichkeitsarbeit und ggf. Nachrüstungen notwendig, um die jüngere Klientel für die Flüsse zu gewinnen. Für Inlandsdestinationen bedeutet die veränderte Nachfrage nach Flusskreuzfahrten eine Chance, sich neu auf dem Markt der Flusskreuzfahrenden aufzustellen und mit innovativen Ausflugsangeboten für eine jüngere Klientel zu punkten. Kreative Rahmenprogramme an Bord oder Fahrten für geschlossene Gesellschaften sind weitere Angebotsfelder, die sich die Flusskreuzfahrt zu eigen machen kann. Dies alles deutet darauf hin, dass die Flusskreuzfahrt sich bereits aktuell mit neuen Marktimpulsen für die Zeit nach COVID-19 rüstet und dies durchaus erfolgversprechend ist.

7 Prognose

Der Verkauf der Saison 2021 ist gut angelaufen. In Bezug auf das Routing wird eher konservativ geplant, es stehen die klassischen Routen auf Rhein, Main und Donau im Vordergrund. Gleichzeitig werden Routenmodifikationen vorgenommen, die alternative, weniger besuchte Häfen in das Programm aufnehmen. Kürzere Reisezeiten, dichtere Reiseprogramme und ein vermehrter Einsatz digitaler Medien und technischen Equipments (Audioguides, Apps u. a.) während der Landausflüge zeigen, in welche Richtung sich die Flusskreuzfahrt aktuell bewegt. Für die zukünftige Ausrichtung bedeutet dies, dass sich Flussfahrtgäste mit neuen Instrumenten und Serviceleistungen in Hafendestinationen bewegen können und damit ein Schritt zur Individualisierung des Reisegastes getätigt wird. Für die Hafendestination heißt dies, dass der zukünftige Gast mit deutlich differenzierteren Nachfragemustern die bereiste Destination erkunden kann und damit ein Weg aus der Masse und dem Phänomen des overtourism hin zu einer individualisierten Besucherlenkung mit vielfältigen Angeboten und Servicedienstleistungen geschaffen werden könnte. Die anstehende Verjüngung der Flusskreuzfahrtklientel wird diese Prozesse weiter beschleunigen. Die Zeit während der CO-VID-19-Krise wird eine weitere Ausdifferenzierung der Nachfrage mit sich bringen, was gleichzeitig den Verjüngungsprozess der Gäste auf Kreuzfahrtschiffen befördern kann. Die schnelle Reaktion hinsichtlich der Bereitstellung von Hygienemaßnahmen hat der Flusskreuzfahrt einen hohen Vertrauensvorsprung gegeben, den diese beim Restart für sich nutzen kann. Die Wettbewerbsvorteile, die die Flusskreuzfahrt gegenüber anderen Reisearten aufgrund ihrer Nähe zum Land, ihrer flexibel auch inländisch gestaltbaren Routenführung hat, können nach der Krise vollumfänglich genutzt werden. Innerhalb der Branche führen neue Zielgruppen und modifizierte Angebotsformen dazu, dass sich der Flusskreuzfahrtmarkt weiter ausdifferenziert. Allerdings ist auch eine zunehmende Konkurrenz um Charterkapazitäten mit den US-amerikanischen Anbietern im europäischen Zielmarkt zur erwarten (vgl. Lassmann 2020c, S. 34).

8 Fazit

COVID-19 ist für den Tourismus die größte je da gewesene Krise und legt die Geschäftstätigkeit vieler Branchenteilnehmer/-innen lahm. Die Flusskreuzfahrt hat Corona ebenfalls hart getroffen. Teilweise liegen Schiffe monatelang auf Reede. Anders als in anderen Branchen haben sich zumindest einige Flusskreuzfahrtanbieter frühzeitig um ein ganzheitliches Krisenmanagement gekümmert, indem standardisierte Prozesse festgelegt, spezielle Handbücher und Leitfäden herausgegeben und der Informationsfluss gewährleistet wurde. Dabei haben sich führende Vertreter/-innen von Reedereien und Verbänden frühzeitig bei Expert/-innen und Institutionen sachkundig gemacht, um sich zur Aufrechterhaltung der Reisetätigkeit hinsichtlich notwendiger Maßnahmenkonzepte zu beraten. Entstanden ist in kurzer Zeit ein standardisiertes Hygienekonzept, das branchenweit seine Anwendung gefunden hat. In der Folge konnten zahlreiche Reedereien ihren Schiffsbetrieb bereits im Juni 2020 wieder aufnehmen und mit COVID-19 konformer reduzierter Auslastung und weitestgehend unveränderten Katalogprogrammen das Geschäft weiter betreiben. Mit Hilfe von Überbrückungskrediten und Kurzarbeitergeld konnte ein großer Anteil des Personals weiter beschäftigt werden und stand für die erste Restartphase im Juni 2020 zur Verfügung. Die Vorteile der Flussschifffahrt waren und sind im Gegensatz zur Hochseekreuzfahrt die Zugänglichkeit von deutschen und europäischen Einstiegshäfen, die keine Anreise per Flugzeug benötigen sowie die kontinuierliche Nähe zum Land, die im Notfall eine sofortige medizinische Versorgung sicherstellt und die damit in Zusammenhang stehende Einschätzbarkeit von Gesundheitssystemen in den bereisten Destinationen. Die Realisierung von standardisierten branchenweiten Hygiene- und Sicherheitskonzepten haben den Flusskreuzschifffahrtsanbietern einen schnellen Wettbewerbsvorteil gegenüber anderen Branchensegmenten sowie einen Vertrauensvorsprung gegenüber ihren Kund/-innen verschafft. Die sorgfältige Kundenanalyse führte schließlich dazu, dass seitens der Reedereien größtmögliche Kulanz in Bezug auf Umbuchungen oder Reisestornierungen aufgeboten wurde, um den Kund/-innen die Sorge um einen Reisepreisverlust frühzeitig zu nehmen. Auf Reisewarnungen und die Ausweisung von Risikogebieten reagierte die eher als konservativ geltende Branche sehr flexibel, indem Reiserouten modifiziert oder der flexible Einsatz von Schwesterschiffen organisiert wurde. Auch hinsichtlich des Reiseangebotes wurden Neuerungen geschaffen, die den Anforderungen für Reisen in „Corona-Zeiten" entgegenkamen. So wurden Hygienestandards kundennah umgesetzt oder weitergehende qualitativ hochwertige Rahmenprogramme an Bord konzipiert. Mit Hilfe von Audioguides wurde auf Landausflügen versucht, den Mindestabstand zu ermöglichen. Die vielfältigen Maßnahmen und strukturell bedingten Produktvorteile führen schließlich dazu, dass die Flusskreuzfahrt zwar ebenso wie andere Branchenteilnehmer/-innen mit erheblichen Verlusten rechnen muss, sie jedoch gleichzeitig einen Neuerungsprozess in der Angebotspolitik und in der Neukundenansprache anstößt, der für die erfolgreiche Bewältigung der Krise einen entscheidenden Ausweg bieten kann.

Literatur

Auswärtiges Amt (2020). *Reisewarnungen anlässlich der COVID-19-Pandemie*. Verfügbar unter: https://www.auswaertiges-amt.de/de/ReiseUndSicherheit/covid-19/2296762 [Abgerufen am: 17. Oktober 2020].

Berner, N.; Dzimalle, L.; Gaber, M.; Knapp, S.; Mrohs, J.; Reh, L.; Rubio, K.; Tegtmeier, D. (2016). Auswirkungen von Krisen auf Safety- and Security-Strategien von Konzernreiseveranstaltern unter besonderer Berücksichtigung der Bewältigung von Herausforderungen der aktuellen Flüchtlingskrise, von Naturkatastrophen und Terroranschlägen. Unveröffentlichte Projektarbeit. Frankfurt University of Applied Sciences.

Bundesministerium des Innern (2014). *Leitfaden Krisenkommunikation*. Berlin.

Bundesministerium für Gesundheit (2020). *Coronavirus SARS-CoV-2: Chronik der bisherigen Maßnahmen*. Verfügbar unter: https://www.bundesgesundheitsministerium.de/coronavirus/chronik-coronavirus.html. [Abgerufen am 09.10.2020].

Carrel, L. F. (2010). *Leadership in Krisen: Leitfaden für die Praxis*, 2. Auflage. Berlin: Springer Gabler.

Carstensen, I. (2020). Empirische Erhebung zur Flusskreuzfahrtnachfrage in Zeiten von Covid-19. Unveröffentlichte Studie. SRH University of Applied Science Berlin.

Dreyer, A.; Dreyer, D.; Obieglo, D. (2001). *Krisenmanagement im Tourismus: Grundlagen, Vorbeugen und kommunikative Bewältigung*. München: Oldenbourg Wissenschaftsverlag GmbH.

Dreyer, A. (2004). Risikobewusstsein und Krisenplanung in Destinationen. In: Groß, S.; Dreyer, A. (Hrsg.), *Tourismus 2015: Tatsachen und Trends im Tourismusmanagement*. Hamburg: ITD-Verlag.

Droste, J. (2020). Flusskreuzfahrten – Ablauf des Neustarts deutscher Flusskreuzfahrtanbieter sowie Planung, Umsetzung sowie ggf. Änderung der Hygienekonzepte. Unveröffentlichte Projektarbeit. Frankfurt University of Applied Sciences.

e-hoi (2020). *Kultur, Kulinarik, Kreuzfahrt – Rheinhighlights aktiv und stilvoll erkunden*. Verfügbar unter: https://www.e-hoi.de/sommer-hoch-drei/ [Abgerufen am 10.10.2020].

European Union Healthy Gateways (2020). *Interim Guidance for preparedness and response to cases of Covid-19 at points of entry in the European Union/EEA Member states. Interim advice for restarting cruise ship operations after lifting restrictive measures in response to the COVID-19 pandemic*. Verfügbar unter: https://www.healthygateways.eu/Portals/0/plcdocs/EU_HEALTHY_GATEWAYS_COVID-19_RESTARTING_CRUISES.pdf [Abgerufen am: 20.8.2020].

Graue, V. (2020). Drei Szenarien – so könnte es werden. In: *fvw*, 3/2020, S. 5–6. Corona-Dossier.

Hartmann, H. (2020). Krisenwahrnehmung und Krisenbewältigung in der Reisebürobranche anlässlich der COVID-19-Pandemie unter besonderer Berücksichtigung der RTK-Gruppe „meinreisespezialist". Unveröffentlichte Bachelorarbeit. EBC Hochschule Hamburg.

Heimann, R.; Hofinger, G. (2016). Stabsarbeit – Konzept und Formen der Umsetzung. In: Hofinger, G.; Heimann, R. (Hrsg.), *Handbuch Stabsarbeit*, S. 3–10. Berlin: Springer-Verlag 2016.

Hofmann, T.; Höbel, P. (2014). *Krisenkommunikation*, 2. Auflage. Konstanz, München: UVK Verlagsgesellschaft.

Hutzschenreuter, T.; Griess-Nega, T. (Hrsg.) (2006). *Krisenmanagement: Grundlagen – Strategien – Instrumente*. Wiesbaden: Gabler Verlag.

IG River Cruise (2020). *Leitfaden für einen Mindeststandard zur Wiederaufnahme der Flusskreuzfahrten in Europa unter COVID-19*. Verfügbar unter: https://www.igrivercruise.com/pdf/Konzept-Flusskreuzfahrt-Mindeststandard-Covid-19_10_DE2.pdf [Abgerufen am 20.08.2020].

Karl, M. (2017). *Risiko und Tourismus – Einfluss der Risiko(wahrnehmung) auf den Destinationswahlprozess*. Dissertation, Universität München.

Kirchhoff, J.; Mertens, A.; Scheufen, M. (2020). Der Corona-Innovationswettlauf in der Wissenschaft. In: *IW-Report*, 17/20. Köln: Institut der Deutschen Wirtschaft.

Krystek, U. (1987). *Unternehmungskrisen – Beschreibung, Vermeidung und Bewältigung überlebenskritischer Prozesse in Unternehmungen*. Wiesbaden: Gabler Verlag.

Krystek, Ulrich (2006). Krisenarten und Krisenursachen. In: Hutzschenreuter, T.; Griess-Nega, T. (Hrsg.), *Krisenmanagement: Grundlagen – Strategien – Instrumente*, S. 43–66. Wiesbaden: Gabler Verlag.

Lanz, I. (2020). *LCC Reiseart bietet nun auch Flusskreuzfahrten an*. Verfügbar unter: https://www.fvw.de/veranstalter/kreuzfahrt/reisebuero-idee-lcc-reiseart-bietet-nun-auch-flusskreuzfahrten-an-210179 [Abgerufen am 10.08.2020].

Lassmann, M. (2020a). *Flusskreuzfahrten starten langsam in Europa*. Verfügbar unter: https://www.fvw.de/veranstalter/kreuzfahrt/sommersaison-2020-flussreisen-starten-langsam-auf-europas-fluessen-209739 [Abgerufen am 10.09.2020]..

Lassmann, M. (2020b). Das Reisen auf dem Wasser. In: *fvw*, 19/2020, S. 36–39.

Lassmann, M. (2020c). Eine Schiffslänge voraus. In: *fvw*, 17/2020, S. 34–35.

Lassmann, M. (2020d). *Zusätzliche Absicherung – Arosa legt mit Partner Corona-Versicherung auf*. Verfügbar unter: https://www.fvw.de/veranstalter/news/zusaetzliche-absicherung-arosa-legt-mit-hanse-merkur-corona-versicherung-auf-212245 [Abgerufen am 10.10.2020].

Mansour, H. E. L.; Holmes, K.; Butler, B.; Ananthram, S. (2019). Developing dynamic capabilities to survive a crisis: Tourism organizations' responses to continued turbulence in Libya. In: *International Journal of Tourism Research*, 21, S. 493–503.

Osarek, K. (2016). Krisenstäbe in Wirtschaftsunternehmen. In: Hofinger, G.; Heimann, R. (Hrsg.), *Handbuch Stabsarbeit*, S. 75–78. Berlin: Springer-Verlag.

o. V (o. J.). *Coronavirus-Monitor*. Verfügbar unter: https://interaktiv.morgenpost.de/corona-virus-karte-infektionen-deutschland-weltweit/ [Abgerufen am 09.10.2020].

o. V (2020). *Jörg Eichler: Starke Nachfrage nach Städtereisen in Europa*. Verfügbar unter: https://www.tip-online.at/news/44690/joerg-eichler-starke-nachfrage-nach-staedtereisen-in-europa/ [Abgerufen am 10.10.2020].

Petermann, T.; Revermann, C.; Scherz, C. (2006). *Zukunftstrends im Tourismus*. Berlin: Edition Sigma.

Pillmayer, M.; Scherle, N. (2018). Krisen und Krisenmanagement im Tourismus – Eine konzeptionelle Einführung. In: Hahn, S.; Neuss, Z. (Hrsg.), *Krisenkommunikation in Tourismusorganisationen. Grundlagen, Praxis, Perspektiven*, S. 3–18. Wiesbaden: Springer Fachmedien.

Robert Koch Institut (2020a). *SARS-CoV-2 Steckbrief zur Coronavirus-Krankheit-2019 (COVID-19)*. Verfügbar unter: https://www.rki.de/DE/Content/InfAZ/N/Neuartiges_Coronavirus/Steckbrief.html [Abgerufen am 09.10.2020].

Robert Koch Institut (2020b). *COVID-19: Fallzahlen in Deutschland und weltweit*. Verfügbar unter: https://www.rki.de/DE/Content/InfAZ/N/Neuartiges_Coronavirus/Fallzahlen.html [Abgerufen am 17.10.2020].

Schubert, K.; Klein, M. (2011). *Das Politiklexikon – Begriffe, Fakten, Zusammenhänge*, 5. Auflage. Bonn: Dietz Verlag.

Spiralke, R. (2020). *Neue Routen – Viva Cruises ändert das Programm*. Verfügbar unter: https://www.fvw.de/veranstalter/kreuzfahrt/neue-routen-viva-cruises-aendert-das-programm-212270 [Abgerufen am 10.10.2020].

von Pilar, C. (2020a). *Flusskreuzfahrt startet. Arosa nimmt Reisen im Juni wieder auf*. Verfügbar unter: https://www.fvw.de/veranstalter/kreuzfahrt/flusskreuzfahrt-startet-arosa-nimmt-reisen-im-juni-wieder-auf-209185?utm_source=%2Fmeta%2Fnewsletter%2Ffvwamnachmittag&utm_medium=/fvw%20am%20Nachmittag/long&utm_campaign=nl2029&utm_term=a646a95c912c0d4f96f31add32641bc5&crefresh=1 [Abgerufen am 10.08.2020].

von Pilar, C. (2020b). Fast wieder Normalität. Auf dem Fluss laufen die Geschäfte gut. Für die Saison 2021 wagen die Reedereien aber keine Experimente. In: *fvw*, 19/2020, S. 40–41.

Weltgesundheitsorganisation (2020). *Pandemie der Coronavirus-Krankheit (COVID-19)*. Verfügbar unter: https://www.euro.who.int/de/health-topics/health-emergencies/coronavirus-covid-19/novel-coronavirus-2019-ncov [Abgerufen am 17.10.2020].

Wichmann, L. (2020). An Corona erkrankt während der Reise – Situation von privat versicherten Leisure-Reisenden. Unveröffentlichte Projektarbeit. Frankfurt University of Applied Sciences.

World Health Organization (2020). *WHO Coronavirus Disease (COVID-19) Dashboard*. Verfügbar unter: https://covid19.who.int/ [Abgerufen am 17.10.2020].

ZDF heute (2020). *Ab Mitte Juni – Seehofer: Grenzkontrollen sollen wegfallen*. Verfügbar unter: https://www.zdf.de/nachrichten/politik/coronavirus-seehofer-grenzen-100.html [Abgerufen am 15.10.2020].

Experteninterview

Jörg Eichler, Geschäftsführer, CEO A-ROSA Flussschiff GmbH, Telefonat, 29.05.2020.

Abbildungsverzeichnis

Abb. 1.1   Sonnendeck Arosa Stella vorbereitet für Brückendurchfahrt —— 9
Abb. 1.2   Deckplan Arosa Mia —— 11
Abb. 1.3   Rooftop Lounge auf The B —— 16
Abb. 1.4   Restaurant auf The B —— 17
Abb. 1.5   Arosa E-Motion Ship Pooldeck —— 21
Abb. 1.6   Arosa E-Motion Ship —— 21
Abb. 1.7   Kreuzfahrtpassagiere und Zahl der Stadtführungen in Bamberg —— 26

Abb. 3.1   Verteilung der Passagiere aus dem deutschen Quellmarkt, weltweite Fahrgebiete nach Alterssegmenten – 2019 —— 51
Abb. 3.2   Produktbewertungen von Event- und Themenflusskreuzfahrten im Vergleich zu klassischen Flusskreuzfahrten in Punkten —— 55

Abb. 4.1   CSR und Nachhaltigkeit —— 63
Abb. 4.2   Themenfelder nachhaltigen, ethischen Marketings im Marketingmix —— 66
Abb. 4.3   Business Case für CSR —— 74
Abb. 4.4   Ganzheitlicher CSR-Prozess —— 76

Abb. 5.1   Nachhaltigkeits-Gewinn-Modell —— 84
Abb. 5.2   Dimensionen der Nachhaltigkeit bzw. der CSR —— 90
Abb. 5.3   Bezugsrahmen zwischen Nachhaltigkeit und Kaufentscheidung —— 91
Abb. 5.4   Mediale Touchpoints entlang der Customer Journey —— 93

Abb. 6.1   Konnektivität eines Dispositivs —— 111

Abb. 7.1   Merkmale und Folgen von Krisen —— 135
Abb. 7.2   Verlauf einer Krise —— 135
Abb. 7.3   Touristentypologie nach Risikokategorien —— 138
Abb. 7.4   Altersverteilung der Befragungsteilnehmer/innen —— 146
Abb. 7.5   Getätigte Haupturlaubsreisearten 2019 vs. geplante Haupturlaubsreisearten 2020 —— 147
Abb. 7.6   Vorzüge einer Flusskreuzfahrt in Zeiten von COVID-19 aus Sicht von Flusskreuzfahrenden —— 148
Abb. 7.7   Hemmschwellen zur Planung einer Flusskreuzfahrt in Zeiten von COVID-19 —— 148
Abb. 7.8   Gewünschte Voraussetzungen für die Buchung einer Flusskreuzfahrt in Zeiten von COVID-19 —— 149
Abb. 7.9   Reisemotive für Flusskreuzfahrten —— 150

https://doi.org/10.1515/9783110696165-008

Tabellenverzeichnis

Tab. 1.1   Kennzahlen des deutschen Flusskreuzfahrtmarktes 2019/2018 —— **2**

Tab. 1.2   Entscheidende Buchungskriterien der Kund/-innen —— **3**

Tab. 1.3   Beliebteste Fahrtgebiete deutscher Kreuzfahrtgäste —— **4**

Tab. 1.4   Fahrtgebiete —— **5**

Tab. 1.5   Hafenarten —— **8**

Tab. 1.6   Schiffsgrößen —— **10**

Tab. 3.1   Verteilung deutscher Passagiere auf die weltweiten Fahrtgebiete von Flusskreuzfahrten – 2019 zu 2018 —— **48**

Tab. 3.2   Interesse an Flusskreuzfahrtdestinationen —— **49**

Tab. 3.3   Anzahl Reisende Event- und Themenkreuzfahrten von Januar–Dezember 2019 bei ausgewählten Reedereien auf der Dreamlines-Plattform —— **52**

Tab. 5.1   Auf dem deutschen Markt aktive Reedereien und ihre Berücksichtigung von Nachhaltigkeitsdimensionen —— **88**

https://doi.org/10.1515/9783110696165-009

Über die Autorinnen und Autoren

Ines Carstensen, Dr. rer. nat., ist Professorin für Nachhaltigkeit und Innovation an der Berlin School of Management, SRH University of Applied Science und wissenschaftliche Geschäftsführung des Center for Innovation & Sustainability in Tourism (CIST e. V.), Berlin. E-Mail: carstensen@cist.de

Donald Cooper, PhD, war wissenschaftlicher Mitarbeiter an der Fakultät für Wirtschaft und Recht an der Curtin University, Australien. E-Mail: diacooper@gmail.com

Nicole Fabisch, Dr. rer. pol. ist Professorin für Marketing & Sustainability Management an der International School of Management (ISM) in Hamburg. E-Mail: nicole.fabisch@ism.de

Kirsten Holmes, PhD, ist Professorin an der Fakultät für Wirtschaft und Recht an der Curtin University, Australien. E-Mail: k.holmes@cbs.curtin.edu.au

Johanna L. P. Jäger, Duale Studentin IUBH Internationale Hochschule / Dreamlines GmbH, Hamburg. E-Mail: johanna-jaeger@outlook.com

Ina zur Oven-Krockhaus, Dr. phil. ist Professorin und Studiengangsleiterin Tourismusmanagement Duales Studium der IUBH Internationales Studium. E-Mail: i.zok@iubh-dualesstudium.de

Kai Ingo Menke zum Felde, Dr. phil., ist Professor für Dienstleistungs- und Tourismusmanagement an der Dualen Hochschule Schleswig-Holstein. E-Mail: ingo.menkezumfelde@dhsh.de

Christof Pforr, PhD, ist Professor für Tourismus an der Fakultät für Wirtschaft und Recht an der Curtin University, Australien. E-Mail: c.pforr@curtin.edu.au

Stan Schneider, Historiker und Reiseunternehmer, bis 2004 wissenschaftlicher Leiter des Institut für Hochschulkunde Würzburg. E-Mail: stan.schneider@briotours.de

Tekle Shanka, PhD, ist Dozent an der Fakultät für Wirtschaft und Recht an der Curtin University, Australien. E-Mail: tekle.shanka@cbs.curtin.edu.au

Kerstin Wegener, Dr. rer. pol. ist Professorin für Allgemeine Betriebswirtschaftslehre, insbesondere Tourismusmanagement und Direktorin des Institute for Aviation and Tourism an der Frankfurt University of Applied Sciences, Frankfurt am Main. E-Mail: kwegener@fb3.fra-uas.de

Dr. Antje Wolf, Tourismus-Consultant, bis 2020 Professorin für Tourismus- und Eventmangement und Forschungsdekanin an der EBC Hochschule Hamburg. E-Mail: Dr.AntjeWolf@web.de

https://doi.org/10.1515/9783110696165-010

www.ingramcontent.com/pod-product-compliance
Lightning Source LLC
Chambersburg PA
CBHW061818210326
41599CB00034B/7032